| 中国当代研学丛书 |

文化

汉语交际得体性研究

瞿麦生 等 | 著

中央编译出版社
Central Compilation & Translation Press

图书在版编目（CIP）数据

汉语交际得体性研究／瞿麦生等著. —北京：中央编译出版社，2020.3
ISBN 978-7-5117-3788-5

Ⅰ. ①汉…
Ⅱ. ①瞿…
Ⅲ. ①汉语—对外汉语教学—教学研究
Ⅳ. ① H195.3

中国版本图书馆 CIP 数据核字（2019）第 286136 号

汉语交际得体性研究

出 版 人：	葛海彦
责任编辑：	杜永明
执行编辑：	纪宛伯
责任印制：	刘　慧
出版发行：	中央编译出版社
地　　址：	北京西城区车公庄大街乙 5 号鸿儒大厦 B 座（100044）
电　　话：	（010）52612345（总编室）　　（010）52612339（编辑室）
	（010）52612316（发行部）　　（010）52612346（馆配部）
传　　真：	（010）66515838
经　　销：	全国新华书店
印　　刷：	三河市华东印刷有限公司
开　　本：	710 毫米×1000 毫米　1/16
字　　数：	270 千字
印　　张：	16.5
版　　次：	2020 年 3 月第 1 版
印　　次：	2020 年 3 月第 1 次印刷
定　　价：	95.00 元
网　　址：	www.cctphome.com　　邮　箱：cctp@cctphome.com
新浪微博：	@中央编译出版社　　微　信：中央编译出版社（ID: cctphome）
淘宝店铺：	中央编译出版社直销店（http://shop108367160.taobao.com）（010）55626985

本社常年法律顾问：北京市吴栾赵阎律师事务所律师　闫军　梁勤
凡有印装质量问题，本社负责调换，电话：（010）55626985

序　言

《汉语交际得体性研究》是"十五"国家哲学社会科学规划课题"新世纪中国素质教育研究"中"对外汉语教学与素质教育"的部分研究成果，该成果在 2004 年 12 月 28 日结项，整体被鉴定为优秀。

本书联系对外汉语教学实际，吸收了当今语用学特别是语际语用学和修辞学有关交际得体性的最新研究成果，从这两个维度，全面总结、分析、解释和论述了得体性概念、缘起及社会功能；深入阐述了语境性特征、得体性原则和准则；个案实证研究了外国留学生关于学习运用副词的得体性及失误；深入研究了口语表达和篇章表达的得体性；个案研究论述了怎样培养成教学生汉语交际得体性问题等。

我作为该课题组主持人，高兴地看到，反映我们部分研究成果的这本书，集中体现了课题组成员较深的学术造诣。在课题攻关期间，我们和相关的学者进行了相互切磋，做到学科优势互补，相得益彰，进一步开阔了学术研究视野，从而激发了学科创新的灵感，使我们这部著作新而精。我们要求作者站在一个新的高度，采取一个新的角度，使用一些新的案例，集中说明一个个新的观点。

本书有如下特色：

一、前沿学科引导的成果。得体性是语用学、修辞学等多个学科研究的一个前沿课题。语用学作为一门独立的学科，至今不到 30 年，但就在这短短的 30 年中，语用学的发展无论是在国外，还是在国内，都非常迅猛，新理论不断涌现，应用范围不断拓展，研究方法不断创新。其中，语际语用学（interlanguage pragmatics）是介乎语用学与二语习得之间的一个交叉学科。1981 年 G. kasper 写的 *Pragmatische Aspekte in der Interimsprache* 一书是语用学介入第二语言习得研究的初步尝试，标志着第二语言习得研究纳入语用学视角的开始。人们逐步明确外语语用能力的培养是个十分重要的任务，同时又是在传统外语教学中被忽视的问题：人们往往注重外语词汇、语法等知识的习得，却几乎不关注学习者如何才能运用这些外语知识在具体的交际环境中恰当地以言行事。20 世纪 90 年代以来，国际语际语用学研究主要集中于八个方面的课题，而语用理解和言语行为的表达等，受到最为广泛的关注。我国在这方面的研究还有较大差距，语用教学特别是课堂环境下的语用教学没有得到充分的重视。针对这一问题，我们在这一前沿学科的引导下，开始了对外汉语的交际得体性研究，本书即为其初步研究成果。

二、修辞学与语用学联姻的产物。现代科学发展的总趋势是相互借助力量，相互影响，相互渗透，日益趋于精深，或拓宽疆域，或新生分支学科。修辞现象复杂纷繁，单纯的修辞学分析是难有作为的。我们将语用学与修辞学结合起来，使用语用学的理论方法，根据言语交际的特点，来研究语用修辞现象，写下了本书。它是二者联姻的产物，效果好，体现了其历史走向，具有时代特征。

三、承传与创新相结合的新著。这本书既注意发掘、继承我国汉语修辞学的优良传统，吸收前人成果的精华，更努力于新的探索。例如，在对大量的历史文献进行分析的基础上，大胆提出了"得体性是汉语动态交际规律"及"汉语交际得体性源于中国礼文化"的新观点。还如,提出"研究汉语交际得体性,要注重社会效果"等,既具有理论意义,又具有实践意义。

总之,这是一本既有学术性又具有实用价值的著作。它深入浅出,事例丰富生动,既适合于对外汉语教师参考,也适合有一定汉语水平的外国人和中国人阅读。

瞿麦生

于子牙河畔　天津商业大学

目 录

第一章 得体性是汉语交际的最高目标和总原则 …… 1
  第一节 得体性概念 …… 1
    一、汉语动态交际规律——得体性 …… 1
    二、得体性概念 …… 4
    三、得体性种类 …… 11
  第二节 得体性缘起及社会功能 …… 15
    一、汉语交际得体性源于中国礼文化 …… 15
    二、得体性——社会和谐之基 …… 19
    三、得体性对社会效果的导向和规范作用 …… 22
  第三节 得体性是对外汉语教学的最高目标 …… 23
    一、我国对外汉语教学目的探索 …… 23
    二、汉语交际得体性的提出 …… 25
    三、得体性是汉语交际能力的最高标准 …… 26
  本章参考文献 …… 31

第二章 语境对汉语交际得体性的影响 …… 32
  第一节 语境概念 …… 32
    一、语境概念 …… 32
    二、国外语境研究概况 …… 33
    三、国内语境探索综述 …… 35

第二节　语境种类 …… 37
　　　一、语言语境 …… 38
　　　二、非语言语境 …… 39
　　第三节　语境对汉语交际得体性的干涉 …… 43
　　　一、语言语境对汉语交际得体性的干涉 …… 43
　　　二、非语言语境对汉语交际得体性的干涉 …… 48
　　本章参考文献 …… 52

第三章　汉语交际得体性原则 …… 53
　　第一节　跨文化语言交际得体性研究现状 …… 53
　　　一、国外对跨文化语言交际语用行为得体性研究 …… 53
　　　二、国内对跨文化汉语言交际语用行为得体性研究 …… 56
　　　三、弥补语用失误，实现跨文化交际得体性的实践原则 …… 57
　　第二节　汉语交际得体原则的概念 …… 64
　　　一、得体原则与合作原则的区别 …… 65
　　　二、得体原则的实质 …… 67
　　　三、得体原则的发展历程 …… 68
　　第三节　新格赖斯会话含义理论与汉语交际得体原则 …… 72
　　　一、新格赖斯会话含义理论 …… 72
　　　二、汉语交际得体原则的层次性 …… 73
　　本章参考文献 …… 75

第四章　汉语交际得体准则 …… 77
　　第一节　礼貌准则 …… 77
　　　一、中国社会礼貌的概念 …… 77
　　　二、中西礼貌原则比较 …… 78
　　　三、礼貌准则的分类 …… 81
　　第二节　幽默准则 …… 93
　　　一、岔断次准则 …… 93
　　　二、转移次准则 …… 101
　　　三、降用次准则 …… 106

第三节　克制准则 ·· 107
一、暗指 ··· 107
二、被动抑降准备 ··· 108
三、升格 ··· 109
四、委婉语 ··· 110
本章参考文献 ·· 117

第五章　外国留学生使用程度副词得体性研究 ··················· 119
第一节　程度副词与汉语交际得体性 ································ 119
一、程度副词对汉语交际得体性的干涉 ····························· 119
二、研究范围及方法 ··· 120
第二节　常用程度副词使用得体性分析 ······························ 121
一、"很"的使用得体性 ·· 121
二、"更"的使用得体性 ·· 130
三、"非常"的使用得体性 ·· 134
四、"最"的使用得体性 ·· 136
五、"太"的使用得体性 ·· 140
六、"有点儿"的使用得体性 ······································ 145
七、"还"的使用得体性 ·· 147
八、"极"的使用得体性 ·· 149
九、"更加""十分""挺""格外"的使用得体性 ······················ 150
第三节　综合分析及教学对策 ······································ 151
一、常用程度副词使用得体性情况综述 ····························· 151
二、造成偏误的原因 ··· 155
三、教学对策 ··· 157
本章参考文献 ·· 160

第六章　口语表达语用得体性 ··································· 163
第一节　汉语口语表达得体性原则 ·································· 163
一、汉语口语表达的特点 ··· 163
二、口语表达得体性原则 ··· 164

第二节　留学生口语表达的特点 …………………………… 173
　一、留学生口语表达的心理状态 ………………………… 174
　二、影响留学生得体表达的主要因素 …………………… 175
第三节　留学生口语表达训练 ……………………………… 176
　一、语音、语调训练 ……………………………………… 176
　二、词汇和短语训练 ……………………………………… 180
　三、语序训练 ……………………………………………… 187
第四节　留学生口语表达训练的方法 ……………………… 189
　一、语境设定法 …………………………………………… 189
　二、渐进法 ………………………………………………… 193
　三、总述 …………………………………………………… 196
本章参考文献 ………………………………………………… 196

第七章　篇章表达得体性 …………………………………… 197

第一节　语篇衔接与连贯 …………………………………… 197
　一、基本的语篇手段——连接词语 ……………………… 198
　二、重要的语篇手段——省略或指代 …………………… 202
　三、语义的连贯 …………………………………………… 203
第二节　应用文篇章表达得体性 …………………………… 205
　一、一般书信的得体表达 ………………………………… 205
　二、启事的得体表达 ……………………………………… 210
　三、请柬的得体表达 ……………………………………… 212
第三节　记叙文篇章表达得体性 …………………………… 214
　一、写人记叙文的得体表达 ……………………………… 214
　二、写事记叙文的得体表达 ……………………………… 218
　三、写景记叙文的得体表达 ……………………………… 222
第四节　说明文和议论文篇章表达得体性 ………………… 225
　一、说明文的得体表达 …………………………………… 225
　二、议论文的得体表达 …………………………………… 229
本章参考文献 ………………………………………………… 233

第八章　成教学生汉语交际得体性的培养 ……………………… 235
第一节　成人教育学生交际得体性培养的重要性 ……………… 235
一、学会交际是社会发展对成年人的基本要求 ……………… 235
二、学会交际是成年人自我完善的过程 ……………………… 236
三、得体性是实现交际目的的首要条件 ……………………… 237
第二节　成人学生交际的特点 …………………………………… 238
一、成人学生语言交际的特点 ………………………………… 239
二、成人学生社交中的不足和障碍 …………………………… 240
第三节　应坚持以学生为主体，教师为主导，
促进学生交际得体性培养 ……………………………… 241
一、以学生为本，抓好课堂教学环节 ………………………… 242
二、积极开展实践教学，为学生交际能力培养创造条件 …… 243
第四节　学会演讲，锻炼口才，开创得体交际天地 …………… 245
本章参考文献 ……………………………………………………… 247

后　记 ………………………………………………………………… 248

第一章

得体性是汉语交际的最高目标和总原则

汉语具有两个显著的语用学特征：一个是得体性，一个是隐喻性。本书主要研究汉语交际的得体性。

本章主要研究什么是得体性（即得体性概念），为什么要研究得体性（即得体性缘起及其社会功能）以及得体性在对外汉语教学中的地位和作用（最高目标）。

第一节　得体性概念

得体性是交际的宠儿。交际是汉语存在的前提。我们要讲汉语的得体性，就必须把汉语放在交际中来理解和运用；要弄清汉语的得体性，就必须把汉语放在交际中来考察和研究。

一、汉语动态交际规律——得体性

人是语言的动物，思维的动物。人们通过语言来思维、认知和创造，运用语言来沟通、交流，进行社会互动，创造了这纷繁复杂、千姿百态的人类社会。人们学习语言是为了社会交往，语言交际的媒介是语音和文字，语言能力是交往的基础。语言是一个符号体系；它的使用与其他行为互相依存，构成一个复杂的、多方面的过程，牵涉社会、心理、生理的现象。

汉语作为我们中华民族最重要的一种思维工具、交际工具，是维系我们社会生活的最重要纽带。依靠它，我们不仅创造了丰富的物质文明、精神文明和政治文明，而且记录并再现了我们民族光辉灿烂的历史和文化。实际上，汉语不仅是工具，也是我们的一种生存方式。它集中体现了我们民族的思维认知特色、交际特色和生存智慧特色。汉语在中华民族悠久的交际历史发展过程中，积淀了丰富的交际经验，形成了自己的符号系统，这个符号系统是个自给自足的完整的知识智慧系统。这个大系统有它独特的结构和体系，有它的建构目标和原则，得体性就是它的最高目标和总原则。

汉语有两种表现形式：一种是静态结构规律的表现形式，即语法规律的表现形式；另一种是动态交际规律的表现形式，即在汉语交际过程中语义变化规律的表现形式。在静态的汉语符号系统中，句子和词一样具有语表形式（汉字和语音，含语气）和语里内容（语义），语表和语里结合起来使句子成为符号（串），具有能指性。这种能指性具有多义性、抽象性的特点。在静态的汉语符号系统中，这种只具有能指性的句子，是抽象的语言的句子，它的最高原则和要求是要符合语法规律：准确。但是，抽象的语言的句子进入交际领域后就有了所指，成为有具体内容的言语的句子。在动态交际的汉语符号系统中，由于各种因素的干涉与制约，言语句子的所指具有单一性、具体性。在汉语交际领域，这种单一具体的言语句子，从一个角度看是句子的交际赋值，从另一个角度看是句子的交际取值，无论从哪个角度看，交际中句子的实际意思是句子语里内容的动态赋值或动态交际值。它的最高原则和要求是要符合交际规律：得体。

句子的动态交际值和静态语里意义值并不一一对应。例如汉语中的"吃了没有？"这句话，如果是对你是否需要补充食物的询问，那么其句子的动态交际值和静态语里意义值是对应的；但是这句话更多的时候是用于熟人短暂（半天、一天等）分别后的见面场合，其所取的动态交际值是"您好"。这样，同一语言表达形式的动态交际值和静态语里意义值就发生了严重的错位，从形式到内容，二者似乎没有任何联系，但是，交际中，人们习惯于将此类句子取动态错位值。因为这种动态错位值的句子有着直陈其意的句子所不能替代的作用，它委婉动听，一下子拉近了两者之间的距离，增进了感情，增强了交际双方的亲和力，似乎更得体。

句子的动态交际值和静态语里意义值不对应的另一种情况是：二者内容上有某种联系，但用一种狡黠的表达形式。例如，一个小孩和亲友逛商店时，指着橱柜里的玩具机器猫，眼巴巴地看着，充满希冀地问："阿姨，这个机器猫好不好玩啊？"同与他妈妈逛商店时说的祈使句"妈妈给我买这个机器猫！"是同一个意思。如果从交际的角度看，这个小孩的语言交际天资是很够水平的，可是从学习语言或者从和人说话的角度看，"里""值"错位给交际者带来的困难也是显而易见的。一个大家熟悉的例子就从一个角度说明了这一点。一个外国留学生用汉语赞扬中国姑娘说："你很漂亮。"中国姑娘马上说："哪里哪里。"这一下留学生急了，连母语都急出来了："Everywhere.（到处都很漂亮。）"

汉语句子的错位交际值有很多类型。上面所举的三个句子启用的语值类型都不相同。"哪里哪里"使用的是一种应答值；"阿姨，这个机器猫好不好玩啊？"用的是一种隐含值；"吃了没有？"用的是过程值。所谓过程值，指的是句子的取值是由它所属的交际过程决定的。语言交际是个信息传递和信息获取的过程，这个过程一般由导入、传递、反馈和终止四个阶段构成。在这个过程的不同阶段，相同的句子所表达的意思往往是不尽相同或很不相同的。如果"吃了没有？"是在所有交谈的开头，那么它一般就是导入句，这种句子的意思跟它的原始语义能指没有联系，其句值仅仅是一种寒暄；但是它若处于"传递—反馈"阶段，其句值就是句子的语里内容；而在某个内容谈完时说这句话，这个句子则可能是终止的信号，其句值是"这次就谈到这里吧！"同样对来访者说"喝点水吧？"在开谈的导入阶段是客气，建立感情场；在一个内容或几个内容谈完时说这句话，则可能是"您可以（/该）走了"的意思，句子取终止值。

总的来说，句子在不同交际类型和不同交际阶段的实际意思，是句子进入使用后的语义交际赋值（交际值），成功得体的交际是对句子交际值的准确把握和恰当派用。从语言符号能指和所指的角度看，交际不仅给句子赋值，使符号或符号串具有所指，使语言的句子转化为言语的句子，而且还能改变符号能指，产生语值错位句。由此，我们似可以说，语言有静态的符号组合维度和动态的交际（使用）维度，在不同的维度上它给句子以不同的赋值：在符号维度赋静态语义值，在交际维度赋动态交际值。我们以往说得比较多的是静态语义值，它对人类知识的学习和传递是十分重要的，它是基础；但在非知识或信息的交际中光有这类知识是不够的，因为语言中有很多语值错位句，交际中比较难的则是对这类句子的理解和应用。这类句子不仅对于第二语言学习者是个难点，对于母语使用者也不例外。这是否表明：我们对于语言的研究和教学，应突破自索绪尔以来的符号组合的语言静态范围，而扩充到语言动态适用的规则等方面，即交际能力（得体性）培养方面？

二、得体性概念

什么是得体性？语言学界和符号学界目前似无明确一致的说法。

语言得体是人们评判交际语言的一个常用术语，使用频率很高。在研究语言得体性问题的时候，要涉及语言交际的全过程，不仅要研究"人与语言"的表达关系，而且要研究"人与语言"的理解关系。

语用学要研究语言交际的全过程，不仅要研究表达关系，而且要研究理解关系。

而修辞学所涉及的范围并不是交际的全过程，它重点研究的只是交际中的表达，对交际中的理解探讨较少。修辞学从它产生的那天起，所涉及的就是"表达"。

关于"得体性"概念，我们从语用学和修辞学两个维度，介绍三种代表性解释。

第一种是《现代汉语词典》的解释："（言语、行动等）得当；恰当；恰如其分。"其他词典的解释与此大体相同。这是一种较为宽泛的解释。

第二种是从语用学的角度来讲的"得体性"，主要是指在交际中，对适当的人，在适当的时候和地点，说适当的话。就是说，一切以适度、恰如其分为原则。语言交际的得体性（appropriateness）是语用学，特别是社会语用学中的一个重要概念。它反映了语言在其实际的交际过程中的社会文化属性和特征。20世纪70年代以来，语用学作为一门独立学科应运而生，语言交际的得体性也越来越受到语用学家和语言教学者的重视。

早在30多年前，乔姆斯基（Chomsky）便区别了"语言能力"（competence）和"语言行为"（performance）这两个现代语言学中的不同概念。他认为，"语言能力"是指语言的语法和与语言有关的其他方面的知识，而"语言行为"则是指在具体情景中对语言的实际运用（Chomsky，1965：4）。但凯姆尔（Campbell）和威尔士（Wales），以及海姆斯（Hymes）则指出，乔姆斯基的"能力—行为"区别没有考虑到言语在它使用的情景和语境中其社会文化意义上的得体性。凯姆尔和威尔士认为，"最为重要的语言能力便是能够说出并理解那些不那么完全合乎语法，但更为重要的是，在它所出现的语境中得体的话语。"（1970：247）海姆斯认为，语言除语法规则外，还有使用规则（rules of use），"没有使用规则，语法则将毫无意义"（1972：278）。在此基础上，海姆斯、凯姆尔和威尔士提出了意义更为广泛的"能力"，即"交际能力"，交际能力实际上是多种能力的一个综合体。在海姆斯看来，交际能力包含以下四个方面的知识：

（1）是否（并在多大程度上）其交际在形式上是可能的；
（2）是否（并在多大程度上）其交际在实施手段上是可行的；
（3）是否（并在多大程度上）其交际在语境中是得体的；
（4）是否（并在多大程度上）其交际得以完成，并产生了何种效果。

（Hymes，1972：28）

中国古代就非常重视汉语运用的得体性。古人要求"拟（量度一番）之后而言"。还要求慎言、忠言。孔子强调"正名"，刘勰主张"宜言，允，允集，有度，不要择言（说过头话）"。这里都是说的语言运用要得体。

在我国历史文化中，积淀了许多为人津津乐道的追求语言运用得体的经典。比如，唐朝苦吟诗人贾岛的"推敲"典故：

闲居少邻并，草径入荒园。
鸟宿池边树，僧敲月下门。
过桥分野色，移石动云根。
暂去还来此，幽期不负言。

据载，诗人在作该诗时，对用"僧敲月下门"，还是"僧推月下门"，举棋不定。后来遇到韩愈，韩愈觉得用"敲"比"推"好，贾岛才定为"敲"。为什么呢？"敲门"暗含了必然的声响效果，如此能衬托夜的寂静；而"推门"则不一定有明显的声响效果指向。此外，使用"敲"还使上下句呼应，顺理成章。作者是何以知道"鸟宿池边树"呢？因为敲门声惊飞了宿在池边树上的鸟。在这首意在突出自然景色恬淡幽静之美的诗歌中，舍"推"取"敲"，使诗歌的意境更趋理想。一"推"一"敲"，何其辛苦！所谓"二句三年得，一吟双泪流。知音如不赏，归卧故山秋"，正是对这种苦吟的感叹。贾诗中许多得体名句，如"秋风生渭水，落叶满长安"等的获得，谁又能说不是诗人冥思苦吟的修辞结果呢？

如果说上述语例着力凸显的是意蕴悠长的话语听觉效果，那么下面的例子所要说明的就是视觉的靓丽了：

京口瓜洲一水间，钟山只隔数重山。
春风又绿江南岸，明月何时照我还。

宋代诗人王安石的这首《泊船瓜洲》中的改字，也是大家耳熟能详的炼字经典。诗中的"春风又绿江南岸"，也是历来为人们所称道的语言运用得体佳例。宋代洪迈《容斋续笔·诗词改字》记载："吴中士人家藏其草，初云：'又到江南岸'，圈去'到'字，注曰：'不好'，改为'过'。复圈去，而改为'入'。旋改为'满'。凡如是十许字，始定为'绿'。"为什么诗人不用"到""过""入""满"等词，最后定为"绿"呢？其词语理据何在呢？深入推敲，原因大抵有二：一方面，"绿"所蕴涵的色彩能激发听、读者的想象力。看到"绿"字，人们就很容易联想到自然界的绿色植物，联想到充满绿色、生机勃勃的春天。"绿"具有鲜明的视觉效果，"到""过""入""满"等则没有。这在语言文字的抽象传播中，无疑会增加诗歌意境的立体感。另一方面，就是"绿"所喻化出的双关联想。诗人当时正值被贬复出，重新得到皇上的重用，心情自然是十分畅快。这和绿色所喻化出的充满生机与希望的春天一致。"绿"不仅是春风拂后江南花草树木的主色调，也是皇恩再度来临的象征。这里，"绿"有双关的意思。在本诗中，诗人对上述几个词语变体的选择取舍，达到了理想得体的境界。

吕叔湘先生也很重视"得体性"问题。他认为，"此时此地对此人说此事，这样的说法最好；对另外的人，在另外的场合，说的还是这种事，这样的说法就不一定最好，就应用另一种说法"。

去年崔兴汉去苏联访问，宾馆的一位服务员说："我看您像日本人。"他纠正她："不，应该说日本人像中国人！"苏联姑娘可能至今也不知个中的微妙区别。

从真值条件讲，甲像乙为真，则乙像甲也为真。但语序的差别有一定的隐含义,"中国人像日本人"是以日本人为标准,"日本人像中国人"是以中国人为标准,这里有个民族自尊的问题。得体性要求的就是这"个中的微妙区别"。正如陈光磊先生指出的:"要求说话合乎使用的文化规约,也就是说的话在社会的人际关系的表达方面是正确的、合适的,——这讲究的是语用的得体性。"

第三种是修辞学理论中关于语言得体性的解释。郑颐寿先生认为得体性就是适应语体和文体,具体地从文体和语体两个方面来讲,就是语言运用要合乎其总体要求和风格特征。文体是文章从内容到形式的总体特征的反映,它要求语言的运用要符合文章的内容和形式方面的总体要求和风格特征;语体则是语言的功能变体,是社会交际需要的结果,是人们在不同的社会生活领域中进行交际时,对语言的使用提出的特定要求,以及经过长期的社会交际实践所形成的语言运用特点和风格体系。我们一般所说的"得体性",要求语言形式的选择和运用,必须与特定的交际功能相适应,就是说,在言语交际中,语言运用要适当。他说:"'文体',就是文章的体制、样式。文章的写作要注意到语体、文体风格得当。这条规律就是'得体律'。""广义的适境律可以包括得体律。"违反得体性的规律就不能取得理想的效果。请看下面的例子:

通　知

　　各科室同志请注意,五月像彩蝶似的飞来了,白天如同多情的姑娘久久不愿离去,所以,从五月十日开始,作息时间改为上午七点半上班,下午五时下班,中午休息一个半小时。

这份通知用了两个比喻,孤立地看也很形象,但用在这里不得体,它不适合通知的语体、文体风格,使整个通知的语用效果显得不伦不类,不能取得预想的语用效果。

温云水先生指出:"根据汉语的特点,我们认为'得体'的'体'应该体现在以下三个层面上,即语言层面、言语层面和语法层面。"

王希杰先生在《修辞学通论》中说:"得体性指的是语言材料对语言环境的适应程度。"王先生在书中具体阐述了得体性原则,认为静态的语言层面不存在得体不得体的问题,只有在动态的言语交际中才有得体不得体的问题。

得体性原则是语言交际的最高原则或叫总原则,换句话说,也是语境研究的终极目的。研究语境的最终目的,就是要使语言交际在任何语境中都得体。而切合语境的话语就得体,不切合语境的话语就不得体。

但是,在交际过程中,话语完全切合语境只是一种理想,事实上,在现实的交际过程中,不完全切合语境的情况是大多数。语言运用的得体,要受各种因素的制约。

首先是要受语体自身特征和风格体系的制约。语体的类型很多,大致可分为两大类:口语语体和书面语体。按其交际功能,口语语体又分为一般语体、演说语体、亲昵语体等;书面语体又可分为政论语体、文艺语体、科技语体(专业语体)、应用语体等。各种语体的语言形式不同,语言风格不同,因而其交际功能和效果也不同。在言语交际中,交际者要根据不同的交际目的、任务、内容及语境的需要,选用适当的语体。

其次是要受非语言语境的制约。主要是社会文化、风俗习惯、行为准则、价值观念、历史事件等对人使用语言的制约。简单地说,社会人文网络紧紧地制约着人们的话语。我们在说话的时候,总是要顾及这顾及那,看人的脸色,不断改变初衷。我们在做语言环境的奴隶,不折不扣的奴隶。正如福柯所说:"你以为自己在说话,其实是话在说你。"这里的"话在说你"就生动地描述了话在"治你"或"你被话治"的情形。因此,人们常说的"我想怎么说就怎么说",事实上,这只是一种不切实际的、一厢情愿的愿望而已,说话要得体,就要有控制。我们社会生活的各个领域、各种体系、各种制度和各种关系,在每一个瞬间,都对我们的话语强加了极为复杂的前提和限制。我们的话语不仅在受语言环境的制约,也在受非语言性语境的制约。

我们看下面一则幽默故事:

1848年,大英帝国的维多利亚女王和她的表哥阿尔伯特公爵结了婚。与女王同岁的阿尔伯特,比较喜欢读书,不大爱社交,对政治也不太关心。

有一次,女王敲门找阿尔伯特。

"谁?"里面问道。

"英国女王。"女王回答道。

门没有开。敲了好几次后，女王突然感觉到了什么，又敲了几下，用温和的语气说："我是你的妻子，阿尔伯特。"

这时，门开了。

女王的第一次回答有没有错？没有，是正确的。她的话准确不准确？准确，她确实是英国女王。但为什么阿尔伯特不给她开门呢？原因就在于她的话不合语境，不切合交际双方的话语角色关系，不切合对方的话语接受心理。女王和阿尔伯特之间有多种角色关系——血缘关系：一个是表妹，一个是表哥；臣民关系：一个是女王，一个是公爵；夫妻关系：一个是妻子，一个是丈夫。交际时，说话者要在这些角色关系中选取一个最合适的。这就要根据语境来取舍。这里的交际场合是阿尔伯特的个人住所，而阿尔伯特本人不喜欢交际，不关心政治。所以，女王建构话语的立足点，应该是妻子身份，而不应是女王身份。正因如此，女王第一次的话语没有达到交际目的。第二次话语成功了，就在于她转变了说话时的身份，使用了"妻子"这个得体的词语，交际效果就十分理想。可见，话语建构只达到正确、准确还不够，还要得体。所谓得体，就是话语要切合语境，同交际对象的社会因素、心理因素以及社会心理因素相适应，同交际的时间、地点、场合、文化背景，以及上下文相适应，如此才能取得预期的交际效果。得体是话语建构的第三个层次，其目标是交际效果要好。正确、准确不一定好，不一定能取得最佳的交际效果。

得体的重要内涵之一，就是要切合交际对象的各种社会和心理因素，使话语信息符合交际对象的心理需要，以达到交际目的。例如：

几个来自不同国家的商人正在一艘航行的商船上聚会。这时商船突然撞上了礁石，海水涌进了船内，船体开始下沉。"快去！告诉那些伙伴穿上救生衣赶快跳海。"船长大声对大副嚷道。

七分钟过去了，大副垂头丧气地回来向船长报告："我说尽了好话，可那些家伙死活也不肯跳海。""来，你代管一下。"船长吩咐道，"我能让他们照我的话去做。"

不一会儿，船长带着满意的神情回来了。"他们全都跳下去了。"船长说道。

"你用了什么法子?"大副惊奇地问道。

"我首先告诉英国人跳海是一项运动,他一听完就跳了下去,然后我对法国人说这是一件很时髦的事,对德国人说这是命令,对意大利人说这是禁止干的。"

"那么……你又是怎样使美国人跳下海的呢?"大副继续问道。"这很简单,"船长轻松地说道,"我告诉他说我们已经为他保过险了!"

这虽是一则杜撰的幽默故事,但它说明了一个建构得体话语的道理:即话语要切合交际对象的社会和心理因素。船长的话语为什么能使各国商人跳海逃生呢?原因就在于他的话语切合了各国商人的民族角色特征,特别是心理特点,因此达到了交际目的。

在语言交际过程中,如果忽视了话语与交际对象的心理因素的关系,可能导致交际失误。比如,有一次在一家高级饭店里,一位女服务员对正在就餐的客人说:"请你把那个脏盘子递给我!"客人一听"脏盘子"马上就说:"怎么是脏盘子呢?"服务员忙向客人道歉。为什么客人不满意服务员的话语呢?显然,她的话语不得体。客人用过的盘子盛了剩余物,但也不宜说成是"脏盘子"。因为客人正在用餐,听到"脏"字会影响食欲。她如果说成"用过的盘子"或者"那个盘子",就不会影响交际了。服务员言语失误的原因就在于,她忽视了话语与客人心理的关系。

总之,语言交际得体性的制约因素不仅有话语与交际对象、言语环境的关系,而且有交际行为与社会规范之间的关系。因此,话语切合的不仅是交际对象、时间、地点、场合,还有社会文化背景、民族心理以及其他社会心理和交际对象的个性心理等。实际生活中,人们出于各种需要以及个人知识、素养和感情等诸多因素的影响,造成许多言语交际失误,"偏离"得体性的目标和原则。

法国新修辞学派和比利时列日学派对此进行了深入的研究,提出了"零度"和"偏离"的概念。零度从理论上讲,就是一种理想:理想的交际者,理想的语境,理想的话语,理想的传递手段,理想的交际效果等理想的得体性状态。理论零度从哲学上讲,就是个别中的一般,具有高度抽象的品格,所以是看不见摸不着的,需要操作零度来代替它。所谓操作零度,就是一般的常规的规范的得体性形式。零度一般指操作零度,偏离也是相对操作零度而言，即对规范的得体性表达形式的偏离。王希杰先生在此基础上发展了偏离理论，提出了正偏离与负偏离的概念，正偏离即在具体语境中话语起到了好的、积极的、得体的表达效果；相反，在具体语境中话语的交际效果是不好的、消极的、不得体的，就是负偏离。同样的话语，由于语境、交际对象等的不同，交际效果就不同，是"正偏离"还是"负偏离"就会发生转化。例如，《四世同堂》中高弟在忍无可忍的情况下骂自己的父亲、大汉奸冠晓荷"你混蛋！"就中华民族传统的伦理观念来讲，是一种负偏离，因为女儿是不能这样骂父亲的；但是作为一个有正义感和爱国心的中国人，骂一个以出卖同胞、出卖祖国为荣的大汉奸来说，却是骂出了读者的心声，又是正偏离。

所以得体性原则要求我们在交际过程中时时处处把握好"得体度"，这"不但是修辞学的最高原则，也应当是语文评论的最高原则"。在得体度下注意言语与语境相切合。评论话语得体的依据是"话语对语言环境的适应程度"。话语是具体文化世界、心理世界的人运用语言世界的语言反映出对物理世界的认识。话语得体的要求是，运用语言世界中的语言反映物理世界时，除要与物理世界相适应外，还需要与文化世界、心理世界相适应。可是，物理世界极其复杂微妙，人的文化、心理状况更是细腻多变，认识与物理世界会有相适应的，也会有不相适应的。相适应的话语便是得体，适应的程度越高就越得体，不大适应就是不大得体，很不适应就是很不得体。得体是相对而言的，没有绝对的得体，也没有绝对的得体标准，得体受到文化、时代、层次等的制约而具有文化性、时代性、层次性，得体是一个模糊的"具有弹性的多层次系统"。

三、得体性种类

王希杰等学者对话语得体作过精辟的划分，例如，把得体分为小语境得体（微观得体、静态得体）、大语境得体（宏观得体、动态得体），有意识得体、无意识得体，低层得体、高层得体，这大都是从自我一方在适应范围、主观动机、得体层次上进行的划分。

话语的得体性"是一种社会群体的文化心理价值评价"，沈祥和认为，从表达与评价的全过程说，得体既包括对表达一方的要求（我方），也包括对接受方面的要求（你方、他方）。因而他以语言交际主体我、你、他三方为划分标准，从另外一个角度展示话语得体性的面貌。我方是言语信息的发出者，是表达的一方，"我方"自然是评价自我言语运用是否得体的主体；你方是言语信息的传递对象，是接受的一方，表达的效果离不开接受者的评价，"不能适应对象，是造成交际障碍、交际误会、语义短路的重要原因"，"得体也就是交际对象的满意感"，所以，"你方"在评价言语交际效果中占有同样重要的地位；他方则是言语交际时除我、你方之外的第三方，是言语表达效果评价的重要方面。他方虽然也是言语信息的接受者，但跟你方有着本质的不同：你方是与我方直接发生关系的一方，是确指的，口语交际是即时的，处在同一个语言环境中，是我方言语编码必须注意、重视、适应的交际对象；他方与我方没有直接联系，而只跟我方的话语产生评价联系，他方是不定指的，未必是即时的，与我方话语的语境没有必然的联系。

我们认为，沈先生以语言交际主体我、你、他三方为划分标准来研究话语得体性的特征，是可行的，但对划分子概念的有些定义和解释却有待商榷。现分述如下：

（一）表达得体、接受得体、旁评得体

表达得体主要是指社会群体以一定的文化心理价值标准来评价说写者的话语得体性，当然，也可包括说写者自我评价。例如文中所举鲁迅的《孔乙己》有这么一段：

有几回，邻舍孩子听得笑声，也赶热闹，围住孔乙己。他便给他们茴香豆吃，一人一颗。孩子们吃完豆，仍然不散，眼睛都望着碟子。孔乙己着了慌，伸开五指将碟子罩住，弯下腰去说道："不多了，我已经不多了。"直起身子又看一看豆，自己摇头说，"不多不多！多乎哉？不多也。"于是这一群孩子都在笑声里走散了。

孔乙己的"不多不多！多乎哉？不多也。"属表达得体，因为这话切合语境，切合当时的人物心理性格，既表达了孔乙己要传递的信息："茴香豆的确已不多了"，又情不自禁地用文言腔调表现了他与众不同的读书人身份，这话用得十分得体。这里，表达的内容是被评判的对象，而看不出是说话者自己去评判。同理，孔乙己弯下腰对孩子们说："不多了，我已经不多了。"亦属此种情况。为了让孩子们不再盯着他的茴香豆，只得放弃自我，用孩子们听得懂的大白话来说，这话也得体，它实现了交际目的——孩子们听到这话后"都在笑声里走散了"。

接受得体主要指听读者能够切合语境恰当理解接受对方话语。二者可能吻合一致，可能不一致，甚至差距很大。例如读李白的《早发白帝城》：

  朝辞白帝彩云间，千里江陵一日还。
  两岸猿声啼不住，轻舟已过万重山。

读者如果了解到李白作这首诗的背景：唐肃宗乾元二年，李白因永王案，流放夜郎，取道四川赴贬地，行至白帝城，忽闻赦书，惊喜交加，旋而东下江陵。甚至再拿李白被流放逆水而上所作的《上三峡》（"三朝上黄牛，三暮行太迟。三朝又三暮，不觉鬓成丝。"）作一对照，从而透过字面，读出李白在经过艰难岁月之后迸发出的这种激情和欢悦。

旁评得体指交际双方之外的他方（包括不同时代的人）能够恰当评价该话语。旁评得体跟表达得体、接受得体存在或与某方一致，或与双方一致，或与双方不一致多种情况。

旁评得体是第三者他方对该言语的得体评价。旁评得体与表达得体、接受得体不同，从语境说，旁评者处在第三者的地位，可以摆脱身处其境的诸多因素的影响；从时间说，旁评的时间限制不强，对言语作品的得体评价有较富余的思考斟酌空间，去追求评价的中肯、客观；从评价者说，可以是许多个旁评者评价一件言语作品，互相间有商讨借鉴的余地。人是社会的，每个人都受到民族文化、时代、层次的制约，不同的旁评者，会从不同角度、不同层次评价言语作品的得体情况，所以旁评者的评价自然也会带上民族性、时代性、层次性。旁评得体极具特色，在言语交际中又似乎易被忽视，为此，本书从以下角度对旁评得体作进一层的划分。

（二）即时得体和历时得体

即时得体指评价与即时语境相适应的得体言语，"即时"包括言语的当时或当时较短的一个时段。

即时得体因各时期语境的不同而会有不同的评价。例如，对"小姐"一词运用的得体评价。旧时，"小姐"是有钱人家里的仆人对主人女儿的称呼，后来由于西方文化的渗透，添加了"对年轻女子的尊称"的内容，在这两种情况下用"小姐",是得体的;中华人民共和国成立后,"小姐"带上了贬义,专指地主资本家等剥削阶级家庭的女儿,用来称呼年轻女子是对人的辱骂,使用于人民内部不得体;改革开放后,"小姐"又作为"对年轻女子的尊称",使用频率很高且得体;可近几年,有的地方"小姐"的所指逐渐起了变化,变成用来专指所谓的"三陪女",在这些地方再称年轻女子为"小姐",当然又十分不得体了。

历时得体指切合了历时共性的语境而得体的言语,指从历史上的即时到今天的一个相对较长时段一直被评价为得体的言语。例如古代流传至今仍脍炙人口的佳文、佳语、佳句。

(三) 区域得体和广泛得体

区域得体指在某个特定的民族、文化、地域、阶层中的得体。广泛得体则是跨越民族、文化、地域、阶层限制的得体。生活在特定的民族、文化、地域、阶层之中的人,其言语及标准必定带有区域性;而人类生活在同一个星球,运用着共同的逻辑,有着共同的思维方式、方法与规律,世界上所有语言的基本结构又"都有惊人的相似之处",所以又必然具有共同的语境和得体评价标准。

乔姆斯基认为语言学家主要的目的是发现人类语言所运用的普遍性制约,这对言语运用的认识和评价无疑也具有重要意义。由于科学技术的迅猛发展,呈现出经济和文化的全球化趋势。广泛得体能够减少以至消除一种文化编码的信息在另一种文化的解码中所造成的困难,有助于提高交际效率和密切人际沟通,它反映了人类文明发展的一个趋势。例如招呼语,中国传统的见面语是"您吃饭了吗?"吃饭是人的头等大事,这么打招呼,充分表现了对对方的关心,有着浓厚的中国人风格,中国人会倍感亲切与温暖,可对欧美人这么打招呼,对方会认为不得体。随着我国经济的发展和跨文化交流的增多,出现了西俗中化的现象,很多中国人见面不再讲"吃了吗?""吃过了?",而是来一句"你好!""你好吗?"

(四) 现实得体和理想得体

现实得体指在现实言语交际中的各种类型、各个层级的得体。理想得体指在理性标准下理想中的得体,是四个世界高度一致的得体。言语交际活动得以顺利进行的条件是得体,这个得体就是现实言语交际得体,包括口语交际和书面语交际。尽管是水平很有限的交际,像小孩间的交谈、外行间的交谈、对问题理解肤浅者间的交谈，只要相互均能完成信息传递的任务而使交际得以顺利进行的，都在交际得体的范畴。

理想得体是交际得体的目标与追求，是交际得体程度的评价参照。

第二节　得体性缘起及社会功能

言语交际得体性的研究，涉及多个学科，这里只从修辞学和语用学的维度来研究其缘起及社会功能。

一、汉语交际得体性源于中国礼文化

得体性是语言交际的产物，又是语言交际的目标、标准、要求或原则。它集中反映了语言的文化特征和社会特征。语言文化是现实的反映。维特根斯坦说："想象一种语言就意味着想象一种生活形式。"伊壁鸠鲁在《分析后篇》中认为，不同民族表明同一事物的名词不同，不只源于那个民族的约定俗成和人为作用，而且源于那个民族的不同本性和那些事物在那些民族的每个民众那里产生的印象。语言与一个民族的社会、经济、政治、生活及文化有着十分密切的联系。

汉语言是交流思想感情的工具，是记录和承传中国五千年历史文化的载体，也是中国传统文化的产物。中国礼文化是中国的主流传统文化，一般认为由孔子定型，荀子增益，董仲舒大倡，宋明道学光大，绵延至今。几千年来，不断发展，已成为一张具有规范性、普及性、深入性的文化网络。中国古代著名的三部礼典——《周礼》《仪礼》《礼记》，可以说是关于各种礼制的百科全书。简单地说，礼的主要内容就是充分承认存在于社会各阶层的亲疏、尊卑、长幼分异的合理性，认为这种分异就是理想的社会秩序，而只有让贵贱、尊卑、长幼各有其特殊的行为规范，才能使这种秩序长存。倘若严格地遵循由自己的社会地位决定的规范，那么就是对现存社会制度的最好的维护，这就是所谓的"行礼"。孔子提出的"非礼勿视，非礼勿听，非礼勿言，非礼勿动"就是"行礼"的最高境界。他的"正名"思想就是要纠正礼制、名分上的用词不当现象。在一定意义上说，"正名"与语言运用得体有着

十分密切的联系。他认为"正名"是治理国政的第一件大事。

孟子联系社会政治生活实际,从论辩的角度来说明语用得体艺术的重要。《孟子·滕文公下》记载:公都子问孟子"外人皆称夫子好辩,敢问何也?"孟子答曰:"予岂好辩,予不得已也……我亦欲正人心、息邪说、距诐行、放淫辞以承三圣者。"孟子认为他所以好辩,是为了"正人心,息邪说、距诐行,放淫辞以承三圣者"。他把语用得体问题与继承圣人的事业相联系。

对语言运用得体性问题作过比较系统论述的要算南北朝的刘勰。刘勰的《文心雕龙》可以说是我国第一部关于语言运用得体性的理论著作。刘勰在这部著作的许多篇目里,比如"声律、章句、丽词、比兴、夸饰、练字"等,从文艺学的角度谈到语言运用得体性问题。这本书对我国语用的研究具有十分重要的意义。

从古至今,礼在中国一直被看作人们言行的标准,是一种道德行为规范。有道是:"礼者,表也";"礼者,节之准也"。又云:"上下有义,贵贱有分,长幼有等,贫富有度,凡此八者,礼之经也。"社会学认为,人们的社会行为是形成人际关系的前提。要和谐人际关系,就必须首先使人们的行为符合社会伦理道德规范。在中国,人们历来讲究"听其言,观其行",把语言谈吐作为考察人品的一个重要方面。在那种礼文化意识下,要求人们"言必有礼""非礼勿言",这反映到语用上来,就是"得体"。

今天我们所讲的得体,虽然在内容要求上与古代已经完全不同了,但还是强调说话要看对象、看时间、看地点,切合语境,一切以适度、恰当为原则。社会心理学认为:人有两种属性,一是群体的社会性,二是个体的独立性。人都有个性特征。但是,作为社会上的人,自然要受到传统文化的熏陶、不同社会制度的影响、群体的约束;说话要得体,就必须考虑传统的文化、不同的社会制度、群体的心理以及个性的差异。因此,我们今天要求的说话要得体,与作为中国一种传统文化的礼文化,有着内在的必然联系,是一脉相承、延续至今的。

(一)尊前卑后的词语规范

汉语词语结构语序处处受着礼文化的制约。例如,我们平时常说"男女""夫妻""上下""东西"等,而不说"女男""妻夫""下上""西东"。为什么?因为,在中国人的礼文化传统意识里,一是男尊女卑,古人认为,只有尊者在前,卑者在后才是"合礼"的。换句话说,这样说话才合乎规范,才是得体的。这种语言运作扩展到"父母""公婆""兄嫂""爹娘""子女"等有关词语的语序排列,乃至延续影响到今天的"爷爷奶奶""爸爸妈妈""叔叔阿姨"等有关词语的并列结构语序,都可以从礼文化中找到其形成的根源。二是传统的礼文化以"上""东"为尊为贵,以"下""西"为卑为贱,所以说话时说"上下"而不说"下上",词语"上座""皇上""圣上""下人""下贱""下流"等就带有上尊下卑的文化意识。同理,古人以"东西"结构排列为常规,即便是北面偏东,南面偏东,也是"东北""东南"结构排列,而不是"北东""南东"结构排列;我们今天说的"东风压倒西风",是把"东风"比喻为革命的力量,把"西风"比喻为没落的腐朽势力。这也与礼文化有联系。在同样一些意义相反或相对的并列结构的词语中,如"兴衰、荣辱、甘苦、优劣、强弱、好坏、高低、长短、快慢、大小"等,人们一般是把表示值得肯定、认可、推崇等义项的语素放在首位的。

(二)贵贱有别的礼仪规范

《礼记·冠义》说:"凡人之所以为人者,礼义也。"礼是维系一切社会关系的根本纽带。如所谓"君君、臣臣、父父、子子、兄兄、弟弟、夫夫、妇妇",是指君、臣、父、子、兄、弟、夫、妇都有自己特定的行为规范,决不允许贱用贵礼,卑用尊礼。具体说就是"父慈、子孝、兄良、弟弟(悌)、夫义、妇听、长惠、幼顺、君仁、臣忠"。做到这点,就是"合礼"的。祖先们认为孔子在这方面树立了一个榜样:孔子于乡党,恂恂如也,似不能言者。其在宗庙朝廷,便便言,唯谨尔。朝,与下大夫言,侃侃如也。与上大夫言,訚訚如也。君在,踧踖如也,与与如也。(《论语·阳货》)其实,现在我们仍然遵守这一传统,要求说话因人施言,随境遣词,认为这样才会收到好的效果,这样说话才是得体的。

(三)上下有序的称呼规范

汉语中的称呼语,它代表了人与人之间的某种社会关系,仔细考察便会发现它本身也记录了"上下有序,贵贱有分,长幼有等"的礼文化。比如"妇人"这个名称,在今天就是指"已婚的女子",可在古代它却有其特定的指代。《礼记·曲礼下》解释说:"天子之妃曰后,诸侯曰夫人,大夫曰孺子,士曰妇人,庶人曰妻。"这就体现了不同对象的等级不同,尊卑不同,称呼也就有所不同。中国人历来重身份的高低、秩序的先后、关系的亲疏,这种文化意识一直影响着我们今天的言语交际。如我们日常社交中的称谓就有职务称、职业称、亲属称、姓名称，等等。如果在庄重的、公开的场合，作为总经理的儿子当着众多人的面称呼作为总经理的父亲，一般以职衔而非亲属关系称呼为宜。年纪大的人与晚辈说话时不应用"您"，晚辈对长辈称呼时不应直呼其名、开会介绍时，按"局长、处长、科长"排列；作报告时，一般都报上有关人员的职务、头衔，等等。中国历来就有"礼仪之邦"的美誉。"不学礼，无以立"，古人之训诫无疑向人们昭示了这样一个真理：一个不注重礼的人是很难立足于社会的。今天，随着现代社会人际交往的日渐频繁，人们对礼的问题更是倍加关注。言谈是人们传播信息的重要手段，若要在人际交往中发挥更大的作用，除了做到言辞达意外，我们还应力求做到用语合礼，这样才得体。

（四）交际褒贬色彩规范

汉语言交际中的词语褒贬色彩也由礼文化来规范。例如，《礼记·曲礼下》说："天子死曰崩，诸侯死曰薨，大夫曰卒，士曰不禄，庶人曰死。"这里除对庶人直接陈述是"死"外，其余都可属婉辞。具体来看，天子与诸侯的死是从打比方的角度来说的，把帝王之死喻作山陵崩塌，言其影响极大；把诸侯之死喻为房子坍塌，令人震惊，影响仅次于帝王之死。"卒"有"终"之意，死本来就是生命的终结，所以"卒"属婉辞。地位最低的贵族"士"的死被称为"不禄"，则是改换了叙事的角度，意思是不再享用皇上的俸禄了，显得非常委婉。可见，"死"的婉辞中也蕴含着等级尊卑的礼文化。在古人心目中，只有像《礼记》要求的那样依据说话对象的身份、地位不同措辞才是"合礼"的，才是得体的。

这种文化意识，这种语言运作，对我们今天说话言谈产生了较大的影响。

现代汉语中表达"死亡"有许多手段和方法。"死""死亡""仙逝""作古""殒命""丧命""身亡""遇难""逝世""殉职""牺牲""与世长辞""寿终正寝""呜呼哀哉""溘然长逝""溘然而去""驾鹤西归""阴阳两隔""老了""去了""走了""光荣了""不在了""断气了"，等等，都是表达"死亡"的语言变体。适用对象和语境有差别。

如果死者是德高望重的人，听话者又是死者的亲人、朋友等，说话又是在一个较为严肃的场合，那么我们说话时一般选用"逝世""永别"乃至"与世长辞"等带有庄重色彩的词语委婉道出，以表达对死者由衷的敬意；如果死者是为国为民而献身的，说话又是在较为庄重的公共场合，那么我们说话时一般是选用"牺牲""就义""捐躯"等带有褒扬色彩的词语，表达对死者无比崇敬之情；如果死者是干坏事突然死亡的，我们说话时一般选用"暴卒""丧命""送命"等带有贬斥色彩的词语，有时还会用"完蛋""归天""一命呜呼"等带有诙谐、嘲讽意味的词语，以表达对死者厌恶之感。在语言交际中，通常是把含有庄重、褒扬色彩的词语用于认为值得肯定的、尊敬的对象上，而把含有嘲讽、贬斥色彩的词语用于认为应该否定的、讽刺的对象上。一句话，因人施言，随境遣词。只有这样，才得体，才能收到好的效果。

人们交流思想、互通信息一般都得使用语言，而交流思想互通信息既需要双方具有共同的语言，又需要双方具备共有的文化。必须认识到，几千年的礼文化铸就了我们温良恭俭让的民族性格。长期以来，中国人都以谦虚为美德，明白"满招损，谦受益"，说话时注意把握分寸，给人谦和、恭谨、稳定的印象。古代言语中就有不少的谦辞，影响至今，称自己的文章或著作为"拙文""劣作"，称自己的住所为"寒舍""陋室"等。人们对于别人的夸奖，一般不是正面首肯，大胆承认，而是以"不敢当""哪里哪里""过奖过奖""我还差得远呢"等话语来回答。这一点就与外国人不一样。诚然，自谦语的使用目的也是对他人的尊重，体现自己不妄自菲薄，而是知节识礼的。但是如与外国人交际时就要注意，不要过于谦虚，让人难明其意。如外国人请你吃饭，你不要用"谢谢"回答，而应明确表达自己是赴宴还是不赴宴。可见，我们在与一个不了解中国有关文化的外国人交谈时，就得考虑各国文化的差异，以免交际受到阻碍，达不到交际目的。

古诗云："感时花溅泪，恨别鸟惊心。"又云："春风得意马蹄疾。"从心理学角度出发，我们说话要得体就必须考虑听众的心境，看场合说话。

总而言之，古人"非礼勿言"的礼文化意识对我们今天说话的得体与否起着较大的影响与制约作用。

二、得体性——社会和谐之基

中国传统文化的"礼"其实也是一种"中庸之道"。作为方法论，"中庸之道"是指行为的尺度，要求不偏不倚，"执两用中"，和谐得体，恰到好处。而我们今天谈的说话得体，笼统地说，就是指语言适当，恰如其分，就是

"一切以适度、恰当为原则",这正好说明,我们中华民族历来讲究言谈有礼、说话得体。因此,我们要继承以礼为规范,以适度为原则的礼文化,使我们的语言运作收到好的社会效果。

但在语言交际过程中,有的人能够充分得体地利用语言达到应有的交际目的和交际效果,而有的人却适得其反。

例如,对于涉及隐私、秘密或其他利害关系的问题,说"无可奉告",有时会显得有失礼节和风度。要做到既给自己台阶又给别人面子,必要时可以采用"岔换闪避"术。"岔换"就是"岔开、转换"的意思。它是人们在言语交际中,故意岔开原来的问题,旋即采用其他的话题予以抵换的一种策略。这种"王顾左右而言他"的策略,能够使人面对尴尬而峰回路转,取得柳暗花明的幽默效果。它分为两种类型:凡是没有诱导性话语而直接岔换新话题的,叫"直接岔换";凡是通过逐步诱导,最后才亮出答者所要谈的真正话题的,叫"迂回岔换"。岔换闪避,要善于借用"他物",注意与当前的"语境"协调,关键做到"巧转"。

案例一:

20世纪50年代,周恩来总理在北京的一次中外记者招待会上介绍我国经济建设成就和对外方针之后,谦和地请中外记者提问。这时,一位西方记者站起来:"请问,中国人民银行有多少资金?"这句话实质是讥笑中国贫穷,同时又想"套"出中国的国家机密。周总理回答说:"中国人民银行发行的货币资金嘛……有十八元八角八分。"此语一出,全场记者为之愕然,场内鸦雀无声,静听周总理的解释:"中国人民银行发行面额值为十元、五元、二元、一元、五角、二角、一角、五分、二分、一分的主辅人民币,合计为十八元八角八分……"机智妙答,激起全场热烈的掌声。

在这种重大场合,周总理不仅没有来个"无可奉告"的外交辞令;更没有指责对方动机不良,而是避开"资金总额"这个敏感问题,转而借用"人民币面额类别总数"的情况来回答问题(借用"他物"),使得招待会的气氛轻松、和谐。机敏得体的妙答充分显示了周总理非凡的外交才能。

案例二：

约翰·洛克菲勒是世界有名的富翁，但他生活却很节俭。一天，他到纽约一家旅馆去投宿，要求住一间最便宜的房间。旅馆经理劝道："先生，您为何要住便宜的小房间呢？您儿子住宿时，总是挑最豪华的房间哪！"

洛克菲勒答道："不错。我儿子有个百万富翁的父亲，可我没有呀！"

从经理的问话中可以听出他不理解洛克菲勒为何要如此刻意地省钱，似有讥笑他吝啬的意味。洛克菲勒的这种解释虽然远离"重心"，却也"巧妙"——既显示了创业者的本真性格，又消弭了刻意省钱的悭吝形象，达到了"保护"自我形象的目的。

我们在研究语用得体性的社会功能时发现，有人有时候话语并没有错，但不适合语境，语用不得体，影响了交际效果：

例1：一位假期返乡的大学生在村里碰到乡亲时打招呼说："叔叔好！'大爷好！……'婶婶好！"使见面只问"吃了吗？""干啥去？"的乡亲不愿再与他说话。这位大学生忘记了现在他不是在大学校园，而是在乡村；面对的不是同学和老师，而是自己的乡邻。

例2：一位在美国的中国留学生搭乘美国朋友的车时关切地说："开车小心点，注意安全。"让这位美国朋友大为不快。这位留学生忽视了中国与美国的文化差异，这样的话在中国是表示关切，而在美国则是表示对别人的不信任。

例3：一位乘飞机旅行的年轻人与空中小姐开玩笑，说他的包里装的是炸弹，致使已起飞的航班返航，他也因此而入狱。这位年轻人忘记了自己不是在家里，也不是在与朋友同事开玩笑，飞机上最忌讳的事情是开不得玩笑的。

（以上三例均引自史秀菊：《语境与言语得体性研究》，语文出版社2004年版。）

以上这些实例生动地说明了言语交际对语境的依赖关系，只有切合语境的话语才可能是得体的话语。

三、得体性对社会效果的导向和规范作用

语用得体行为是说个人与社团的用语行为得体，它在本质上来说是一种社会交际行为，是社会生活的重要组成方面，带有公众影响性，因而它不能只为个人的好尚和功利目的，还必须遵循普遍的社会规范，讲求良好的社会效果。所谓社会效果就是语用行为所产生的社会影响与效益，它以正面的、积极的社会效益为趋求，以营造良好的社会环境和风气为目的，以公认的社会准则、文化好尚和审美趣味为准绳，具有导向性（即正面的导向作用），规范性（即提供普遍的语用规范）和非抵触性（即不与普遍的社会要求相抵触以产生负面的影响）等特点。含有特定的民族、时代精神和内容。

讲求社会效果是语用得体行为的一项本质内容，也是中华民族言语活动的优良传统。如韩非子就说："好辩说而不求其用，滥于文丽而不顾其功者，可亡也。"强调"修辞立其诚"。在我国历史上，许多文学家也都十分重视雕词琢句、锤炼语言。比如，唐代爱国诗人杜甫就曾说过："为人性僻耽佳句，语不惊人死不休！"刘禹锡说"常恨言语浅，不如人意深"。这都表达了他们孜孜于语言锤炼，力求得体地表达忧国忧民的思想感情。这表明了我国古代人民重视语用得体的悠久传统。重视语用得体表现在口语中，就是重视口才。而在书面语交际领域中，就是看重文章写作。魏文帝曹丕曾说："盖文章，经国之大业，不朽之盛事。年寿有时而尽，荣乐止乎其身，二者必至之常期，未若文章之无穷。"曹丕把得体为文即著书立说，当成经国大业，也可以看作是我国古代对语用得体社会功能的一种高度概括。

汉代的刘向曾引用主父偃的话说："人而无辞，安所用之。昔子产修其辞而赵武致其敬，王孙满明其言而楚庄以惭，苏秦行其说而六国以安，蒯通陈其说而身得以全。夫辞者乃所以尊君重身，安国全性者也。故辞不可不修，说不可不善。"其意是一个人没有很强的得体的言语能力，说话没有文采，怎么用他呢？郑国的政治家、外交家子产能言善辩，精于治国，为晋国的政治家、外交家赵武——赵文子所钦佩。楚庄王曾经想推翻周室，却被能言善辩的东周大夫王孙满所折服。蒯通善于辞令而为刘邦所赦免。这话有理有据，一语中的，不但说明了讲究语用得体性之于个人安身立命的实用功能，也道出了语用得体性的治国安邦价值。

我们强调的语用效果主要指表意效果、交际效果和社会效果。表意效果是针对语词充分达意而言的。讲求用词的准确、充分和简洁；交际效果是针对特定的交际目的而言的，力求以最有效得体的话语手段去取得说话人所希望的交际效果，完成特定的交际任务；社会效果是针对话语的社会影响与效益而言的，是语用得体行为社会性的本质表现，它以符合特定的社会要求和规范，营造良好的社会语用环境为己任。三者的关系是同属一个话语取效过程，但侧重点不同。从相互作用方面来说表意效果是交际效果成功实现的必要前提。好的交际效果的取得已合逻辑地包含了对有效表达的内在要求。社会效果则既可以是促进交际效果成功取得的有效手段，又是追求话语交际效果所必须遵循的制约条件。对于旨在进行社会宣传的专题语用行为。其交际效果就是要进行社会宣传，这时交际效果与社会效果是同一的。而对于一般性的交际用语，好的社会效果可为交际效果的成功创造条件，为其服务，同时又是说话人追求某种交际效果时必须首先讲求的效果要求。一定交际效果的取得必须符合社会规范的要求，遵循普遍的社会准则，如特定民族社会的文化好尚、审美趣尚、行为规范、特定时代的精神要求以及语言规范等，形成综合性的社会效益，创造良好的社会效果为前提。

第三节　得体性是对外汉语教学的最高目标

一、我国对外汉语教学目的探索

对外汉语教学自从开创到现在，已走过半个多世纪的历程。在这个漫长的历程中，我国对外汉语教学界一直在追求一个正确的教学目的，并在理论和实践两个方面进行不懈探索：

20 世纪五六十年代，对外汉语教学的目的是培养外国留学生的汉语语言能力。教学活动基本是讲解汉语的知识和训练学生的听、说、读、写语言技能。在课堂教学中注重基本语法结构和基本词汇的教学。

20 世纪 70 年代初，对外汉语教学的主要倾向仍是以培养语言技能为目的；在坚持传授语言知识和培养语言技能的同时，已经酝酿着教学思路的改革和理论上的突破，但还没有明确提出对外汉语教学的目的是培养"学生的汉语交际能力"。到了70年代后半期，对外汉语教学的相关研究，才提出培养学生汉语交际能力的教学目的，但尚未引起普遍的关注，而交际能力与语言能力这两个概念也没有明确的界定，甚至还有混同的现象。

经过将近10年的探索，到了20世纪80年代，终于确立了以培养学生汉语交际能力为对外汉语教学的总体目的。80年代初，北京语言学院来华留学生一系文科教学大纲编写组编写出了《二年制文科班课程设置计划及有关问题》。在这个教学计划中指出："二年制文科班的教学目的是：培养外国学生在中国生活和在中国高等学校学习或进修有关文科专业所必须具备的最基本的汉语能力"，而"最基本的汉语能力"包括"留学生在中国生活必须具备的用普通话进行日常交际的能力"。这说明以培养学生的汉语交际能力为目的的思想已开始用来指导具体的对外汉语教学。

1981年，《实用汉语课本》问世。编者在"前言"中指出："这套教材的主要目的是培养学生在实际生活中运用汉语进行交际的能力。"无疑，这有着重大的意义。它表明这套教材的编者不仅在理论上认识到语言教学应以培养学生的汉语交际能力为教学目的，而且作为这套教材的编写指导原则，开始把理论付诸实践。

《语言教学与研究》1986年第4期发表了吕必松先生的《试论对外汉语教学的总体设计》。在这篇文章中，吕必松先生除再一次明确指出"语言教学的目的是培养学生运用所学语言进行交际的能力"，同时还提出了"交际性原则"，认为"因为语言教学的目的是为了培养学生运用所学语言进行交际的能力，所以在确定培养目标和教学要求、选择教学内容和教学途径以及规定教学法原则时，都要以有利于使学生在最短的时间内最大限度地形成所必要的语言交际能力为出发点。衡量总体设计优劣的唯一标准，就是看它能不能为最有效地培养学生所必要的语言交际能力作出科学的宏观安排"。在同一期《语言教学与研究》上，还发表了上海外国语学院对外汉语系撰写的《零起点一年制留学生基础汉语教学总体设计》。这篇文章确认"零起点一年制留学生的基础汉语教学，目的是培养学生使用汉语交际的能力"，"语法结构及语言的规则是交际能力的基础"。

1988年9月，《汉语水平等级标准和等级大纲》（以下简称《标准和大纲》）出版，《标准和大纲》正式提出对外汉语教学的目的是培养学生用汉语进行交际的能力。这标志着"培养交际能力"作为对外汉语教学总体目的的真正确定。不过，教学目的虽然已经明确，但理论上的研究还有待深入，还存在模糊性，表现在：提出了培养交际能力这个教学目的，而对交际能力这个概念的内涵还没有阐述清楚。比如在《标准和大纲》中，一方面明确指出"对外汉语教学目的是培养学生用汉语进行交际的能力"，另一方面又说"这种能力主要体现在听、说、读、写四个方面"。

二、汉语交际得体性的提出

进入20世纪90年代，关于在对外汉语教学中对汉语交际能力培养的研究更为深入，集中研究了以下四个问题：（1）语言技能不等于交际技能；（2）语言技能追求的是正确性，交际技能追求的不仅是正确性，还有得体性；（3）语言技能是交际技能的基础；（4）交际技能的获得要通过专门的训练和培养。下面介绍一下有关交际能力研究的进展情况：

1990年，《语言教学与研究》第2期，发表了吕必松先生的《关于教学内容与教学方法问题的思考》。这篇文章论述了交际能力和语言技能这两个概念之间的关系以及二者培养手段的不同。1990年9月，邱质朴先生编著的《说什么和怎么说?》一书正式出版。该书运用了社会语言学的理论，详细说明了交际能力和言语得体性的关系，以及言语得体性所包含的内容。1990年8月，在第三届国际汉语教学讨论会上，常敬宇先生提交并宣读了《试论汉语交际的得体性》的论文。他运用语用学理论来阐述话语运用的得体性原则。在这次讨论会上，盛炎先生提交并宣读了《语言交际能力与功能教学》的论文。他指出交际能力含有四个方面的内容，并运用理论语言学、社会语言学、语用学以及篇章语言学的理论，来阐述交际能力的内涵和构成要素，把语言交际能力和语言技能区别开来，使关于交际能力的讨论又深入了一步。1992年，崔希亮先生发表了《语言交际能力与话语的会话含义》一文，从语用学的角度讨论语言交际能力问题，详细地论述了口头交际的四种形式，即讲、述、谈、说（代表口头交际的四个层次）。范开泰先生在《世界汉语教学》1992年第1期上发表了《论汉语交际能力的培养》。他指出汉语交际能力包括三方面的内容：（1）汉语语言系统能力；（2）汉语得体表达能力；（3）汉语文化适应能力。然后，作者又详细地论述了这三种能力的培养方法和培养的具体内容。1995年，吕必松先生出版的《对外汉语教学概论》（讲义）分别阐述了语言能力的构成因素和语言交际能力的构成因素。他认为一个人的语言能力属于语言范畴，由语言知识（语言要素和语用规则）和有关的文化知识构成；一个人的语言交际能力属于言语范畴，由言语要素、语用规则、言语技能、言语交际技能以及有关的文化知识构成。从言语要素到言语技能，从言语技能到言语交际技能，都有一个转化的过程。

至此，培养汉语交际能力是对外汉语教学的最终目的，已成为共识。

关于对外汉语教学目的确立的重要性，刘珣先生在 2000 年 1 月出版的《对外汉语教育学引论》一书中指出："教学目的是总体设计中的首要问题。教学目的一经确定，将决定教学内容、课程设置、教学原则、教学过程、教学方法直到测试评估等一系列问题"。他总结了前人的研究成果，把对外汉语教学的目的归纳为三个方面：（1）掌握汉语基础知识和听、说、读、写基本技能，培养运用汉语进行交际的能力；（2）增强学习汉语的兴趣和动力，发展智力，培养汉语的自学能力；（3）掌握汉语的文化因素，熟悉基本的中国国情和文化背景知识、提高文化素养。在这三方面的教学目的中，掌握汉语基础知识和听、说、读、写基本技能，培养运用汉语进行交际的能力是最直接最根本的教学目的，而在这个最直接最根本的教学目的中，可以看到：培养交际能力是最终的目的。这个最终的目的不是凭空而定的，它是由语言作为交际工具的本质特点所决定、符合当今世界各国之间密切交往迫切需要语言人才的现实，同时也是学习者本身对学习第二语言所提出的要求，也是学习兴趣、动力之所在。培养汉语交际能力这个教学目的的提出，其意义是非常重大的。它是对外汉语教学思路的重大转折，标志着对外汉语教学将从汉语知识讲授和语言技能训练转移到交际能力培养的轨道上。它将带动和促进对外汉语教学对汉语交际得体能力的培养问题进行更深入的研究，并对对外汉语教学实践产生深远的影响。

三、得体性是汉语交际能力的最高标准

对外汉语教学明确将培养学生的汉语交际能力作为教学的根本目的，并引进了交际性原则。"培养汉语交际能力"已经成为对外汉语教学发展的大趋势。目前，在对外汉语教学中，教材、教法正在不断地改进，教材内容和课堂教学也尽量设计为培养交际能力服务的各种语言情境，教师也为如何培养

汉语交际能力，实现培养汉语交际得体性这一最高目标，而做着许多艰苦的工作。

（一）处理好培养语言能力和语言交际能力的关系

一个人习得一种语言，就意味着具备了这种语言的语言能力和语言交际能力。语言学习理论研究的任务之一，就是揭示语言能力和语言交际能力的构成因素及形成过程，因为只有对语言能力和语言交际能力的构成因素和形成过程有了全面认识，才能在语言学教学中更加自觉、更加有计划地培养学生的语言能力和语言交际能力。

语言能力的概念是美国著名语言学家乔姆斯基20世纪60年代提出来的。他承袭了瑞士语言学家德·索绪尔（F. de Saussure）的语言界说，即把语言一分为二，语言能力和语言行为，并且把两者对立起来，强调语言研究中心是语言能力，这样就把语言和语言使用分隔开来。乔姆斯基所说的语言能力是指人们所具有的语言知识，是一种内化了的包括语音、词汇、语法等的语言规则体系。根据转换生成语言理论，一个人的语言能力主要表现在：能正确组合声音和语素；能区分是否合乎语法的句子；能区分结构相同或相似但意义不同的句子；能区分结构不同但意义相同或相近的句子；能区分同一结构的歧义；能区分句子中的语法关系；而最根本之点则是能运用这一有限规则体系创造出无限的句子。可见乔姆斯基所说"语言能力"包括语言知识、规则及语言的基本技能。他还认为语言能力是人类先天就具有的内在心理机制。美国语言学家卡纳尔（M. Canale）等在1983年他概括语言能力时指出，语言能力（也称语法能力）包括语言要素（指语音、词汇、语法和书面表达中的文字等）和语言技能（指听、说、读、写技能）。根据吕必松先生的看法："语言能力指的是一个人掌握语言要素和语用规则的能力，语言要素和语用规则也可以统称为语言知识。一个人掌握语言知识的能力是一种内在的能力。"

得体性涉及的另一个重要概念是"语言交际能力"的概念。"交际能力"是美国语言学家海姆斯20世纪60年代首次提出的概念，与乔姆斯基提出的"语言能力"是相对的。海姆斯从社会语言学的角度出发，认为：一个人的语言能力不仅表现在他是否能造出合乎语法的句子而且还表现在他能否在一定的场合和情境中使用恰当的语言形式，这就是语言交际能力。交际能力包括四个方面："（1）语法性（grammaticality），即懂得哪些句子是合乎语法的；

(2) 可接受性（feasibility）即懂得哪些句子可以被人们接受的；（3）得体性（appropriacy），即懂得哪些话是恰当的；（4）现实性（occurrence），即懂得哪些话是常用的。"可见，海姆斯提出的"交际能力"可以理解为一个人对语言知识和技能的运用。换句话说，海姆斯所理解的一个人的交际能力包括：语法（正确性）、心理（可接受性）、社会化（得体性）和概率（现实性）等方面的判断能力。我们认为海姆斯提出的"交际能力"在理论上并不是乔姆斯基的对等物，不是对"语言能力"的补充，也不是"语言能力"的否定，而是一个与"语言能力"既对立又统一的概念。很多学者对海姆斯的交际能力理论曾作过进一步的阐述。美国语言学家卡纳尔和斯温（1980，1983）也曾指出，语言交际能力是由语言能力（grammatical-competence）、社会语言学能力（sociolinguistic competence）、话语能力（discourse competence）和交际策略（strategic competence）等因素构成的。英国里查兹（J. C. Richards）和施密特（R. W. Schmidt）主编的《语言与交际》（Language and Communication）收录了英国、美国和加拿大等国语言学和教学法研究的学者所写的八篇论文，从不同角度对语言交际活动以及与此有关的问题作了探讨。这些论文都对卡纳尔提出的"交际能力"四个方面表示赞同，并集中说明了社会语言学和话语分析在语言学习中的重要性；对语言学习中的具体问题进行了探讨。随着汉语教学的不断发展，中外学者对这两种能力已有很多论述。埃利斯（Ellis，1994）指出，多数学者都认为交际能力模型包括语言能力和语用能力两部分。盛炎先生（1990）把交际能力归纳为：（1）语言学能力，主要是语言结构方面的能力；（2）社会语言学能力，主要是语言功能方面的能力，主要表现为语言运用的得体性；（3）话语能力，话语大于句子，有一定语境的语篇结构；（4）交际策略，或者说交际技巧等。范开泰先生（1992）肯定"对外汉语教学的目的是全面培养外国留学生的汉语交际能力，既包括汉语口头交际能力，也包括汉语书面语交际能力"。他认为汉语交际能力包括三方面的内容：（1）汉语语言系统能力，即使用汉语时具有合法性和可接受性；（2）汉语得体表达能力，即使用汉语时具有得体性，能根据说话人和听话人的具体条件和说话时的具体语境选择最恰当的表达方式，以取得最理想的表达效果；（3）汉语文化适应能力，即用汉语进行交际时能适应中国人的社会文化心理习惯。吕必松（1992）认为，语言要素、语用规则、文化知识、言语技能、言语交际技能等五个因素构成语言交际能力。陈贤纯先生（1995）

进一步指出,语言能力在第一个层次,交际能力在第二个层次。

语言交际跟语言环境有着密切的关系,第二语言学习者必须学会利用语言环境,善于在环境中灵活地使用语言,才能达到交际的目的,完成交际任务。

可能有人要问"交际能力有没有一个具体的标准?",我们认为"达意"也许是交际能力的最低要求,那么交际能力的最高标准呢?在第二语言教学中,我们一般都使用"得体性"来评价一个第二语言学习者具有较高的语言交际能力。社会语言能力是语言交际能力中非常重要的构成因素。要想培养学生的社会语言能力,必须把语义和语用的教学跟交际文化紧密结合起来,着重揭示语言交际中的文化因素,介绍目的语国家的基本国情和文化背景知识。

(二)如何培养学生的汉语交际得体性

我们的教学目的是培养学生具备在真实的社会语境中得体地运用汉语进行交际。从语言能力、语言交际能力的构成因素出发,可以把汉语的能力教学内容概括为四个方面:(1)汉语知识(汉语语音、词汇、语法、汉字)和基本技能(汉语听、说、读、写);(2)汉语交际技能(汉语语用规则、话语规则、交际策略);(3)中华民族的交际文化知识(汉语的文化因素、中国基本国情和文化背景知识);(4)汉字。这就构成了语言知识四个方面。学习者需要掌握并能运用这些知识。

语言交际技能以语言能力为基础,不仅要求语言的正确性,还要求语言的得体性,即在特定的语言环境中恰当地使用语言。因此要获得语言交际技能除了掌握语言知识和语言基本技能以外,还必须掌握语用规则、话语规则、交际策略以及相关的交际文化等。语言的得体性除了表现在掌握语用规则和话语规则,还表现在恰当地使用交际策略。相关的文化交际包括体现在语言交际中的文化因素,基本国情和文化背景知识。文化课的总目的是帮助学生客观地认识中国、了解中国文化、懂得中国人的文化心理特征、思维方式、价值观念、审美情趣等,为培养学生的汉语交际能力打下结实的语境基础、对于学生学习汉语和从事与中国有关的各项工作具有很高的实用价值。

语言交际技能训练要强调语言交际的得体性。得体性的具体要求是:

(1)根据预期的交际目的,采取一切有效手段来控制自己的言语行为,根据具体的交际语境选用相应的言语形式进行表达,控制整个交际过程的进展。

　　(2) 明确交际对象，适应对方接受的可能性。言语交际的效果如何，不仅要看表达者能否运用语言形式恰到好处地表达自己的思想感情，尤其要看对方能否准确理解、乐于接受。因此必须根据交际对象的知识、思想水平和处境心情等因素采取与之相应的言语形式。

　　(3) 进行言语交际时，必须顾及双方的特定关系和心理因素。人们的言语交际，双方总是在一种特定关系中进行的。"这种特定关系是交际双方客观上存在的辈分、亲友、乃至敌对等社会关系，以及交际时的种种临时关系，其中起决定作用的因素是双方对交谈的内容的关心程度和所持的态度——或一拍即合，甚至不谋而合；或各怀主意，甚至互相戒备；或各有所思，越扯越远，违背交际目的，等等，都是双方在交际时处于某种特定关系之中，直接影响到对言语形式的选择和理解"。因此为了获得理想的交际效果，不仅要顾及交际对象等因素，还得顾及交际双方的这种特定关系。

　　(4) 言语表达必须顾及交际场合。语言表达要根据交际场合的变化而选择与之相应的言语形式，否则也达不到预期的交际效果。所谓"交际场合"是由一定时间因素、空间因素和交际情景等基本因素构成的。人们的言语交际总是在一定的场合内进行的，交际双方对言语形式的采用和理解都要受到一定场合的制约和影响。就表达的一方来说，言语形式的采用，不管其结构的繁简、语气的缓急、语意的曲直，都得根据特定场合的表达需要来决定取舍，才能达到理想的交际效果。要特别强调的是情境意义对交际场合的依附性。所谓"情境意义"不是语言本身所固有的，也不是言语表达的一般字面意义；它是"说、写者表达思想感情时借助特定时空交际情景暂时赋予言语义——即话语的一种外部意义"，也就是人们常说的"言外之意"，听、读者只能结合情境去领略而不能按照字面上去理解。情境意义对交际场合的这一种依附关系，要求言语交际的双方必须善于根据特定语境来表达和理解这"言外之意"，达到交流思想感情的目的。此外，人们在一定场合进行言语交际时，由于交际双方都在积极参与活动，交际情景也会不断发生变化，因此需要随机应变，积极利用交际中的非语言因素，达到预期的交际目的。比如，根据交际场合的变化，灵活变换言语形式；利用言语交际的具体语境，借助交际时的眼前实物，借助交际时的情景气氛等有利条件来增强言语的表达效果。

（5）教师在教学中所使用的课堂用语应当注意得体性。在语言交际技能训练中巧妙地导入交际文化，使文化内容伴随语言材料自然而然地走入课堂，为学生自然接受。语言交际技能训练必须在特定的语言环境中进行，以掌握功能为目的、为导向，以组成话语为目标，强调语言运用的得体性，让学生学会根据不同的交际任务、交际语境，对语言形式（语音、词语、句式、语体、话语的组织）和交际策略进行恰当的选择。

本章参考文献：

[1]《易·系辞》（上）。

[2] 吕叔湘：《〈修辞学习〉题词》，载《修辞学习》，1986年第1期。

[3] 陈光磊：《得体：语用的基本规约》，见《修辞语用探索——语言表达与得体性》天津教育出版社1998年版。

[4] 郑颐寿：《辞章学概论》，福建教育出版社1986年版。

[5] 温云水：《得体的语言层面、言语层面和语法层面》，见《修辞语用探索——语言表达与得体性》，天津教育出版社1998年版。

[6] 王希杰：《修辞学通论》，南京大学出版社1996年版。

[7] 钱冠连：《语用学：人文网络言语学》，载《读书》，1996年第11期。

[8] 史秀菊：《语境与言语得体性研究》，语文出版社2004年版。

[9] 郑荣馨：《论言语得体的辩证性质》，见李名方：《得体修辞学研究》，河海大学出版社1999年版。

[10] 沈祥和：《从言语交际的我你他三方看得体》，载《学术论坛》，2001年第3期。

[11] [德] 恩斯特·卡西尔：《语言与神话》，于晓等译，生活·读书·新知三联书店1988年版，代序。

[12]《荀子·天论》。

[13]《荀子·致士》。

[14]《管子·五辅》。

[15] 罗洁清：《说话得体与中国礼文化》，载《桂林市教育学院学报》（综合版），1999年第4期。

[16] 韩非子：《韩非子·王徵》，见郑奠：《古汉语修辞资料汇编》，商务印书馆1980年版。

[17] 李军：《语用修辞探索》，广东教育出版社2005年版。

第二章

语境对汉语交际得体性的影响

第一节 语境概念

对外汉语教学就是培养学习者运用汉语进行得体交际的能力的过程。我们要培养的交际能力是一种语言运用能力，它体现为具体情境中语言运用的得体性。这里的"具体情境"就是语境。

一、语境概念

所谓"语境"是指使用语言时所处的实际环境，包括语言之内和语言之外的环境。语言之内的环境叫语言环境，主要指语言内部的语词、句子、篇章之间的关系即上下文关系。语言之外的环境叫言语环境，又叫非语言语境，主要指话语以外的物理世界、社会文化世界和心理世界，包括时间、地点、对象、社会情景等，即情景的"上下文"关系。语境就是语言环境和言语环境的总称。言语交际离不开语境，语境不仅是人们进行言语交际的基础，也是言语交际的导航仪。

例如，"打开门！"和"把门打开！"这两个句子，如果没有语境，谁也说不清这两句话的区别，但在具体的语境中，人们会自然的选择前者或后者。前者用于一般情况下简单地提醒对方；后者则是在说话人发现对方应该打开门却没有打开的情况下才用。

我们进行言语交际时,总是处在一定的实际环境(语境)中,而这种语境又会积极参与言语交际,并且对交际者的语言运用产生影响和制约作用,从而使交际成功、得体。

例如,在北京的公共汽车上,乘客买车票时常说"两个西单",很显然"两个西单"是一种残缺的省略的语言形式。但在公共汽车这个语境中,哪一个汽车售票员都能理解说话人所表达的意思是:"我要买两张到西单的汽车票"。

还如,同样的一个词("真是"),不同语境,将其蕴含的语义及感情色彩区别得细微有加:

例1:"你这当伯伯的,还跟我们晚辈开玩笑,真是。"(蕴含的语义是"实在不应该";表示对长辈的责怪语气。)

例2:"都四月中旬了,天还这么冷,真是"(蕴含的语义是说"天气实在反常";表示人对反常天气的一种厌恶情绪。)

例3:"这一点小事你都不肯帮忙,真是。"(意思是说"实在不够意思、不够朋友";表示不满情绪。)

例4:"你这么大年纪,跑这么远的路来医院看我,真是。"(意思是说"实在过意不去";表示感动、抱歉之意。)

二、国外语境研究概况

波兰哲学家沙夫(Adam Schaff)认为,无论是关于感情状态的交际还是理智状态的交际,任何表达方式的意义都必须依赖于其所在的论域——语境。他说:"一个表达式的意义是随着它所在的那个论域而不同的。这是由于:语言表达是极其含混的,它容许人们做出各种不同的解释……被表达物的内容只有在一定的环境中才能够被理解。"语境作用于发话者和受话者,且主要是作用于受话者的心理条件:发话者只有依赖于特定语境,才能在交际过程中找到发出信息的恰当词语;而受话者也只有借助于特定语境,才能正确理解发话者传达给自己的信息,从而完成由发出信息到接受信息的联结。

现代语言学之父瑞士语言学家索绪尔,第一次把语言和言语区别开来,对二者作了严格的界定。他认为语言交际活动包括表义系统和表义行为。所谓"语言",是指某个语族的编码,包括语音、句法和词汇;所谓"言语",是指运用某个语族的编码表达或接受信息。"语言"具有社会的约定俗成的习惯性,而"言语"却具有运用语言的灵活性、创造性。语言是共时性的、社会惯例性的,是理性的、规则的、普遍的、稳定的;而言语却是属于个人的行为,具有选择性、丰富性、创造性、多样性、灵活性。语境研究,就是从事索绪尔所说的动态的言语的研究。

20世纪30年代,美国著名语言学家布龙菲尔德在《语言论》中认为,语言形式所具有的意义是"说话人发出语言形式时所处的情境和这个形式在听话人那儿所起的反应","说话人的处境和听话人的反应是相互紧密配合的……反映在下面的因果序列中:

说话人的处境—言语—听话人的反应

作为最先提出命题的说话人的处境,通常情况下的反应呈现的情况要单纯一些,所以我们一般都根据说话人的刺激来讨论和确定意义。"他认为,语义是非语言世界的特征或事体。"引起人们说话的情境包括人类世界中的每一件客观事物和发生的情况。"类似布龙菲尔德这种观点的,还有英国著名语言学家哈斯,他在第七届国际语言学家会议上说过:"一部分语词的意义是它的功能……它的功能就是它在一定语境中出现的特点"。

语境学说的创始人是英国语言学家弗斯。20世纪40年代,弗斯继承了他的老师人类学家马林诺夫斯基(B. Manlinowski)关于"言语环境中的完整的话语才是真正的语言事实"的学说,初步阐述了在言语环境中研究话语的理论和方法。他认为言语同人类的社会交际活动是紧紧地交织在一起的,语言学的任务在于把语言中各个有意义的方面同非语言因素联系起来。弗斯认为,语言既有由语言因素构成的"上下文",又有由非语言因素构成的"情景的上下文"。在情景的分析平面上,他认为言语行为具有下列要素:

1. 言语交际参与者:人物、个性及其有关特征。
（1）参与者的言语行为;
（2）参与者的非言语行为。
2. 有关事物及非言语性、非人格性的事。
3. 言语行为的效果。

总之,弗斯的情景上下文就是指事件、参与者及其相互关系。例如上课,参与者是教师与学生,新型的教学模式中还包括学生和学生。只有与这种情景上下文相适应的话语才能取得得体的言语效果。

20世纪60年代中叶以后,国外对于语境的研究有了较为深入的发展。1964年,韩礼德继承了弗斯的语言理论,提出了"语域"的概念。1965年,美国社会语言学家费什曼也提出"语域"这一概念。他着眼于语言变体产生的社会因素,认为语域是受共同行为规则制约的社会情境,包括地点、身份和主题。这三方面也相当于使用语言的环境。费什曼认为人们交际时所采用的语言行为与语域总是相适应的。也就是说,人们使用语言总是适合一定的言语环境的。费什曼和韩礼德对语域研究的角度不同,采用的术语也不同,但殊途同归,他们都肯定了言语环境对于使用语言的影响和作用。1968年,美国社会语言学家海姆斯进一步发展了语境学说,把它提到相当重要的地位。海姆斯把言语环境分为十几个组成部分,如说话者、听话者、信息形式、内容、场合、心理环境、目的、风格,等等。他在研究言语环境的基础上,明确指出,人们进行社会交际时,既要有生成正确话语的能力,又要有在一定时间、地点、场合说出相当话语的能力,即"交际能力"。这种交际能力是由于人和社会环境互相作用而形成的。其内容包括正确性、可接受性、适合性、常见性等。这就是说,人们说话既要符合语言规则,又要适应言语环境。他甚至断言,言语比语言重要,功能比结构重要,言语环境比说话重要。当然还要考虑这些范畴之间的联系。总之,他认为懂得使用语言的社会环境是人们掌握语言程度的重要标志。进入20世纪80年代,美国哲学家巴怀士、佩里在《境况与态度》中,提出了"境况"的概念。他们认为,人类语言中的意义体现了说的话和客观现实中其他方面之间的关系。不管词语意义还是非词语意义,都是境况之间的关系。这里的"境况"相当于我们所说的"语境"。

三、国内语境探索综述

我国传统的语言学研究很早就认识到了语境的重要性。杜预《春秋左传集解序》说:"春秋虽以一字为褒贬,然皆须数句以成言。"孔颖达《正义》说:"褒贬虽在一字,不可单书一字以见褒贬……经之字也,一字异不得成为一义,故经必须数句以成言。""数句"是"一字"的语言环境,春秋笔法虽一字见褒贬,但必须有数句的语言环境,褒贬才可以显示出来。这已经是在讲语言的上下文了。南朝的刘勰《文心雕龙·章句》里说:"人之立言,因字而生句,积句而成章,积章而成篇。篇之彪炳,章无疵也;章之明靡,句无玷也;句之精英,字不妄也。"这已经是从字、句、章、篇的互相统一关系来说明语言环境的作用和影响。袁仁林《虚字说》:"实字虚用,死字活用,此等用法,必由上下文知之,若单字独用,则无从见矣。"这是已经明确地提出了上下文的功用问题。以上都从理论上论述到语言形式和语言环境的不可分割的关系。虽然这些理论还是一鳞半爪,但已经很能说明我们古人的语言观。

早在 20 世纪 30 年代,我国语言学界对语境理论就有所论述。陈望道在 1932 年出版的《修辞学发凡》中曾说:"修辞以适应题旨情境为第一义,不应是仅仅语辞的修饰,更不应是离开情意的修饰。""我们知道切实的自然的积极修辞多半是对应情境的:或则对应写说者和读听者的自然环境社会环境。"但是,他认为修辞适应语境无规律可循,由于这种观点上的局限性,使得陈望道先生没有深入探索语境的规律,也没有对语境展开充分的论述。

20 世纪 60 年代出版的张弓的《现代汉语修辞学》,从修辞的原则和修辞的要件两方面对语境进行了分析。张弓先生已经注意到了上下文、时间、地点、交际双方的关系等多种语言环境。

20 世纪 60 年代初,王德春已经注意到了语境的客观与主观因素。他在《语境学是修辞学的基础》一文中说:"什么叫语境呢?语境就是时间、地点、场合、对象等客观因素和使用语言的人的身份、思想、性格、职业、修养、处境、心情等主观因素所构成的使用语言的环境。"张志公明确地把语境分为两大部分:现实的语境和广义的语境,而且第一次把方言明确纳入语境的范畴。

高守纲在《词义和语言环境》中说:"语言环境有两类:一类是内部语境,一类是外部语境。所谓内部语境,是指在一定的言语片段中,一个词同其他词在词义搭配、语法组合、文章照应等方面的关系。所谓外部语境,是指说话的背景、场合、意向等存在于言语片段之外的因素。"提出了语言内语境和语言外语境的分别。

何兆熊认为,语言学家对语境的解释大体有两种:一种是把语境解释为从具体的情景中抽象出来的对语言活动参与者产生影响的一些因素,这些因素系统地决定了话语的形式、话语的合成性以及话语的意义;另一种把语境解释为语言参与者所共有的背景知识,这种背景知识虽然提法不同,但实质是一样的。第一种解释中所说的起决定性作用的客观因素,必须是语言活动参与者所共知的,否则语言活动就无法顺利地进行下去。他认为,语境包括语言知识和语言外知识两大部分:语言知识包括所使用的语言知识和对语言的上下文的了解;语言外知识包括情景知识和背景知识。

王维成认为,语用环境就是语言运用的环境,细言之,它是指在运用语言时,由诸多制约语言运用的因素所构成的语用场。

王希杰在《修辞学通论》中把语境分为"语言世界""物理世界""文化世界"和"心理世界"。

刘焕辉在《言语交际学》和《言语交际学基本原理》中,对言语交际的过程、规律及其表达效果等方面做了全面的理论的分析,他说:"我们认为,作为言语交际环境的'语境',是由一系列同言语表达与理解密切相关的主客观因素构成的系统。"

总之,国内外语言学家对语境都有很深入的分析与研究,有的论述相当精辟且富有创见。我们是在这些成论的基础上探索语境复杂的层次与交际得体性的关系。

在以上介绍的国内外语言学家对语境的论述中,我们发现虽然各家的角度不尽相同,但观点基本一致,即认为语境由语言内语境和语言外语境组成。语言内语境包括书面上的上下文和口语中的前言后语,甚至包括语言本身的结构系统。语言外语境的内涵比较复杂,一般认为既有场景(或情景、情境等)语境,又有文化语境,不少学者提到了心理语境。场景语境包括时间、地点、主体(说话者)、对象(听话者)、话题、事件等;文化语境包括有民族、地域、时代、阶层、职业、文化教养、身份地位甚至年龄、性格、性别,等等。对心理语境人们没有作更细的分类,王希杰在《修辞学通论》中提到了心理联想和潜意识。

第二节 语境种类

近年来,伴随着语言学尤其是语用学的快速发展,对语境的研究也越来越深入。20世纪20年代马林诺夫斯基就提出了"语境"这一概念,并区分了"文化语境"(context of culture)和"情景语境"(context of situation)。文化语境是指说话者生活于其中的社会文化；情景语境是指言语行为发生的具体语境。韩礼德把语境分为语场（field）、语旨（tenor）和语式（mode）。阿伦（K. Allan）却把语境区分为话语背景（setting of utterance）、话语提及的世界（the world spoken of in utterance）和文本语境（textual environment）。

国内学者也有不同的分类方法。有的学者提出，语境应该是有层级性的。一般来讲，按照不同的划分方法可以把语境划分为不同的类型。

一、语言语境

首先应该把语境划分为语言内语境和语言外语境两大类，即语言语境（linguistic context）和非语言语境（non‐linguistic context）。语言语境又可以叫作言辞内语境（intra‐linguistic context），指的是一个语言单位与另一个语言单位之间的相互制约的关系，即通常人们所说的狭义的语境，又称上下文语境，就是话语的前言后语；非语言语境又可分为两类：言辞外语境（extra‐linguistic context）和认知语境（cognitive context）。

语言内语境又可分为语音语境、语词语境、语句语境和语篇语境等。它们是最小层面的语境。因为上下文、前言后语等都要在场景、文化、心理的制约下才能获得交际意义。一个音节、一个词、一句话或者一个语篇，在特定的交际场景，受特定的文化、心理的影响会产生不同的交际效果。例如，如果一个成人把"走"说成"肘"，我们会认为这个人发音不标准，所以不得体，但是在老舍先生的《四世同堂》中，小妞子把"走！"说成了"肘！"我们却觉得她很可爱；骂人话、脏话一般都认为是最不得体的言语，但《四世同堂》中，当诗人被日本人折磨得奄奄一息时，他的亲家，那位屠夫，破口大骂日本人，说的都是粗话甚至脏话，却让读者特别解恨；"一朵"一般只能跟"鲜花"或"玫瑰"等词搭配，不能说"一朵微笑"，但在诗歌语境中，"在你的脸上绽放着一朵粉红色的微笑"又是非常美的句子。所以语言内语境要受到场景、文化和心理语境的制约和影响。

语言内语境内部也可以分出层次，因为语言符号本身就是有层级性的：最小的应该是音素（音位）和义素，其次是语素、词（短语）、句子等，比句子更大的语境应该是句群和篇章等。

二、非语言语境

非语言语境又可分为社会语境、文化语境、认知语境和自然语境。

(一) 社会语境

社会语境又分为历史背景和现实场景语境。现实场景语境要受到文化语境和社会心理语境的制约和影响。场景语境中的各要素如时间、地点、主体、对象、话题虽然都能直接影响交际效果，但是它们无不打着文化心理的烙印：具体的时间是在大的时代背景下的时间，具体的地点也要受民族、地域这些大的区域的制约，外国人在中国就得适应中国人的文化与心理，中国人到国外也要适应当地的文化习俗。所谓"入乡问俗""入乡随俗"讲的就是这个道理。主体、对象和话题更要首先受交际双方文化和心理的制约和影响。例如，一个医生请朋友吃饭，在餐桌上，他大谈特谈动物的内脏的功能、病变，使得他的朋友恶心得无法就餐。

这就是现实语境制约了谈话的内容：吃饭是轻松愉快的场景，学术和病变是很严肃沉重的话题，两者融合在一起是不得体的，对方的文化和心理都承受不了，造成交际失败。

还如，一般情况下，顾客消费以后，服务员往往笑脸相送："您慢走，欢迎下次光临！"这时，顾客会乐于接受。但是，如果在棺材铺、花圈店，顾客消费后，服务人员说："您慢走，欢迎下次光临！"效果可想而知。还如，有一年，武汉一家花圈店在门口立了一块广告牌，上书"本店 24 小时为您服务"。结果，舆论哗然，过往行人纷纷打电话到媒体，谴责店主。花圈店是出售花圈悼念逝者的，因此没人会希望接受花圈店 24 小时的服务。广告语中明确的敬称"您"，使所有看到该广告的人，都成了交际对象。这与其说是服务用语，还不如说是咒语。如果改为"本店 24 小时营业"，就不会引发社会公愤了。当然，如果是花店，效果就会不同。

(二) 文化语境

文化语境包括文化传统和风俗习惯。民族文化、地域文化和时代文化在长时间的发展过程中，会逐渐变成一种文化心理，潜移默化地影响人们的思维与行为，尤其是民族文化，会根深蒂固地融入每个人的血液之中，甚至终身难以改变。中华民族千百年来生生不息，就是得益于有高度凝聚力的民族文化。不同的阶层、地位、职业、年龄、性别、性格等也会形成特定的文化心理，但这种文化心理应该受民族文化、地域文化和时代文化的影响和制约，所以，文化语境是有层级性的，并不都在同一个层面上，而且是不断变化着的。

理解话语时，如果不依赖特定的语境，也往往不行。同样的语言符号，在不同的语境条件下，往往会产生不同的功能效果。如果忽视了特定的语境限制，话语理解就可能出现失误。

比如，据报道，某市高中语文试卷中有这样一道题："'妻子晚餐还多做了两个丈夫喜欢的菜'一句有歧义，请写出你的两种不同理解"。有关方面提供的标准答案为："一、妻子晚餐做的菜，两个丈夫都喜欢吃。二、晚餐妻子做了丈夫喜欢吃的两个菜。"结果，学生们被逗得哄堂大笑，老师们愤而投书媒体，指出该题"思想性不妥"。其实，出题者的动机是欲考查学生对由多层定语与中心语之间的多重关系引起的歧义的理解。师生们之所以觉得它不妥，原因在于出题者违背了话语理解的语境性原则。显然，出题者注意到了微观句法层次上的结构歧义性，但却忽视了宏观文化语境限制下的非歧义性。这道题在汉民族的宏观语境限制下并没有歧义，人人都清楚我们的社会文化是一夫一妻制，不存在一个妻子同时有两个丈夫的现象。学生们的笑声和教师们的批评即是最好的说明。出题者之所以认为它有歧义，是因为他们忽视或漠视了这个基本的语境常识。如果出题者考虑到该语境常识，把"妻子"和"丈夫"分别调整为"主人"和"客人"，就不会出这类笑话了。

（三）认知语境

认知语境也叫主观语境，即人的因素，包括交际双方的身份、职业、思想、修养、情感、性格、习惯、爱好、兴趣、心理、处境、年龄、性别、宗教、信仰、双方的关系亲疏、交际过程中情感认识的变化，等等。这些因素形成了一个交际双方互相理解、彼此默契的统一体。

斯波伯（Sperber）和威尔逊（Wilson）这样定义语境："语境是心理产物，是听话者对世界的一系列假定中的一组……正是这些假设，而非实际的客观世界，制约着对话语的理解。"他们所提及的语境为区别于传统的语境，被称为"认知语境"（cognitive context），在交际过程中形成的各种假设称为"认知语境假设"。在言语交际中，对话语理解起主要作用的就是构成听话人认知语境的一系列假设，而不是具体的情景因素。

我们知道，认识的主体人的生活经历、知识结构、感知能力乃至心理情绪都不尽相同，因而对客观世界的认识和看法以及认识深浅也都是不一样的。既然语境是心理产物，那么不同的交际者的认知语境也是不同的。这样便可得出结论：认知语境因人而异，而同一人的认知语境随着情况变化也会有所调整。认知语境的这一特点可以用来解释传统的语境观所不能回答的交际中的误解和不理解现象。举例来看：甲乙两人在聊天，甲提到他认识的人丙时，评论说："这个人简直就是个葛朗台。"甲所说的葛朗台是法国小说家巴尔扎克所著的《欧也妮·葛朗台》中的人物，此人非常吝啬，是个地地道道的守财奴。甲将丙比作葛朗台是想要传达信息：丙这个人吝啬。如果乙没有看过这部小说，头脑中就没法组织关于葛朗台的认知语境，也就无法理解甲这句话的意思了。

孔乙己在酒店伙计面前说的"老规矩"指的是："温一碗酒，来一碟茴香豆"。在他和伙计两人的头脑中已有共识，别的人则不一定明白。

有时候，语用推理并不一定要依赖具体的语境，因为语言使用者通过经验或思维已经把有关的具体语境内在化、认知化了，这种语用因素内在化、认知化的结果就是大脑中的认知语境。中国人说"养花""养牛""养鱼"，这些词容易理解，可是也说"养生""养病"，"病"怎么养？这就是人们在长期使用中形成的共识。类似的还有"帮忙"等很多"不合情理"的例子。但是有些违反规范的说法，在一定的语境条件下又能够获得规范的性质。例如我们常说"戒烟""戒酒""戒赌"等，却不能说"戒命"。但在下面这个例子里，由于有语境的支持，"戒命"这种说法不但合适，而且极具表现力。

（老头儿生气了，把儿子送来的酒摔得粉碎同院儿住的一个女孩刚好看见，于是有了下面的对话：）

女孩儿："大爷，您就这么戒酒啊？"

老头儿："惹翻儿了我，连命我都戒喽。"

（电视剧《板儿爷》）

这个例子也说明语境能让语言突破语言固有的结构的限制，在修辞中，"仿拟"辞格就是这样的例证。例如：文化→武化、一箭双雕→一箭三雕等词语在使用中可以造成幽默、诙谐或者讽刺的风格，从而更能帮助人们进行得体的交际。

认知语境涉及三个语用范畴：情景知识（具体场合）、语言上下文知识（工作记忆）和情景知识（知识结构）。这三个语用范畴反映了个人的心理认知状态。

外国留学生常常问到"肚子里唱空城计"是什么戏，"解决牛郎织女问题"是什么问题，"红娘"是谁，"你唱黑脸，我唱红脸"怎么唱，为什么说我是"陈世美"；等等，如没有一定的社会文化和历史背景知识，就不易理解其含义。在对外汉语教学中，教师需要给学生解释清楚"走后门儿""吃闭门羹""露马脚"是什么意思，还必须说明谁是"大款""大腕儿""空姐儿"，为什么中国人把"东风"理解为"和煦的风"，而不像英语把"西风（westwind）"理解为"和煦的风"。

（四）自然语境

自然语境是指话语所存在的特定时间、空间以及与时空相关的其他物质环境或条件，因此我们也可以称之为"客观语境""时空语境"或"物质语境"。客观语境，即环境因素，包括交际的时间、地点、场合、话题、内容、题旨、目的、氛围、风俗、习惯、文化、地理、时代，等等。这些因素从外部制约和影响着语言的使用。自然因素对交际过程也有很大的影响，我们来看一些例句。

"早上好哇！"

有个学生有上课迟到的毛病，老师正在上课，他走进教室，时间已近中午，教室里有人说出了这句话。很显然这句话不是打招呼或者问候，因为时间这个自然语境为"早上好"这句话增添了"埋怨""责备""嘲笑"等意义。

地理环境的差异也会造成词汇联想意义的不同。生活在南半球的澳大利亚人与生活在北半球的英国人对圣诞节（Christmas）的概念就不完全一样。"圣诞节假期"在澳大利亚人的心目中意味着"明媚的阳光、湛蓝的天空、辽阔的海滩"，却让身处北半球的英国人联想到"寒冷的冬天、灰色的天空和漂亮的灯饰"。

语境是一种层级复杂、又富于变化的动态的语言交际环境，语境中的各种要素相互影响，相互制约，永远没有一个截然分明的界限，也永远不会停止变化。只能说总的规律是上位语境对下位语境有决定性的制约作用，下位语境对上位语境也有一定的影响。

第三节　语境对汉语交际得体性的干涉

一、语言语境对汉语交际得体性的干涉

语境能使语义更明确，产生具体的言语意义而消除多义和歧义。由于语言语义是语言系统中社会公认的、固有的意义（包括词汇意义和语法意义），是抽象、概括、相对稳定的，因此不受上下文语境的影响。而言语意义则不然，它在一定的语境中有特定的意义。语境使词语获得临时的、特定的含义，语境的这一作用可以使语义获得明确的单义；语境可以影响和改变词语的感情色彩；语境填补、丰富词汇的意义；语境能推测词义；语境能使词汇意义发生改变；某些言语在语境作用下构成言语同义词、言语反义词、言语同音异义现象，构成双关语；等等。下面我们详细谈谈。

（一）确定词语的具体意义。

现代汉语中极其丰富的多义词就是一个能指具有几个所指，即一个语言形式表示多种意义，但在语流语境中，多义词的含义只能有一个被显现出来，譬如"要"的义项有：①希望得到；②希望保留；③重要；④将要；⑤应该。在下列语流语境中，这些义项的所指是明确的：

例1：我要那件衣服。（显示义项①）

例2：这些资料我还要呢？（显示义项②）

例3：摘要的内容不得超过300字。（显示义项③）

例4：马上要涨工资了！（显示义项④）

例5：天黑了，路上要小心。（显示义项⑤）

（二）赋予词语特殊的意义

词语进入语境以后，可以衍生出新义，使词语产生情境意义，正好与词汇本意相悖。它的理性意义就派生出了特殊的意义。例如：

例6：后来，大约是娘的哭声讨厌了他。他恶声恶气地说："哭啥子哟，死了，还不是享福去了！"我浑身颤抖了一下。我害怕，父亲会不会也打发我去"享福"。

第二个"享福"是"死"的意思，这个"死"义是"享福"在这个语境中临时产生出的情境意义。

（三）填补、丰富词语的意义

语言环境具有填补功能。能够补充语言的具体含义。当人们听到对方说："这条裙子好是好，就是……""你这人聪明是真的有几分聪明，人也长得不错，就是……""我本来是想要送你一件珍贵的礼品的……"，话说到此为止，一般人也用不着对方再多说什么就能够充分地把握住对方的真正的否定含义了。在口语或书面语交际中，说、写者有意或无意脱落了一些词语，这是经常会有的事儿，但是一般情况下都不会影响交际活动的正常进行，这是因为语境的填补功能在起作用。当听到"因为"的时候，我们便知道下文将是"所以"；当听到"你这个人嘛，好是很好的"，便知道下文是"但是""却"如何不好了。当我每次对自己的孩子说"我本来想给你买……"的时候，他便打断我的话语说："其实你是什么也没有买！那还说这个'本来'干什么?!"人们一听到"本来""原先""以为"，就知道结果是正好相反的。如果没有这种预测功能，人们的交际活动是很难正常进行下去的。

（四）改变词语的感情色彩

语境对词语意义的影响是巨大的。代表同一概念的词，在不同的语境中，会产生多种不同的内容和修辞色彩。这在日常交际和文艺创作中，有极其丰富多样的表现。符淮青先生在他的《现代汉语词汇》一书中讲到词义在语境中所表现的差别时就举了这样一个生动的例子，来说明语境的制约作用：

例7：我最佩服北京双十节的情形。早晨，警察到门，吩咐道："挂旗!""是，挂旗!"各家大半懒洋洋的踱出一个<u>国民</u>来，<u>撅</u>起一块斑驳陆离的<u>洋布</u>。(鲁迅《头发的故事》)

例中：

国民——指当时的北京市民。
掀——竖、挂。
洋布——指当时的国旗。

这些词语在一般情况下是没有任何感情色彩的，但在此语境中，作者却赋予它们强烈的讽刺意味，使它们具有丰富的修辞色彩。语境这块奇妙的"调色板"，能"调"出词语特殊的意义和美感。

话语的语音形态（即语音语境）发生变化时，话语的含义也随之发生变化。试分析：

例8：那你就试试。

表面看来，这句话不难理解，但把它用不同的口吻说出来，放在不同的语音语境之中，就会出现不同的含义。如果是孩子不敢参加小朋友们的游戏，妈妈用亲切、和蔼的语气，这句话就有"鼓励"的意思；相反孩子做了错事，有人用恶狠狠的语音形态表现出来，就表达出"威胁"之义。有些语词歧义句，在书面语中有歧义，然而在口语中却由于读音的轻重这一语境因素而避免了歧义。又如下面的句子：

例9：这件衣服是我的。
例10：这件衣服是我的。
例11：这件衣服是我的。

当我们用不同的重音模式来表现时，"这件衣服是我的"就有三种不同的话语含义。例9所强调表达的意思是：是这一件而不是那一件是我的衣服；例10所强调的是：这件衣服的确是我的，我可没瞎说；例11所强调表达的意思是：这件衣服是属于我的，而不归属他人。

（五）语境可能使话语产生言外之意

"言外之意"又称"弦外之音""潜台词"。它是指说话人所说出的话中虽已包含但又未明确说出，需要听者自己用心去揣摩、体会的内容。也就是说，表达言外之意的言语与其自身的字面意义常常是不相吻合的，它通常因某种原因而带有一定的隐含性。对于言外之意的正确理解，必须借助于语境。

例12：编辑问："这首诗是你自己写的吗？"
青年作者答："是的，每句都是。"
编辑说："那我很高兴见到您，拜伦先生，我以为您死了很久呢。"

不言而喻，编辑的言外之意是：这首诗不是你写的，而是抄袭拜伦的。

（六）语境决定用语的优劣

说话、写作，凡是语言运用得体的，都是符合语境要求和需要的。因此语境可以说是鉴别、评判语言优劣好坏的一个重要的、不可缺少的条件。

例13：大约那弹性的胖绅士早在我的空处胖开了他的右半身子。
（鲁迅《社戏》）
例14：宝玉听说，便猴向凤姐身上立刻要牌。
（曹雪芹《红楼梦》第十四回）

例13的"胖"和例14的"猴"都是日常用语当中最普通的词。但这里的"胖"，在上下文语境中，由形容词转为动词用，这样，不仅具有形容词"胖"的特点，而且还具有动作的形象性。一个"胖"字的使用就使绅士的外形及其挤进人群的动作惟妙惟肖地刻画了出来。例14的"猴"后面带了"向凤姐身上"，临时由名词转为动词用，把宝玉像猴一样跳到凤姐身上要牌的动作形象生动地描写了出来。从上面的分析可以看出，语言本身无所谓好坏、美丑、优劣之分。孤立地看一个词、一个句子，也看不出好坏、优劣、得失。语言运用得好不好，是相对语境而言的。语言的好坏要在语境中才能显示出来，要结合语境去看，才能评判其高低优劣。如果撇开语境，单独地看一个词、句子，即使写得再漂亮，再出奇，用词再华丽，也是没有审美价值。语言脱离了特定的语境，如同鱼离开了水，就会失去生命。所以，分析、评价语言的优劣好坏，离不开特定的语境，也只有在特定的、具体的语境中才能真正展示语言的内涵，体现语言的美。

同样的一句话，在此环境下得体，在彼环境就不一定得体。就像在家里穿名贵的西服，在讲台上穿游泳装，档次再高也觉得别扭。同样的一句话，对某甲很合适，对某乙就可能不合适，这种例子不胜枚举。即使同一个人，处境地位变了，也会影响语言的变化。例如，朋友之间互称"哥们儿"，显得自然亲热。但朋友之一荣升为经理、总裁，在公开场合还叫他"哥们儿"就可能会惹恼那位总裁，接下来的任何话语都将成为失败的交际。为什么会出现这种情况呢？这里就有语境的干涉作用。像"事过境迁""时过境迁""士别三日，当刮目相看"都说明了语境对交际有着很大的影响。

人们对语言交际还具有高层次的艺术追求，这是人们审美活动的需要。这就致使语言表达的得体不可能是千篇一律，而是呈现出斑斓的色彩。所以，在特定的语境下，以错为美、以丑为美、以怪为美、以不通为美等是屡见不鲜的，都有存在的价值。《读者》1994年第6期上有篇《乡间小路》短文：

有一小轿车与一独轮车相遇。司机令老汉让道，老汉道："为何？"司机道："我开的是小车。"

老汉道："我的也是小车。"司机道："小车是首长车。"老汉道："我的也是手掌车。"司机道："首长车是小轿车。"老汉道："我的也是小轿车。不信你听。"

说毕，驾起车，果然吱吱作响，像蝈蝈唱，蹒跚而去……

文中司机与老汉的对话可谓牛头不对马嘴，根本相互没有沟通，但语言表达的幽默情趣，读后不禁令人赞叹对话的不通之妙。

（七）双关语的理解离不开语义和语境

双关"就是有意使用形同义异的词语或利用同音词语替代的方式，来关顾两种事物，表达双重意思或改变语义的表达技巧"。双关句的理解只能在特定的语言环境中才能实现。比如，在一次宴会上，绘画大师张大千举起酒杯对京剧大师梅兰芳说："您是君子，我是小人，我先敬您一杯"。说完便一饮而尽。全场大笑。因为张是画画的，只动手，梅是唱戏的，只动嘴，刚好应了中国的谚语——"君子动口不动手"。试想一下，如果没有语言环境，我们该如何去理解呢？

（八）情景制约

"你心可真够好的"这句话，用陈述语气表达出来是溢美之词，但是在特定的语境中，它的含义恐怕就不那么简单了。比如说，有一个家庭，丈夫有了外遇，提出离婚，他对妻子说："只要你同意离婚，什么都好说，房子、存款都归你，另外我每月承担你 150 元的生活费。"妻子冷笑一声道："你心可真够好的！"可见只有在具体语境中，我们才能确切地领会这句话的真正含义。所以，要正确地领会和把握交际语言的真实含义，没有上下文的帮助是无法实现的。

在对言语进行理解时，必须正确地判断指代用语的所指，否则就难以对整个语句作出正确的理解。而对指代用语所指的正确判断往往又必须借助于一定的语境才能实现。例如，从前有个叫刘大的人，不善于说话，闹出了不少笑话。刘大在自己五十大寿那天，特地邀请好友张三、李四、王五和赵六来家聚会。快开饭了，赵六还没来。刘大说："该来的还不来。"张三听了心想，我们可能都是不该来的，于是就走了。刘大看到张三走了，着急地说："哎！不该走的又走了。"这话又被李四听到了，他一想，我是应该走的，于是也走了。刘大见李四走了，两手一摊对王五说："我又不是讲他。"王五一听，这一定是讲我了，于是也起身走了。聚会不欢而散。这里，刘大说的"该来的不来"，显然指的是赵六，而不是张三；"不该走得又走了"显然指的是张三，而不是李四；"我又不是讲他"，这个"他"指的是李四并不是王五。这完全是我们借助于特定的语境做出的理解。

二、非语言语境对汉语交际得体性的干涉

（一）自然语境对汉语交际得体性的干涉

人们在日常生活中喜欢用实物来形容颜色，使描写更具体生动，增强语言的表现力。但历史发展和生活环境不同的各民族产生的联想不同，用来描写同一颜色的实物在各民族语言中就不可能完全相同，实物颜色也带上了鲜明的地域色彩。如中国人习惯用"米色"描写一种淡黄色，因为米是我们的主食，而英国人则用 cream（奶油色）或 ivory（象牙色）表示同一种颜色，因为奶油是他们的普通食物，象牙是英国很早以前就已有的东西。另外，我们把苹果色视为皮肤健康的颜色，如"白里透红"。"这小姑娘的脸红得像苹

果,真可爱"。但英语中苹果色却指一种淡绿色。如果在交际中忽视类似的差异,造成词不达意,必然有损双向交流。如果人群中忽然有人说:"什么味儿?"那么我们能有多种理解,因为不同的自然语境会赋予这个句子以不同语义。

"什么味儿?" →
- ↗走在食品一条街上,"可真香呀!"
- →听到有人以奇怪的口音说话,"说话怪腔怪调的!"
- ↘穿过一条被污染的河流,"真难闻,臭死了!"

如果没有现实的自然环境和实物作为理解背景,猛然听到下面的几个句子,肯定谁都会生气。

你没气了。(说话人看着同伴的自行车后轮胎。意思:你的自行车轮胎没气了。)

谁的肠子?(菜场一位清洁工提着一串猪肠问。意思:谁的猪肠子。)

肝是你的吗?(菜场一位营业员指着柜台上的一块猪肝问另一位营业员意思:这猪肝是你的吗?)

他马上就要完了。(意思:他马上就干完。)

包子往里走。(意思:买包子往里走)

如果没有后面括号里添加的语境,这些句子会造成什么样的后果可就难说了。

(二) 社会语境对汉语交际得体性的干涉

人是社会性的群体,进行交际的时候如果脱离社会语境,那么交际就无法进行。就拿最简单的称呼用语来说吧,中国人比较重视宗族观念,叔叔、伯伯、舅舅、姑姑、阿姨等明确的父系、母系亲属称谓就是这种观念的反映,而在日本和西方社会就没有这么明确的称谓"分工",所以交际的时候中国人有明确区分。但是这些区分明确的概念随着中国社会关系的转变,也几近消失了,因为在中国的独生子女社会里,已经不存在这些社会关系了。中国人听到别人表扬自己时,忙说:"哪里,哪里",英国则会说:"谢谢!"中国人请客吃饭,桌上摆满了菜,嘴里却说:"没什么好吃的呀!"英国人绝不说此类话。可见语言与一个民族的风俗习惯，与一个国家的社会环境很有关系。

汉、英语言都有各自的委婉语，但由于民族文化背景不同，该避讳的犯忌不同。汉语中的"8"和"发"，"4"和"死"是谐音，人们在各种场合都喜欢挑选数字8，希望发财、走好运，对"4"则尽量回避。而西方人则对"13"，特别是对碰巧是13号的"'黑色'星期五"有一种恐怖感。在交际中，在给西方人士安排日程活动时要考虑这一细节。西方人，尤其是妇女，最不愿意听到"胖"这个词。而中国人见面则喜欢用"你长胖了""发福了"来恭维对方，或用"你晒黑了""怎么瘦了？"以示关心，如果对西方朋友也用这些寒暄语，"You look fatter（你胖了）""You become thinner（你瘦了）"肯定令对方不愉快。随着中国经济的发展，人们生活水平的提高，中国人也不再以胖来衡量生活水准了，审美成为人们主要关注的内容，所以，女士门见面也常说"你是不是瘦了"来取悦对方。因此，在不同的语境中应考虑词的心理意义，不致伤害他人或陷入尴尬的场面，从而实现得体的交际。

交际双方通常要考虑对方是否具备理解自己话语的必要语境，才能避免交际失误。如，中国千百年来形成了对抬头不见低头见的邻里乡亲以诚相待的传统，熟人见面本能地问一声"上哪去？""吃饭了没有？"在这个场合，这是一种礼貌或寒暄而已，已失去了字面意义，没有特别目的。如果对方说她上街去，我们不会追问她为什么上街；如果对方说没吃饭，我们一般不会邀请她到家里或饭馆吃饭。但如果半路遇到西方朋友，也这样"出自礼貌"地问"上哪去？""吃饭了没有？"对方反而觉得你不礼貌，而且不知你是否打算邀请他进餐。这是缺乏语境认知造成的语用错误。在一种文化中认为合理的东西在另一文化中可能成为不合理，造成误解或不满。在跨文化语境交际中一定要讲究语境的得体往，做到表达恰当。

（三）认知语境对汉语交际得体性的干涉

因为思维是无限的、个别的、具体的、复杂多变的，而用来表达思维的语言却总是有限的、一般的。因此在思维与语言之间便存在着无限与有限、个别与一般的矛盾。思维与语言之间不存在绝对精确的对应，即语言本身不能全面表现一个人的所思所想。唐代诗人刘禹锡说："常恨言语浅，不如人意深。"陆机也曾在《文赋》中说："恒患意不称物，文不逮意。"另外，语言系统本身也不是十全十美的，词语、句式的数目是有限的，并且充满歧义和模糊之处。

文化在外语教学和对外汉语教学中的地位之重要无可否认。如果不知道英美人如何打招呼、如何款待客人、如何赞美别人，等等，必然会引起语用上的失败。也只有明白古希腊、古罗马传说及《圣经》故事在英美文学中的地位，才有可能欣赏英美国家诸多的古典文学作品。外国人学汉语时总觉得头痛，一方面因为汉语体系与西方字母文字体系差异太大，另一方面中华民族五千年的文化底蕴，让初学者大有瀚海行舟之感。文化对语言教学的重要作用不是几句话能够解释清楚的，跨文化交际与新兴的文化语言学对该领域涉及较深入。

东方文化让狗带上贬义的色彩：狗腿子、狗急跳墙、狼心狗肺等，而在西方，狗却是家庭中的一员，所以不但没有贬义，反而有赞美之义；在中国，红色表示喜庆、吉祥，而在西方，红色是不祥、暴力、危险的象征，国际上也用红色表示危险信号：red light。为避免联想意义的不同，在跨文化交际中，应使用引申义。任何一次成功的跨文化交际都是语言与文化的协调和融合。交际中的言语得体与否与交际双方不同的文化观念有直接联系。外语学习不但要学语言，还要了解语言背后的文化渊源。外语学习者应从文化学和人类学的角度去审视语言，研究语言，从中找出语言的真实面貌，充实"语言是文化的载体"一说。只有不断提高自己的社会文化能力，增强对目的语文化的敏感力和领悟力，才能在跨文化交际中避免言语"不得体"现象，实现交际的成功。

语境的丰富内容决定了语境在语言的使用和交际中所具有的特有功能，对这些功能作动态与认知上的观察可以更全面进一步地了解和认识语境现象的实质。这对发展和提高人们的言语交际能力都将起到指导和促进作用。

社会语境理论，促进了外语教学观念的转变。众所周知，外语教学上多年来处于主导地位的是分析性教学模式。这种模式基于结构主义语言学，其主要特征是把各个语言解剖，孤立地教句型、语言点，而很少考虑这些语言点在上下文语境中具体含义，更不谈它们蕴含的社会文化因素。这种教学方式，忽视了语言形式和语言功能受制于语境，学生很难养成得体地运用语言的能力。由于社会文化语境论的流传，越来越多的教师已逐渐能把语言与相应语境当作一个整体系统，在社会文化语境中进行语言结构—功能（语义）的教学，以培养学生运用语言的能力，使他们在语言的意义、词汇语法、音位三个层次上同时发展。这种综合性教学模式，已成为外语教学的发展趋势。

本章参考文献:

[1]［波兰］沙夫:《语义学引论》,罗兰、周易译,商务印书馆1979年版。

[2]曹日昌主编:《普通心理学》(下册),高等教育出版社1995年版。

[3]薛玲:《词语意义的实现及其制约》,载《云南教育学院学报》,1987年第2期。

[4]李传全:《交际冗余与语境》,载《海南大学学报》(社会科学版),1996年第3期。

[5]陈宗明:《中国语用学思想》,浙江教育出版社1997年版。

[6]邹韶华:《歧义的倾向性》,载《求是学刊》,1988年第5期。

[7]张弓:《现代汉语修辞学》,河北教育出版社1993年版。

[8]张涤华、胡裕树、张斌、林祥楣主编:《汉语语法修辞词典》,安徽教育出版社1988年版。

[9]冯广艺:《语境适应论》,湖北教育出版社1999年版。

[10]何自然:《语用学概论》,湖南教育出版社1988年版。

第三章

汉语交际得体性原则

第一节 跨文化语言交际得体性研究现状

一、国外对跨文化语言交际语用行为得体性研究

跨文化语言交际中语用行为得体性的研究指对各种语言活动进行跨文化对比，研究重点是就某种现象进行跨文化的对比以发现它们之间的差异。如对某一特定言语活动在不同的文化言语社团如何得体进行，针对某一言语行为在不同的文化中如何得体实施等进行的研究。我们在此涉及的跨文化交际只限于研究不同民族使用汉语言的人员之间的语言交际活动，或者说本族语使用者和非本族语使用者之间的语言交际活动。近20年来，跨文化语用学成为跨文化交际和语用学交叉发展起来一门新学科，其中对于得体使用现代汉语进行交际的要求及由此而产生同一言语行为的跨文化差异及语用失误研究，引起了许多学者广泛关注和研究，并且取得了丰硕的成果。

（一）国外对跨文化语言交际中语用失误现象的研究状况

对语用失误的研究始于英国著名语用学家珍妮·托马斯（Jenny Thomas），语用失误一词源于托马斯的文章《跨文化语用失误》（Cross-cultural Pragmatic Failure），为分析语用失误和文化迁移建立了理论框架。她对语用失误进行了定义、分类，指出"语用失误是不能理解话语的含义"（The inability to understand what is meant by what is said），"只要说话人所感知的话语意义与说

话人意欲表达或认为应该为听话人所感知的意义不同，这时就产生了语用失误"。(Thomas, 1983) 利奇（G. Leech）则认为，"一个社团的交际常规迁移到另一个社团就会发生语用失误。"（Leech, 1983）换句话说，语用失误可能被听者误认为是非本族语者故意的不礼貌、不友好，甚至是粗鲁。由此，我们可以得出跨文化交际的语用失误是指文化不同的交际者在交际过程中因未能准确及时地理解话语的隐含意义而导致不得体使用的现象。

托马斯把语用失误分成了两类：语用语言失误（pragmalinguistic failure）和社交语用失误（sociopragmatic failure）。前者指外语学习者将本族语对某一词语或结构的语用意义套用在外语上造成的语用失误，后者指由于文化背景不同而犯的语用错误（Thomas, 1983）。

其中语用语言失误一类，主要是由于外语学习者使用的目的语（即外语）不符合以目的语为母语的使用者的语言习惯或套用自身母语的表达方式而引起的。在跨文化交际中，如果人们总是以自己民族语言交际的语用规则或语用习惯来解释对方言语行为的表达方式，就会导致社交语用失误。例如，英汉语在问候、称呼、请求、邀请、恭维、道歉等言语行为的表达方式上都存在着极大的差异。现代汉语语言交际活动中，熟悉的朋友或邻居见面时得体的问候语常常是"吃了吗？"但在英语语言交际活动中，却不能用"Have you eaten your meal?"，而是要得体地选用"Hello"或"How are you?"等符合使用英语国家习惯的打招呼方式。语用语言失误主要涉及语言的语用问题，托马斯将其归咎于对话语语用之力（pragmatic force）的错误认识。托马斯所称的语用之力其实与话语的言外之力如出一辙，即话语在听话人方面产生的效果。因此，在使用汉语语言交际活动中的言语行为方式套用其他目的语的语言行为方式，会导致语用失误产生的情况也就不足为奇了。如来自不同语言文化背景的人们在进行交际时如果不了解对方的称呼语体系，而是按照自身语言交际的方式去称呼对方，必定会产生令人不愉快的结果。英汉语言中对招呼语在用词上的差异所导致的语用失误就是一个鲜明的例证。

另一类是社交语用失误，它与和什么人说什么话这一问题有关，牵扯到哪些话该讲、哪些话不该讲，与人际关系的远近、人们的权力与义务，人们的价值观念有关。这种失误是由于社会文化的差异，如不同的社会文化、社会距离、禁忌语、价值观等引起的。一般说来，语用语言失误往往比较容易得到人们的理解和谅解，他们通常被认为是说话人在语言知识和语言能力方面有所欠缺。然而，社交语用失误却不为人们所接受或者忍受，它所产生的负面影响是难以消除的，因为它触及了其他目的语国家人们的个人隐私权和文化禁忌等。

社交语用失误起因于对话语社交条件的错误认识。托马斯的社交条件指的是言语交际活动中所需的交际知识和限制，其本身属于社会生活的知识范畴。在跨文化言语交际活动中，社交语用失误表现在对社交条件的限制过大、不能满足及滥用、误用上。根据狭义文化差异的范围和特点，可将社交语用失误划分为礼貌语方面的社交失误、谦虚语方面的社交失误、个人隐私方面的社交失误和文化禁忌方面的失误。值得说明的是，有时社交语用失误和语用语言失误会同时出现，难以区分。两类语用失误的区分不是绝对的。由于语境不同，双方各自的话语意图和对对方话语的理解都有可能不同。因而，某些不合适的话语从一个角度看可能是语用语言方面的失误；但从另一个角度看，也可能是社交语用方面的失误。如果我们的售货员把汉语中的招呼顾客的礼貌用语"你要点什么？"套用到英语中，用此招呼说英语的顾客："what do you want?"他们就会感到这位中国售货员缺乏礼貌。这里既有语用的负迁移影响，受母语影响生搬硬套而产生不得体的失误表现，也有社交语用的失误——不了解西方人为他人服务的积极表达方式。

(二) 国内对语用失误的研究

我国对语用失误的研究始于何自然先生等人，他们从1984年开始采用托马斯的观点对英汉语用差异进行了调查研究，对语用失误这一概念也作出了许多解释与说明。一般认为，语用失误就是当说话人在言语交际中使用了符号关系正确的句子，但说话不合时宜或者说话方式不得体，不符合目的语的表达习惯等。何自然指出："语用失误不是指一般遣词造句中出现的语言使用错误，而是说话不合时宜的失误，或者说话方式不妥，表达不合习惯等导致交际不能取得预期效果的失误。"（何自然，2001）钱冠连则认为："说话人在言语交际中使用了符号关系正确的句子，但不自觉地违反了人际规范、社会规约或者不合时间空间要求，不看对象，这样性质的错误就叫语用失误。"（钱冠连，2001）

二、国内对跨文化汉语言交际语用行为得体性研究

对于汉语跨文化交际语用失误的原因，在借鉴西方学者理论的基础之上，国内学者主要形成以下看法：

首先，国内学者认为，汉语跨文化交际语用失误的最主要原因在于跨文化语言交际活动中交际双方存在的语言文化差异。语言文化的内容是不能遗传的，是通过后天学习而来。正因为人们已经习惯了在本民族语言文化熏陶下习得的交往准则、行为规范与模式、价值观念，所以当人们看待外国语言文化现象时，便总是不自觉地把自身语言文化作为唯一的参照标准去理解、评价或选择吸收他人的语言文化，于是就形成了语言文化的差异和冲突。这种差异和冲突也极大地妨碍了不同语言文化的人们的语言交际活动的得体性。

在汉语跨文化语言交际活动中，由于一方（或双方）对另一方的社会文化传统缺乏了解，交际双方各持不同的语言文化观点参与跨文化语言交际活动，从自己的语言文化角度去揣度其他语言文化背景的人，其结果必然是两种语言文化观念不能相互融合，就会出现语言交际结果与预期效果不同，就会有语言交际的冲突产生，就会随之出现不得体的言行。

语言文化的差异是语言使用中的干扰源，它往往会造成负迁移现象的出现，这是产生语用失误的根源。语言文化的迁移是指由语言文化的差异而引起的干扰现象，它表现为在跨文化语言交际中，人们会在潜在意识里使用自己的语言文化交际准则和价值观来指导自己的言行与思想，并以此为标准来评判他人的言行与思想。

其次，汉语跨文化交际的过程既涉及汉语言文化和其他语言文化的规约，同时也涉及交际双方语言本身的规约。逾越语言规约而导致的语用失误会体现在语言交际活动的各个层面。

在词汇层面，交际的双方如果错误地将汉语词汇和其他语言的词汇一一对等，不考虑不同语言在文化上表现出的差异性，就会造成措辞不得体的情况出现。如汉语使用"逛商场"表达的是购物过程中看的行为，至于买或不买没有明确体现。所以常会出现这样的对话：

A：你今天干什么去了？

B：逛商场去了。
A：买什么了？
B：买（物品名称）了。/没买什么。

而英文则常用 go window shopping（看橱窗展示）来表达同样的含义，如果买东西了，则常用 go shopping。此外，都讲"吃"，而且一般都是"一日三餐"。汉语中，将三餐分为"早饭""中饭"和"晚饭"。英语中则划分为 breakfast，lunch，dinner 或 breakfast，dinner，supper。令人奇怪的是在英语文化里，dinner 既可以指"中饭"，也可以指"晚饭"，而且只要是饭菜丰盛，美味可口，且一家人在一起享用就行。另外，英语中的"wine"和汉语的"酒"之间，也存在明显的文化差异。英语的"wine"，一般是指用葡萄或其他水果酿成的酒，即我们俗称之为"红酒"的；而汉语的"酒"则涵盖了一切含酒精的饮料，如烈性酒（白酒、烧酒）、葡萄酒和啤酒等都包括在内。还有，英语中的"tea"虽源于汉语的"茶"，但其意思历经社会历史的沿革已早异于原词义了。随着社会科技、经济的迅速发展和现代生活节奏的不断加快，在一般英国人的家庭里，"afternoon tea（下午茶——英国人晚饭时间较晚，因而有在下午三四点钟加餐的习惯）"的习俗正逐渐淡化或消失，但随之悄然兴起的 high tea 却在英国成为专指一顿简单的晚餐的名词。无独有偶，在汉语中也有"早茶、午茶、晚茶、夜茶"等说法，这种说法源于现代汉语粤方言的"吃早茶"（喝茶并且吃早饭）的习俗，现在则演变成了"早餐、午餐、夜宵"的含义。因此，在跨文化语言交际活动中，我们要注意区别交际双方在词汇使用方面的不同特点，积极实现语言交际的得体表达效果。

而在句法层面上，如果交际的双方忽视两种语言在语言结构、表达方式之间的差异，对于特定情景中相应的、习惯的表达方式不了解、不熟悉，在语言交际活动中套用母语的表达结构或误解对方的其他表达结构，就会引起表达的不得体，无法有效地表达自己的思想和用意，甚至引起误会，造成语言交际的障碍，甚至中断语言交际活动。

三、弥补语用失误，实现跨文化交际得体性的实践原则

社会文化决定着人们的所思、所信、所言、所行。一个民族的行为，就

是这个民族文化的具体化和物质化。文化作为人类知识、信仰、伦理、法律、风俗习惯等的总和,在塑造个人、群体和整个社会的许多方面都起着重要作用。民族文化、民族性格、民族心理等都是历史的沉淀,每个民族均不相同。东西方的价值观、文化、历史、信仰、风俗习惯、人的心理、性格、生活方式与交往方式都差异极大。包括本民族的时间观念、空间观念、价值观念、审美观念和交际习惯的这些交际文化因素,与社会文化、宗教信仰、传统习俗和民族特性紧密联系,相辅相成。这些交际文化因素在跨文化交际时往往会直接影响信息的传递,甚至有可能引起偏差或者误差而造成语言交际不得体现象的出现。因此,在语言交际活动中,一定要融入对相关文化背景知识的了解,尤其是对目的语使用者一方的背景文化知识的了解,才能保证双方语言交际活动的通畅得体与和谐成功。

文化的差异具体体现在语言上,不了解语言文化差异,就学不好也用不好语言。跨越文化的语言交际活动,是不同文化交流的桥梁。跨文化语言交际活动的基本任务是让译语文化环境中的读者体验到在原文文化环境中产生的原文的各种功能。跨文化语言交际活动中进出的是两种不同类型的语言文化,是属于平行发展、各有偏重、各具特色的两种语言文化系统。在汉语和其他语言的跨文化交际活动中,为了成功地实施这种特殊语言层面的转换,必须充分重视两种语言语用对比方面的知识,注重两种语言中的语用文化差异,以求最大限度地达到语用等值,并尽可能地减少因文化差异而导致的语用失误。为此,针对汉语跨文化交际活动,容易产生语用失误的这两方面原因,我们提出以下实践原则:

第一,在汉语跨文化交际活动中,要始终遵守礼貌准则,要借助于各种语言文化中礼貌的共性,又要依靠不同语言文化中礼貌的个性来指导跨文化语言交际活动的实践,实现不同语言文化的礼貌原则对等。

礼貌现象普遍存在于各种语言国度中,礼貌制约着人们的言行,协调着人们的交际活动,它是人们进行交际时要达到得体畅通所不能忽视的一个重要因素。礼貌准则是人们在语言交际中要尽力遵守和维持的策略,是人人必须遵守的准则,但是由于语言文化的不同,人们在遵循这一准则时也有差异,学习和了解东西方语言文化差异有助于我们更好地与来自其他文化的人群进行沟通。

在此,我们就以汉英语跨文化交际活动为例,着重展示东西方语言文化在思维方式和价值观念的差异,同时也指出他们之间的相似之处,以阐释在跨文化语言交际活动中为达到得体的交际效果而需要采取的具体做法。

(1) 对称呼语的不同使用方法

在中国,长幼尊卑有序一直以来都是很受重视的问题,而在称呼上与英汉语言文化存在着很大的区别。

  Tom(son):Phillip, come here!
  Phillip(father):I'm coming!
  汤姆:爸爸,来一下!
  菲力普:来了!

在这个例子中,我们可以看出,由于在英语言文化中直呼其名是很正常的情况,所以菲力普和汤姆虽然是父子关系,但作为儿子的汤姆可以直接称呼自己父亲的名字。可是,这种情况在汉语中却是绝对不能够出现的,因为它违反了我们"上下有别,尊卑有别,长幼有序"的称呼原则,因此在这里就不能只照字面翻译,而应把其对应的身份交代反映出来,使两种语言活动的转换合理,更加符合语言交际活动得体性的要求。

在前面有关语用语言失误的相关论述中,我们已经讲述过中国人之间见面打招呼,往往都是一句"你吃了吗?"这是国人之间在饭前饭后的常用语,相当于英语中的 Hello 或 Hi。但如果照字面译成"Have you eaten yet?"或"Have you had your lunch?"外国人听起来就会感觉很奇怪。英语使用者会以为,汉语言交际的一方在使用这种打招呼的方式暗示"我也没有吃,我们一起去吃点东西吧"或者是"如果你没有吃的话,我正要请你一起吃去"的真正含义。总之,这样打招呼的方式在英语言文化背景下,就或多或少地意味着邀请对方去吃饭的交际目的,会引起误解,导致语言交际不得体现象的出现。我们为了能够更得体地达到跨文化交际效果,就必须要掌握好语言行为在不同文化中所表示的意义及感情色彩,避免语言交际不得体情况的出现。

(2) 对赞美语的不同反映

汉语言文化和其他语言的语言文化在跨文化交际活动中的差异还经常体现在称颂方面。西方人的称颂,反映出西方社会对个人价值、个人魅力的重视,对个人努力的肯定;而中国语言文化中受到较多称赞的是勤奋努力、聪明好学、心地善良等个人品德及尊老爱幼的道德规范。同样，还有一些话语在汉语交际过程中表现得很得体，但在同其他语言的使用者谈话交际的过程中，这些话却会起相反的交际表达效果。比如，一个外国人到中国人家里做客，看到主人养的花儿长得很好，大加盛赞，毫不隐讳地流露出赞赏的神情。在这种言语交际背景之下，中国主人却面对盛赞，非常腼腆、谦虚地说："我喜欢养花，但不太会养"，不好意思的心理感受溢于言表，这是符合汉语言文化交际得体性要求的合理表现，如果反其道而行之，就会被认为不谦虚，是一种有失得体和礼貌的做法。而在同种情况下，汉语言使用者作答的方式，往往会使语言交际活动的另一方怀疑这是在故作谦虚。其他语言的使用者会认为汉语言使用者在故意利用这样的方式博取赞扬。由此不难看出，在汉语跨文化交际过程中，学习使用语言与理解语言所反映的文化是分不开的。想要圆满完成汉语跨文化交际活动，就不仅要掌握两种语言在语法、词汇和习语等自身规约方面的要求，而且还要知道两种语言使用者看待事物，观察世界的不同方式；要理解他们如何使用自身的语言来反映自己所处社会的思想、习惯和行为准则，也就是要更多地了解他们所独有的语言文化与习俗。

在日常的交往中，真诚地称赞、赞美对方，会使双方交流思想和情感更加亲切。人们都希望得到别人的赞扬与承认。然而，在对赞美语的反映上，英汉语言文化也存在着极大差异。在英语言文化中，英美人受到赞美时，总要感谢一番，以示对发话者观点之赞同，达到求同效果，这是在语言交际活动得体礼貌地回应表现。而在汉语言文化中则不同，受"贬己尊人"准则的影响，当中国人受到赞美时，往往是否定对方对自己的赞美，自贬一番，以示谦虚，否则就会影响语言交际目的的实现，无法达到预期的语言交际效果，而被视为语言交际行为不够得体的一种表现。如：

A：What delicious food you've made!
B：Thanks, I'm glad you like it.
A：你做的菜真好吃！
B：哪里，几个家常小菜而已。

在上述的汉语转译中，我们能够体会到译者充分尊重汉语言文化使用者的语用习惯，以汉语言文化的"贬己尊人"的原则为指导进行转译，使上述对话进行的得体礼貌，符合中国人的心理需求。

（3）谦称、敬称的具体表现

谦称是指对己谦逊的称呼，而敬称是指对人尊敬的称呼。前文我们已经阐述过，汉语言文化礼貌称谓纷繁复杂，数量众多。相比之下，英语言文化的礼貌称谓较为简单，数量较少。一方面，在英语言文化中，敬称分为王室和非王室两种；另一方面，英语中几乎不存在谦称，英语民族崇尚自信，他们并不通过贬低自己来向对方表示恭敬。所以在跨文化语言交际活动中，遇到两种语言在谦敬称谓方面不同的语言文化特点时，我们要加以注意。我们要准确地把握两种语言文化对谦敬称谓不同的使用特点，并以此来指导我们进行转换，以求得体礼貌地完成跨文化语言交际的任务。杨宪益、戴乃迭先生对中国古典名著《三国演义》英译本就完美地体现出这一要求。例如，他们对下述一段文字的翻译：

孔明曰："大江之上，以弓箭为先。"

瑜曰："先生之言，甚合愚意。但今军中正缺箭用，敢烦先生监造十万支箭，以为应敌之具。此系公事，先生幸勿推却。"

译文：

"on the river, arrows are best" said Zhuge Liang.

"I agree with you. But we are rather short of arrows. Would you undertake to supply a hundred thousand for our next fight? Since this is for the common good, I am sure you won't refuse!" said ZhouYu.

就杨宪益、戴乃迭两位先生的英文译文来看，译文充分考虑到西方文化没有"贬己尊人"的语言文化习惯，所以把原文"先生之言，甚合愚意"的"先生"和"愚"均略去，"敢烦"译成"Would you…"句式，因而巧妙地使英语言使用者体会到汉语原文礼貌客气的言语交际氛围，就充分展示出在这段话语中交际双方既相互尊重对方，又不失自身身份的表现。因此根据英汉语用的特点，中国人喜欢用的像"略谈""浅谈""初探""拙作"，自称"敝人""寒舍""敝公司"，抬高他人的如"大作""贵府""贵姓"等，在译成英语时可不考虑词头字的字面意义，因为英语文化中没有这种文化习惯。

在敬称、谦称的语用翻译中，为了确保"言外之力"的等值，即译语和原语在交际功能上的等值，有时不得不牺牲原语的语义内容、文化信息和文体色彩。因为只有译文的效果尽可能地接近或等同于原文的效果，译文读者才能接受译文，翻译才算达到目的。

当然礼貌的差异不仅仅就这几点，像隐私话题的不同标准（如年龄、收入、婚姻等）、社会地位的不同解释等诸多因素，在两种语言交际活动的实际处理中必须针对不同的情况，根据各自的礼貌准则选择适当的处理方式。比如下述情况的出现：如果你对一位来访的美国老人善意地规劝"您今天好好休息，你这么大年纪了不能太劳累。"他听了不会领情，"I don't think I am getting old. Don't worry about me."（我不觉得我老了，请别为我担心。）他的不高兴缘于在他们所处的社会中"老"是极其敏感的忌讳话题。而反之，如果你实施言语交际活动的对象是位中国老人，可能会受到与此大相径庭的效果。对方能够通过这一言语交际活动感受到你的关心体贴与细致周到，会对你爱老敬老的态度进行肯定的回应，从而使整个言语交际活动取得圆满成功，表现得得体而又礼貌。

总之，由于礼貌是语言文化的重要组成部分，又是汉语跨文化交际中不可或缺的因素，是一个时刻都必须面对的问题。因此，在汉语跨文化交际活动的实践中，必须重视礼貌因素。既要分析汉语跨文化交际活动中蕴涵的汉语言文化礼貌特征，又要系统了解目的语文化的礼貌规范，并根据译文的语篇类型及其在译语文化中所居的地位、翻译目的及目的语读者层次而慎重、准确地选择适当的翻译策略，来得体地传递汉语交际的礼貌因素，译者要力图在保留原语文化特色与译文可接受性之间保持平衡，使汉语跨文化交际活动的得体性得以充分的表达。

第二，为了正确处理汉语和其他语言交际的得体性，我们也要积极遵守幽默准则与克制准则，要以入乡随俗，尊重对方的语用习惯为原则，语言交际的双方应力求摆脱自身的文化习惯和本民族的交往习俗，把对方的文化习俗融会贯通到自己的语言中去，避免使听话者不愉快或处于窘迫状态中等交际不得体行为的出现。

西方强调个人价值，信奉实用主义哲学，因此在语言交际中多注重谈话的内容和实质，而不注意外在的表现，习惯说话直来直去。与此相反，中国人多注意保持和谐、讲究面子，有时为了提出批评或要求，通常要采用先肯定优点，再指出缺点的策略，拐弯抹角地去揭示语言交际的真实目的才被视为是交际得体的表现。所以在跨文化语言交际活动中,一定要认真学习对方语言的表达习惯与具体的表达方式。

特别是对于委婉语,我们一定要注意跨文化交际活动中两种语言的不同表达方式和习俗。汉语和英语都有不少表达形式相同或相似的委婉语,其中只有很少的一部分由于跨文化语言交际而产生,如汉语的"1号"(厕所)源于英语的委婉语"No.1"。大部分委婉语从表层的语义意义上而言是一致的,但其文化内涵却是截然不同的两回事。例如,汉语的"归西"跟英语的"go west",二者在语义层面上是一致的,但它们的文化内涵却丝毫也不相同。汉语中的"归西"的"西"是指"西方的极乐世界","归西"是委婉指称"死亡";而英语的"go west"的原义是"日落西沉",表达日暮的意义。

语言之间是有共同属性的。而且,语言是文化的反映,语言的共性反映了文化的共性。无论何种民族,何种肤色,他们都生活在同一个世界里,他们的思维方式、情感标准和道德标准基本上是一致的,人们对客观世界的认识和看法也大致相同。因而,在汉语跨文化交际活动中,当我们面对委婉语时,为了保证交际得体性,我们可以采用直译法(literal translation)和意译法(free translation)两种方式进行处理。

例如,汉英虽是两个不同的语言系统,但汉英委婉语互译时,在能确切表达原义和不违反译文规范的前提下,应以直译为主。如英译汉:to be no more 没了,不在了;eating for two 吃双份饭(怀孕)。汉译英:瘦死的骆驼比马大 A starving camel is bigger than a horse;献身 to lay down one's life;同房 to live together 等。用直译的方法翻译汉英委婉语,能比较完整地保持原文的比喻色彩、民族色彩和语言风貌,但直译的前提是不能引起译文读者的误解。

作为语言一部分的委婉语,由于受到地域、宗教信仰、习俗及思维方式差异的影响,对表示相同意义的事物采用不同的委婉语。翻译时必须考虑到这些方面的差别,不能千篇一律地采用直译的方法,而应根据译语的行文需要采用意译的方法。如英译汉:make contributions 上厕所;powder room 女厕所;to spoil a woman's shape 有喜。汉译英:大脑缺氧 feeble-minded;大红灯笼高高挂 not pass the examination;炒鱿鱼 dismiss, discontinue 等。但是,意译不是随意翻译,应避免脱离原文内容和喻义的乱译。

此外,对于译语里无对应委婉词语的情况,我们还可以采用音译法。音译法就是用音位为单位在译文中保留原语的发音以便突出原文的主要语言功能的翻译方法。汉英委婉语互译时，可借用音译的方法来翻译因直译或意译而造成的误解和不可译性的词语。如：

  英译汉：Aids——艾滋病；own goal——乌龙球；taboo——塔布
  汉译英：花瓶 huāpíng

  在汉语跨文化交际活动中，采用音译的方法处理两种语言系统中对于委婉语的转换问题，既可以完全保持原文的形式，又可以保持原文的文化特色。
  我们要根据两种语言表达得体的需要和行文习惯分别采用直译、意译、音译等方法进行处理。只有如此，才有可能较为得体地把原文作者想要表达的思想内容在另一种语言系统中重现出来。
  总之，语用失误是不同语言文化冲突的常见现象，是导致跨文化语言交际失败重要原因之一。要达到从根本上避免语用失误，实现语言交际的得体性，就需要跨文化语言交际的实践者们认真学习特定的、习俗化的语言形式，结合跨文化语言交际活动中的两种语言，格外关注语言形式的社会文化意义及其在不同场合的交际价值；通过了解文化差异，积极开展跨文化语言交际活动，创造语言环境等方式来增强自身的语用能力，从而能够得体、礼貌地与来自其他文化背景的人进行交际。
  我们可以看到，在跨文化语言交际中，我们不仅要维持自己的文化，使自己的文化得到继承和发扬，还要认同他人的文化，使不同的文化在相互交流中不断融合，共同发展，做一个成功的跨文化语言交际者。

第二节 汉语交际得体原则的概念

  关兰培等人在《简明行为科学词典》中指出：交际就是指"人与人之间交流信息、感情、思想、态度、观点等的一种行为"。交际是人类最普遍的的社会现象之一，无论是物质生活，还是社会精神生活，人们都离不开相互之间的接触和交际。

一、得体原则与合作原则的区别

在众多的交际工具中，语言又是最重要的一种交际工具。语言是使句子的语音表征和语义表征按照一定的结构规则构成对应的语码系统。交际活动的效率牵涉两个因素：一个是传递的信息量，另一个是对所得到的信息的加工量。语言交际过程中质的准则要求所说的话力求真实，不要说缺乏足够证据的话，不要说自知虚假的话，讲话人应尽量使其所谈的内容紧扣主题，不要让谈话游离于主题之外。但是，在现实生活当中，句子的语义表征和话语所要真正要表达的思想之间往往存在一定的差距；语义表征只能反映句子意义，不能解释话语意义，无法考虑言语交际中话语所涉及的非语言因素，诸如话语发生的时间、地点、说话人的身份、意图，等等。所以，在实际的语言交往中，往往存在故意违反这一原则而答非所问或顾左右而言他的现象。比如，按照合作原则中的相关准则，会话人似乎应该"问啥答啥，否则就会跑题儿"。但是在实际生活中，问东答西的情况却屡见不鲜。例如下文的两段对话：

例1：A：你昨天干什么去了？
B：没干什么！

在这里，A提出问题，而B回答的实质是避而不答，但它是出于礼貌而对A的一种委婉、间接的拒绝。

例2：甲：无论如何，还是请你抽空去一趟厂长办公室吧！
乙：我不是没时间。

在这段对话中，乙所说的"我不是没时间"表明乙不去厂长办公室并不是因为没有时间，而是有其他的原因。而乙不去厂长办公室的原因则需要根据特殊的语境来加以推导或尚需言语交际过程的进一步发展才能得到答案。

例3：儿子：我考了第一名。

爸爸：哦，是吗？难道太阳真的会从西边出来吗？

在这段对话中，"儿子"用陈述性话语向"爸爸"报喜，希望得到"爸爸"的肯定、表扬等。但"爸爸"没有直接满足"儿子"的期待，这违背了量原则，产生的会话含义是"爸爸"觉得"令人意外"。此外，语句"难道太阳真的会从西边出来吗？"以一种既公然违背方式准则又暗中违背相关准则的方式，表达了多重会话含义：(1) 儿子考第一名这不太可能；(2) 如果儿子真的考了第一名那也是违背常理的；(3) 若这种违背常理的事情真的出现了，那是令人惊喜的。

在现代汉语日常的言语交际活动中常常会出现上述这些情况。在现实生活的言语交际活动中，出于礼貌，交际双方有的话不能明说，而故意使谈话脱离主题；说话者往往采取一种特殊的方式来表达比较特殊的含义。这种含义常常比较抽象，有时不能直接用于交际，但如果结合具体语境或言语交际全过程则能够推导出其特殊含义，从而就使交际活动得到进一步发展。又如，

例4：甲：你能借我点钱吗？
乙：我儿子今年自费上大学。

在这段对话中，乙对甲问话的回答在一定程度上是违背量准则和相关准则的。甲在发出以请求为目标的问话之同时是期望得到"能"或"不能"这样的言语反馈的。但乙首先就没有作出这样的反馈，这违背量准则的次则"提供所需要的最低信息量"；其次是乙以"我儿子今年自费上大学"这样不太直接相关的话语来回答甲的问话，既违背量准则（不要提供过量的信息），又违背了相关准则（与问话的焦点"能不能"不直接相干）。不过，乙之所以在一次答话中三处违背合作原则，目的就是想向甲间接地传达这样的会话含义：我不能把钱借给你。

例5：甲：我的三明治哪去了？
乙：刚才你儿子进来过。

在这段对话中，甲问话的焦点是"哪"，而且也期望乙针对这个焦点来作

出相应的言语反馈（即在知道答案的情况下说出具体地点或处所，在不知道答案的情况下则作出否定性回答，如"不知道""不清楚"等）。可是乙的回答并没有针对甲的问话焦点，而是陈述一个与文化焦点没有直接关联的事实。这一方面违背了会话合作原则的量准则（答话相对于问话而言既没满足"足量"要求也没满足"避免过量"要求），另一方面也违背了会话合作原则的相关准则。而违背会话合作原则诸准则的目的就在于传达以下会话含义：我不知道你的三明治哪里去了，但很有可能是给刚才进来的你的儿子吃掉了，不过我没有亲眼看见。

二、得体原则的实质

对交际原则的运用和控制表现为"合作"与"违反"，即"合作"与"不合作"两种方式，这两种方式并不是完全对立的。因为，"不合作"有表面和实质之区分。表面不合作是指在话语表面层次上不合作，而在隐含层次之中合作，它往往是说话人为了在自己和对方的焦急需求（包括语境需求和基本需求）之间寻找平衡所采取的一种手段，其目的是最大限度地满足交际双方彼此的需求。而实质不合作有两种情况：一是蓄意不合作（或源于过多的语境压力，或源于低下的社交因素）；一是非故意不合作（或源于语言能力、语用能力、社交能力等因素不强，或源于粗率疏漏）。礼貌得体是人类语言交际中的普遍现象，讲究礼貌、语言得体能保持人与人之间的关系融洽与和谐。这是人类言语交际活动的基本社会准则，是对语言交际行为的规范，也是一种为进行得体语言交际的策略，还是缩小话语冲突、维护社会平衡以及友善关系的一种方法，其目的在于最大限度地削弱人类语言交际过程中的潜在冲突和对抗，改善人际关系，促进人类交际。由于遵循礼貌原则而出现的各种"不合作"现象应该属于表面不合作一类，它是一种语言信息传递方式，也是一种带有策略性的语言意义表达手段，更是语言交际得体性的具体体现。

因此，在本章我们探讨的重点放在语法学范畴中非语法规则因素对交际得体性的影响上，将从现代汉语交际的得体原则角度进行阐述，分别展开对现代汉语"得体原则"的三个准则——礼貌准则、幽默准则、克制准则的探讨。

三、得体原则的发展历程

20世纪50年代末,英国哲学家奥斯汀(J. Austin)创立了言语行为理论,指出人们说话不仅言有所述,而且言有所为,还会产生言后之果。美国哲学家塞尔(J. R. Searle)发展了奥斯汀的理论,他把言语行为理论从对孤立话语意义的研究提高为一种解释人类言语交际的理论。此后,对人际关系交往中的礼貌原则做出卓有成效研究的,则是美国语言学家格赖斯(H. P. Grice)。

在自然语言中,话语所表达的意义一般可分为两种:一种是说话者所说出的话语所表达的字面意义(meaning of the word);另一种则是说话者通过说出的话语想要传递的字面意义背后的意义,即"会话含义"(conversational implicature)。格赖斯的会话含义理论正是以这种"会话含义"为研究对象,在此基础上提出了会话合作原则。格赖斯认为合作原则(Cooperation Principle)是一套人们在日常交际活动中需要遵守的最低限标准,谈话是受一定条件制约的,即在交谈中交际双方都应当"按需要做出应有的贡献"。他认为在所有的言语交际活动中,说话者和受话者之间存在一种默契,他们相互合作,共同遵守会话的基本原则,保证言语交际能够有效地进行。

为此,英国语言学家利奇提出了完成语言交际活动时在会话中所使用的礼貌原则,说明出于语言交际活动礼貌的需要,人们有时故意违反合作原则,这从很大程度上弥补了合作原则的不足。如:

例6:A:Someone's eaten the icing cake.
　　　B:It wasn't me.
例7:A:We'll all miss Bill and Mary, won't we?
　　　B:Well, we'll all miss Bill.

上述两个例子,例6中的说话者A在话语中使用了不定代词Someone,而不是明确地说出是张三或李四,目的是为了给他人留面子。例7中的说话者B的回答违反了量的准则,他不说不想念Mary,而是避开不谈她,目的也是出于恪守礼貌原则,尊重Mary。二者都是出于语言交际活动礼貌的需要,故意违反合作原则来含蓄的表达自己的真实意图,由此就从很大程度上弥补了合作原则的不足。

因此,利奇对言语行为中的礼貌现象进行了深入细致的研究以后,在其《语用学原则》(*Principles of Pragmatics*)一书中,提出了人们在言语交际中一般都遵守的原则,将礼貌准则的具体内容总结如下:

(1)策略准则(tact maxim):尽量缩小对别人的损失,尽量增加对别人的利益;

(2)慷慨准则(generosity maxim):尽量缩小对别人的贬低,加强对别人的赞扬;

(3)赞扬准则(approbation maxim):尽量缩小对别人的贬低,尽量表扬别人;

(4)谦虚准则(modesty maxim):尽量缩小对自己的表扬,尽量贬低自己;

(5)赞同准则(agreement maxim):尽量缩小自己与别人的分歧,增加自己与别人的共识;

(6)同情准则(sympathy maxim):尽量减少自己对别人的厌恶,增加对别人的同情。

利奇从社会心理学的角度提出了交际礼貌原则,弥补了合作原则的不足。利奇的礼貌原则是建立在"损(cost)"和"惠(benefit)"这两个概念基础之上的。"损"是语言交际内容给交际者带来的不便或损失;"惠"是语言交际内容给交际者带来的便利或好处。一般情况下,语言交际内容使听话人受惠越大,则语言交际越礼貌,反之则缺乏礼貌。人们在日常交往中,尽量使用婉转含蓄的语言,以期达到减低贬损,增加褒惠的效果。礼貌原则的核心是把不礼貌思想的表达减弱到最低限度。但是在实际语言交际中,由于中西方的文化差异,决定了人们在判断礼貌的标准上,实现礼貌的手段上也必然存在差异。

根据利奇的礼貌原则,礼貌的程度有级别之分,即有些表达很有礼貌,有些表达礼貌程度一般,有些则很不礼貌。一般来讲,语言表达的越间接,越婉转,话语就越礼貌。

例8:Pass me the bread.

例 9：I want you to pass me the bread.
例 10：Will you pass me the bread?
例 11：Can you pass me the bread?
例 12：Would you mind passing me the bread?
例 13：Could you possibly pass me the bread?

以上六个例句，礼貌的级别是依次递增的，例 8 和例 9 的语言最为直接，很不礼貌，没给听话人留任何选择的余地。例 10 和例 11 是表达请求的方式常见的，例 12 和例 13 的礼貌级别最高，听话人的选择余地也大。依据以上衡量标准，最直接的表达方式是最缺乏礼貌的，但不是所有的语言交际都遵循这一礼貌原则的判断标准。语境是决定礼貌原则的一个重要变量，在判断语言交际礼貌与否方面起着决定的作用。离开了语境，礼貌与否就无法判断。在一定的语境中显得有礼貌的话，在另一语境中可能显得不够礼貌。在一定的语境中不礼貌的话，在另一语境中可能又很有礼貌。礼貌是相对的，不是绝对的。

在英语和汉语中直接祈使句通常被认为是缺乏礼貌的表达方式，例如："Get up!" "Get out of here quickly!" 但是在西方文化背景下，会话过程中一位说话者为使另一位听话者避免即将来临的危险，而使用类似这样的直接祈使句 "Get up!" "Get out of here quickly!"，没有人会认为你无礼或粗鲁。同样，在我们汉文化背景下，当危险来临时，你大声对你的同事说："快走"，你的同事不但不反感，反而会对你充满感激之情，恰恰是这种最直接的表达方法能使他人感受到你关心别人的急切程度。根据话语内容来看，这些特殊语境下所表达的内容是使听话人受益，是建立在"惠"的基础之上的，它符合利奇礼貌原则中的慷慨准则，因此最直接的表达法也是能够令人愉快接受的，所说的话语对听话人的面子不构成威胁。在这种特定语境下，东西方的思维方式是相似的。

语言是文化的载体，文化要通过语言得以实现。人们的言语表现形式总是受到各种社会心理、文化等因素的制约，语言系统内部的诸要素无一不与社会心理、文化等因素发生错综复杂的联系。利奇所提出的礼貌原则及其涵盖的范围和实施策略都可能因为文化而存在区别与联系。所以，当利奇提出其"礼貌"理论时，他自己也意识到这一点。他在《语用学原则》（*Principles of Pragmatics*）书中的"A Survey of Interpersonal Rhetoric"一章中的一段话足以作为佐证:"至今我们对不同文化间在这一方面差异的了解是带有趣闻逸事性质的,比如有这样的观察:有的东方文化国家（如中国和日本）比西方国家更强调'谦虚准则',英语国家则更强调'策略准则'……当然,这些观察认为,作为人类交际的总的功能规则,这些原则多少是具有普遍性的,但其相对重要性在不同的文化、社会和语言环境中是各不相同的。"

语用能力包括两条规则:要清楚;要礼貌。由此可见礼貌原则在语用交际中起着非常重要的作用。礼貌原则具有更高一层的调节作用,它不仅能维护交谈双方的均等地位,还能促进他们之间的友好关系。礼貌是人类社会共有的普遍现象,是人类文明的标志,也是人类社会活动的一条重要准绳。语言活动作为一种社会活动,也同样受到这条准绳的约束。然而,在承认礼貌的普遍性的同时,我们还必须认识到礼貌的相对性,即每个国家都有自己的社会风俗,行为准则和言语方式。这些差异性是在长期历史过程中受社会、宗教、地理等一系列因素影响而形成的,特别是在中国社会中人们所遵循的礼貌准则,与西方世界国家所遵循的准则有较大差异的。

语言交际得体现象是语言运用的普遍现象,语言交际得体研究是语用研究的重要内容。得体原则是语言交际活动的使用规则之一,也是一个民族历史与文化的积累,是社会文化现象,它包含了一个民族的社会文化价值、生活习惯以及思维方式。按照新格赖斯会话含义理论,即列文森（Levinson）的"三原则",我们可以尝试着从礼貌准则、幽默准则、克制准则三方面来指导使用现代汉语进行语言交际活动的交际者熟练掌握和运用各种方式,来适合不同语境的需要,以达到最佳的交际效果。因此,自觉学习现代汉语语用知识,掌握现代汉语语用的得体规则,是使现代汉语使用者在日常的言语交际活动中更加礼貌得体的必要条件,我们要学会运用适当的表现方法来传达话语的"言外之意"。

第三节　新格赖斯会话含义理论与汉语交际得体原则

一、新格赖斯会话含义理论

"会话含义"是美国语言哲学家格赖斯首先提出来的，在言语交际中起着重要作用。格赖斯在20世纪60年代提出的"合作准则"和"会话含义理论"，把"意义"分为自然意义和非自然意义两类，完成了从"意义"到"含义"的过渡，对语言学和逻辑学都做出了重要的贡献。"会话含义理论"中包含有不少不完备的地方，引起了大量的讨论，特别是"合作原则"，在人们的言语交际中，不能完满地解释交际中出现的各种复杂现象。利奇则从社会心理学的角度提出了交际礼貌原则，弥补了合作原则的不足。于是，列文森在众多学者的研究成果的基础上，于1987年发表的《语用学和前指代语法》中提出对会话含义的理解和推导可以依据三条原则——数量原则、信息原则和方式原则。1991年，他又在一篇再论前指代规律的论文中正式把列文森三原则称为"新格赖斯语用学机制"，后来学者们将之称之为"新格赖斯会话含义理论"。

格赖斯提出的"合作原则"及其四条次准则，在言语交际中十分重要，但是通过实践证明是有缺陷的，它在人们的语言交际中无法完满地解释各种复杂现象。在现实生活当中，我们常常故意违反合作原则，以拐弯抹角的方式说话，产生很多言外之意，这又如何解释呢？

列文森认为对会话含义的理解和推导可以依据三条原则，即数量原则、信息原则和方式原则。其中数量原则和信息原则分别来自格赖斯数量准则的第一次则和第二次则。他还规定，当数量原则、信息原则和方式原则有矛盾的时候，三原则运用的次序是：数量原则先于方式原则、先于信息原则。列文森的会话含义理论和格赖斯会话含义理论之间的渊源关系不言而喻。但是，列文森三原则和格赖斯四准则表现出许多不同之处，列文森三原则弥补了格赖斯四准则不注重一般会话含义的缺点，呈现出既注重特殊会话含义，更注重一般会话含义的鲜明特点。在此基础上，索振羽先生认为，对于现代汉语而言可以提出一个新原则，即"得体原则"来寻求对这类问题科学、合理地解释，"得体原则"既能科学、合理地解释"合作原则"难于解释或无力解释的一些重要问题，又比新格赖斯会话含义理论便于交际者大众熟练地掌握和运用。他还指出"得体"就是把适合不同语境的需要，采用拐弯抹角（间接）方式，说出的言语交际效果最佳叫做"得体"。

"合作原则"及其四条次准则适用于直截了当的言语交际（适量、质真、相关，清楚明白，有话直说，达到最佳交际效果）；而"得体原则"及其有关准则适用于拐弯抹角的言语交际（适合特定语境，有话曲说，达到最佳交际效果）。因此"合作原则"和"得体原则"二者分工合作，相互补益，协调运作，就完全能够保证人们的言语交际正常、顺利、效果最佳的进行。

二、汉语交际得体原则的层次性

现代汉语交际的得体性，一方面会体现在中华民族使用语言进行的交际活动中，通过对称呼语的选择、书面语与口语的选择、词汇感情色彩的选择等方式来实现；另一方面也会体现在其他民族与中华民族的跨文化语言交际中，并且这一部分往往需要我们格外的关注。很多在中国文化背景下属于得体的言语交际行为，转换在某种外国文化的背景下他就可能成为一种不得体的言语交际行为；在某种文化背景下属于礼貌的语言交际活动，在另一种文化背景下可能就是无礼的；一种文化背景下满怀好意的一句话，在另一种文化背景的人听来也许就是讽刺或侮辱。正因为各国文化背景是有差异的，要通过发现对方的不同点来加深对其文化背景的理解，从而客观地把握各自的文化特性，来正确地指导跨文化语言交际活动中现代汉语的得体性体现。

因此，结合新格赖斯会话含义理论，以及现代汉语的语用实际情况，我们可以将现代汉语交际活动中所应遵循体现的"得体原则"分解为三个准则：礼貌准则、幽默准则、克制准则。

（一）礼貌准则

礼貌原则不等同于礼貌语言，礼貌语言只是礼貌原则实践活动中的一部分。礼貌是人类语言交际活动中的普遍现象，也是违反合作原则的原因之一。跟合作原则相关，礼貌原则的核心是场合、关系和方式。一定的"场合"决定"说什么",一定的"关系"决定"对谁说",一定的"方式"决定"怎么说"。利奇认为,如果要解释言语交际活动中说话人为什么会故意违反合作原则,让听话人会意说话人的真正意图,其中的一个重要因素就是出于礼貌的交际需要。在言语交际中,交际者总是希望得到对方的尊重。为了尊重对方,说话需要适应语境采取一些恰当的交际策略以示礼貌,求得最佳的交际效果。

礼貌原则是由英国语言家利奇提出的。利奇在《语用学原则》中将"礼貌原则"作为"合作原则"的"援救原则"提出。他指出:"礼貌原则不能被视为添加到合作原则上去的另一个原则。而是为援救合作原则解决一系列麻烦的一种必要的补充。"(1983:80)但是,"礼貌原则"作为援救"合作原则"的一个原则,其涵盖力较弱,覆盖面欠广,因为在"礼貌原则"之外,还有其他一些原则,如"幽默原则""反话原则"等从不同方面去援救"合作原则"。从言语交际的根本目的来看,话语得体不是为了礼貌,而是能取得最佳交际效果。

而汉语的礼貌用语由于和英美等西方国家有着较大的文化背景差异,因此它的礼貌原则必然呈现出和英美礼貌原则有一定的差异性。利奇的学生顾曰国,根据汉语言文化的源流关系并结合他导师的理论,提出了汉语言文化中礼貌规范的四大特点:尊重(respect)、谦逊(modesty)、态度热情(attitudinal warmth)、文雅(refinement),并在此基础上提出了汉语礼貌原则的五个准则:贬己尊人准则,称呼准则,文雅准则,求同准则,德、言、行准则。随着语用研究的发展,索振羽先生在此基础之上提出应该寻找一个涵盖力强覆盖面大,能包容"礼貌原则"以及其他一些起援救"合作原则"作用的小原则的高层次的具有普遍性的原则,即"得体原则",这样"礼貌原则"就变为"得体原则"中的一个重要准则。

利奇提出的"礼貌原则"下的赞誉准则、谦虚准则、一致准则、同情准则、宽宏准则运用于汉语基本上是合适的。但索振羽先生提出要按照得体原则——礼貌准则的层级体系,将上述五个准则依次降为次准则,此外还要再加上一个"恰当的称呼次准则",而这些次准则运用于现代汉语言语交际都是合乎礼貌的,在不同语境下,采用这些策略方式说话,则都能达到最佳交际效果。

（二）幽默准则

幽默是英语"humor"一词的汉语翻译。幽默准则就是指在言语交际中，对语言的各种要素进行变异而创造出一种"可笑性"的效果，它是和礼貌准则并行的。因此，得体的幽默话语未必是符合礼貌准则的，只要适合特定的交际环境，达到实际效果最佳，就可以使用幽默准则，而不必关注是否符合礼貌原则。幽默准则的关键就在于——承载言语交际功能的话语内容和话语形式，二者其一打破常规，引起发笑。

（三）克制准则

克制准则也是得体原则的一个重要准则，主要是指在言语交际中，说话人由于种种原因（如不便直言或不愿直言或不能直言等）不能直接训斥、驳斥他人，而需要采用克制的方式表达对他人的不满或责备所应依据的一个准则。

本章参考文献：

［1］［英］霍思比：《牛津高阶英汉双解词典》（第四版），商务印书馆、牛津大学出版社1997年版。

［2］关兰培、宛希武等：《简明行为科学辞典》，武汉大学出版社1989年版。

［3］陈新仁：《会话"不合作"现象论析》，载《扬州大学学报》，2000年第2期。

［4］P. H. Grice. Logic and Conversation ［A］. In Cole P., Morgan J. L.（eds.）. Syntax and Semantics ［C］. New York：Academic Press, 1975.

［5］索振羽：《语用学教程》，北京大学出版社2002年版。

［6］Leech, G. N. Principles of Pragmatics ［M］. London：Longman, 1983.

［7］顾曰国：《礼貌、语用与文化》，外语教学与研究出版社1992年版。

［8］邢福义、吴振国：《语言学概论》，华中师范大学出版社2002年版。

［9］Brown, H. D. Principles of Language Learning and Teaching ［M］. 4th. ed. New York：Longman, 2000.

［10］何兆熊：《新编语用学概要》，上海外语教育出版社1998年版。

［11］Zimin, S. Sex and Politeness：Factors in First – and Second – Language Use ［J］. International Journal of sociology of language, 1981（27）.

［12］Brown, P. & Levinson, S. C. Politeness：Some Universalsin Language Usage ［M］. Cambridge：Cambridge University Press. 1987.

［13］Rintell, E. Sociolinguistic Variation and Pragmatic Ability：A Look at Learners ［J］.

International Journal of Sociology of Language, 1981 (27).

［14］Levinson, S. Pragmatics. ［M］. Cambridge, Cambridge University Press, 1983.

［15］何兆熊：《新编语用学概要》，上海外语教育出版社 2002 年版。

［16］包惠南：《文化语境与语言翻译》，中国对外翻译出版公司 2001 年版。

［17］何自然、冉永平：《语用与认知——关联理论研究》，外语教学与研究出版社 2001 年版。

［18］王丽娜、彭漪：《试论言语交际中礼貌和诚挚的关系》，载《外语与外语教学》，2004 年第 2 期。

［19］卢长怀：《英语委婉语在交际中的作用》，载《辽宁师范大学学报》（社会科学版），2003 年第 11 期。

［20］徐英：《外语课堂教师礼貌情况调查分析》，载《外语教学与研究》，2003 年第 1 期。

［21］张巨文：《语用失误与外语教学》，载《郑州大学学报》，2000 年第 7 期。

［22］张庆宗：《论跨文化交际中的社交语用失误》，载《武汉交通科技大学学报》（社会科学版），2000 年第 9 期。

［23］吕文华、鲁健骥：《外国人学汉语的语用失误》，载《汉语学习》，1993 年第 1 期。

［24］蒲小君：《外语教学与跨文化交际技能》，载《外语界》，1991 年第 2 期。

［25］钱冠连：《汉语言文化语用学》，清华大学出版社 1997 年版。

［26］宋悦兰：《日常用语在跨文化交际中的语用失误》，载《陕西师范大学学报》（哲学社会科学版），2001 年第 9 期。

［27］魏本力：《语用失误分析的理论探源》，载《烟台大学学报》（哲学社会科学版），2002 年第 10 期。

［28］闫怡恂：《跨文化交际中的语用失误研究》，载《辽宁行政学院学报》，2003 年第 5 期。

［29］杨敏：《英汉跨文化交际中的价值观念与语用失误》，载《松辽学刊》（哲学社会科学版），2000 年第 4 期。

第四章

汉语交际得体准则

第一节 礼貌准则

日常生活中人们的礼貌语言和行为只是文化的表层现象，是特定文化价值在语言中的折射，只有深入到文化的深层，才可能透过现象看本质，真正理解"礼貌"一词的内涵。中西"礼貌"概念首先在内涵和判断标准上就不相同。中国社会是世界闻名的礼仪之邦，"礼"贯穿整个社会的各个层面，注重礼义是中国人立身处世的重要美德。

一、中国社会礼貌的概念

现代的"礼貌"概念与古代的"礼"是有历史渊源的。《礼记·冠义》中指出："凡人之所以为人者，礼义也"，由此可以看出中国文化认为礼是人与动物相区别的标志。"礼"字的本义，《说文解字》注："礼，属也。所以事神致福也。从示，从丰"。就是说，"礼"的本义是"事神致福"，属一种祭礼行为。《荀子·礼论》谈到了礼的起源"人生而有欲，欲而不得，则不能无求；求而无度量分界，则不能分争，争则乱，乱则穷。先王恶其乱也，故制礼义以分之，以养人之欲，给人之求，使欲必不穷乎物，物必不屈于欲，两者相持而长，是礼之所起也"。从根本上讲，"礼"是用来制约人的行为的。

中华民族重视"伦理"道德，本质上就是对"礼"的重视。"伦"就是等级、类别之间的次序，"理"就是这种等级次序遵循的规定。"伦理"就是"礼"之根本，中国的封建社会，本质上是等级社会，以维护上下尊卑的等级秩序为治世根本，而这些等级秩序本身正是"礼"的本质规范。因此"礼"的本质是"别"，有"别"才有"敬"，"以下敬上，以卑敬尊"，这样人们才不会相争，天下才能太平。因此，对人的行为的节制来看，"礼"是一种外在的规定，它按着上下等级次序规定人们所应履行的社会义务，限制人们活动的可行范围，即天地人伦上下尊卑的宇宙秩序。具体讲，在交际行为的节制方面，"上尊下卑"或"卑己尊人"是中国式"礼"的具体表现。然而这种"上尊下卑"的概念在西方社会则不是判断礼貌与否的标准。因为在主体上，西方是平等取向，人与人之间的关系基于平行的关系，这显然与典型的中国式差别格局不同。在人们希望"人各有身，身各自由，为上者不能压抑之束缚之也"的西方，"上尊下卑"的原则自然不适用。

另外，中国社会又是一个在民族血缘关系的宗法社会基础上发展起来的社会。因此，它是一个以群体为主要取向的社会，长期以来人们以群体集体利益为重，集体利益高于一切，人们一言一行必须符合社会和群体的期望，维系社会关系至高无上。因此"谦卑""谦虚"或其衍生物"卑己尊人"的礼貌行为是人人所崇尚的，可谓"夫礼者，自卑而尊人"，这也是中国式礼貌的最大特点。而对西方来讲，由于人们追求自我实现、个人奋斗，所以人们高度重视个人权利。从这个意义上讲，在中国社会中，作为"礼"的衍生物——礼貌原则——肯定与西方的礼貌原则有着本质上的差别。

中国社会的礼貌准则如同"礼"的基本精神一样，强调"别"，在很大程度上是等级差别的标志。在现代社会，即使等级制度没有过去那么森严，"礼"的基本精神还是没太大改变。西方与中国正相反，由于受平行或平等社会格局的影响，对他们来讲礼貌所强调的不是人与人之间的"别"，而是人与人间的"同"，即"平等""一致"的关系。

二、中西礼貌原则比较

索振羽先生在《语用学教程》中把现代汉语交际中的礼貌准则推衍成赞誉次准则、谦虚次准则、一致次准则、同情次准则、宽宏次准则、恰当的称呼次准则六个下限原则。

（1）赞誉次准则：就是有点过分但不太过分的赞誉，是一种礼貌。
①尽量减少对别人的贬低。
②尽量增加对别人的赞誉。
（2）谦虚次准则：就是有点过分但不太过分的谦虚，是一种礼貌。
①自我谦虚：尽量减少对自己的赞誉。
②尽量增大对自己的贬低。
（3）一致次准则：就是减少分歧或对立，力求一致，至少达到部分一致。
①尽量减少和别人之间的分歧。
②尽量增大和别人之间的共同点。
（4）同情次准则：就是减少反感，增进谅解，加深情谊。
①尽量减少对别人的反感。
②尽量增大对别人的同情。
（5）宽宏次准则：就是得理让人，给别人留面子。
①尽量减少对自己的利益。
②尽量增加对自己的损失。
（6）恰当的称呼次准则：
①自古以来，在中国就形成了"上下有义，贵贱有分，长幼有序"的礼制观念，因此见面打招呼就成为得体原则的重要内容。
②而在打招呼的过程中，有一个要素——称呼语，就代表了人与人之间的一种社会关系，称呼语的改变往往意味着人与人之间的关系的改变。恰当得体的称呼是一种礼貌，使听话人高兴，能产生最佳的交际效果。

尽管这些次准则在不同程度上都适用于各种文化，但差别是极为明显的。对礼貌准则的选择就会因文化而异，因而随之就会在语用过程中体现出强烈的差别。以礼仪之邦而闻名的中国文化中，"礼"对制约人们的行为和交际方式起着重要的作用。中国社会人们所遵循的"礼"，讲上尊下卑，君臣父子长幼有序，不得颠倒。"礼"是维护等级秩序的根本，在这个等级社会里，每个人都有其固定的身份及与其身份相符合的权利、义务与责任，人们相互依存，遵守"礼"节，能使社会和谐。不同说话人与听话人之间的权势、地位上的差别导致礼貌语言使用的差别。如老师交代学生完成一份作业，就会要求在某一期限内必须完成。他可以说："下周五前你一定要把作业交上来。"这在中国文化中是完全可以被接受的。实际上在汉文化中，上级对下级，父母对子女，教师对学生，常常使用直接祈使句。而按照利奇的礼貌原则，这实际上违反了其中的"得体准则"。但是在汉文化中，人们说什么，怎样说都必须符合社会所赋予每个人的社会地位，这样才符合中国文化的'礼'。

中国人从"和"的角度出发，认为尊老爱幼天经地义，称呼应涉及礼貌，所以在称呼上，常在比自己年长的人的姓前加"老"，在比自己年幼的人的姓前加"小"，如 老张、小王，并以此表示对老幼称呼的热情得体。另外，中国人习惯于用"大爷"或"大妈"称呼老年人，以示礼貌和尊重。老年人和小孩子说话可以使用最直接的表达方式，而不会被别人认为无礼，因为老年人长辈的身份赋予了他们这样的权利。而西方文化背景下的思维模式与我们汉文化下的思维模式有极大的不同，西方文化从个人主义的观念出发强调要尊重个性和个性的平等，人与人之间求"一致"或"同"。这种文化价值反映在称呼上就是不分尊卑长幼都可直呼其名，以表示亲切。所以西方社会在言语交际过程中很少对老年人使用"老"一词，同时对年幼的孩子也一般不以居高临下的长辈口吻交际，否则就会被认为表达不得体、不礼貌。

在西方语言交际过程中，"请"和"谢谢"使用的频率要比汉语言高很多，这并不是汉语言交际活动不得体、不礼貌，而是两种语言交际活动有属于各自所独有的文化因素的影响，是两种语言交际活动得体性的不同表现。在家庭内部的道谢方式上，中国人和西方人存在着极大不同。中国家庭成员之间相互帮助很少说谢谢，这并不是说中国人在家庭内部不注意讲礼貌，而是中国人从"和"出发，认为都是一家人，感谢没有必要说出来，一旦说出来反而疏远，就不够得体了。而西方国家家庭成员之间无论长幼，谁接受了他人的帮助都要说声谢谢。西方人个人主义的价值观念里很重要的一点就是强调个人自由，认为无论在言论上还是行动上都要尊重自由，而中国人则很难理解这一点。在西方语言交际活动中儿子对父亲可以直呼其名，这种语言交际行为是得体礼貌的，而这种语言交际行为在汉文化背景中就会被认为这个孩子极无教养，目无尊长，是极不得体、不礼貌的行为，会成为他人的笑柄。可见，如果一味地以某一民族语言交际活动的得体准则和社会规范来理解和评价他人的行为，会造成对不同语言交际行为的不解或误解，甚至会导致交际失败，就更无从谈起实现语言交际的得体性了。

例如，英语使用者请求别人帮助时，常采用一些婉转得体的语言，Could, Would 商洽语气就比 Can , Will 更为浓厚。

Could you help me? /Can you help me?
Would you mind closing the door? /Will you mind closing the door?

然而从中国的传统来看，人们的行为是受社会期望所制约的。有些人拥有"指示性"话语权，可以向别人提出"命令""要求""建议""劝告""提醒""威胁""警告"，等等；而有些人只能处在无条件地接受或完成这些行为的地位。正所谓"上下有义""贵贱有分""长幼有序""男女有别""内外有别"。譬如，通常长幼之间，上下级之间，教师学生之间，父母子女之间都可以实施"指示性"言语。反向使用则甚为不妥，是一种极其不礼貌的表现。因此，人们在实施"指示"行为时，通常无需"委婉""间接""迂回"，只要直接指示（一般惯用祈使句）即可。

对同一条礼貌准则，不同文化背景的人在遵循的程度上也有差异。比如，在几乎所有文化中，谦虚都被看成是礼貌的表现，但东西方人在遵循谦虚准则时的程度有所不同。总之，不同社会对不同准则的选择和侧重是由不同社会间的文化取向、价值观等因素决定的。

三、礼貌准则的分类

然而，依据礼貌准则所具有的三个特征——级别性、冲突性和适合性，我们可以结合现代汉语语用的发展规律对上述次准则重新进行划分。

级别性是指在言语交际中，礼貌准则具有不同的礼貌级别，礼貌级别是个连续统。利奇指出礼貌与听话者的得益程度之间存在着一种比例关系，即"损—益尺度"，这个连续统表现为依据使他人得益或者使自己受损的不同程度而形成不同的礼貌级别。听话者受益越大，话语就越倾向于礼貌，而说话者同时付出的代价就越大。利奇（Leech，1983：107）举了下列例句来说明其观点。

Peel these potatoes.
Hand me the newspaper.
Sit down.
Look at that.

Enjoy your holiday.

Have another sandwich.

这六个例句虽然同为祈使句,但是对听话者的受益程度是逐渐递增的,因此也是越来越礼貌的。此外,利奇指出礼貌与话语的间接程度之间也存在着一种比例关系,即"直接表达方式—间接表达方式尺度",在话语命题内容不变的情况下,话语言外之意的表达越间接越显得礼貌。利奇(Leech,1983:108)举了下列例句来说明其观点。

Answer the phone.

I want you to answer the phone.

Will you answer the phone?

Can you answer the phone?

Would you mind answering the phone?

Could you possible answer the phone?

上述六个例句,依次间接性越来越大,因而礼貌程度也呈一种递增趋势。礼貌,是社会的人的行为准则,这是世界上各个民族都提倡遵守的一个原则。根据现代汉语言交际的实际情况,我们认为应将礼貌准则再细划分为以下次准则:

(一)贬低自己尊重他人的次准则

在现实的言语交际过程中,交际双方一般都遵守得体原则,使用一些客气、谦恭、婉转的话语或所谓"软化语气词",以使交际活动在语气温和、气氛愉悦的环境中进行。但是在语言表达上,西方人敢于强调个人的作用,敢于承认事实,以事实为依据讲话,他们认为这就是得体礼貌的表现。而中国人的价值取向特点是和为贵,中国人认为人的身心、人和人、人和自然之间的关系是和谐而统一的,中国人虽然承认个人力量,但往往更强调个人与他人的关系,强调集体的力量。这种价值观念反映在语言使用中,中国人往往采取贬己尊人的表达方式以体现得体与礼貌。

现代中国的礼貌传统依然是"夫礼者,自卑而尊人"(《礼记》),但不同的是"卑"的模式已经被"自谦""自贬"所取代,仍然表现出与西方言语交际过程中表现的礼貌准则截然不同的规律。英美的礼貌原则中虽然也有赞誉原则和谦逊原则，但是赞誉和谦逊的方式有所不同。最典型的现象就是英美人士在受到赞扬的时候总会大方的以"Thank you!"来回应，面对别人的赞扬，以作答表示认同，用这种方式表示一种礼貌；但在中国人看来，则认为这种方式过于自信、不够虚心、表达不够礼貌得体。在汉语言交际活动中当听到对方的夸奖和赞美时，应答者礼貌地表示应该是自贬一番，以表示自己的谦逊，符合现代汉语交际得体原则的回答多是"惭愧、过奖、不敢当、哪里……哪里、您实在是过奖了"，或者"我做得还差得远"，等等。因此当英语使用者很真诚的称赞时，而汉语使用者则常常会以"No, you're just kidding."或者"You just exaggerate it!"之类的话语进行回应。在西方人看来，中国人断然否定别人的赞扬并言不由衷是有失礼貌的，就会造成语言交际不得体情况的出现。而符合英语交际得体原则的回答则应该是"Thank you! I am glad you like it!"这些回答上的差别反映了东西方在语言交际活动中得体性表现上的一些差异，体现出不同的风格——东方人的含蓄和西方人的直率。

贬己尊人可以说是最富中国特色的礼貌现象。所以，在现今这一历史时期，礼貌准则下的第一次准则应该是贬低自己尊敬他人的次准则，这一次准则在现代汉语交际过程中就有鲜明的体现。即当谈到自己或者和自己有关的事的时候要"贬"、要"谦"，而谈到听者或者和听者有关的事的时候就要"抬"、要"尊"。为了向谈话对象表示礼节、尊重，充分表达自身的谦恭，通常说话一方会使用大量的谦辞来称呼自己，而用敬辞表示对对方的尊敬，谦辞和敬辞是贬己尊人次原则的重要形式。例如，突出表现为对交谈对象使用敬称、尊称，如"尊父""令堂""大作"等；对自己则用谦称、谦辞、贬词如"不才""老汉""足下"等；称对方的意见为"高见"，称自己的看法为"管见"，称别人的著作为"大作"，称自己的著作为"拙作"；称别人的儿子、女儿为"令郎""千金"，称自己的儿子、女儿为"犬子""小女"，等等。由此我们可以看出，在这一次准则中也就涵盖了索振羽先生提出的"赞誉次准则"和"谦虚次准则"，就可以更加完善地解释很多置于西方语言交际规律中无法解释的特殊表现。

在汉语的言语交际中，称呼语是用得最广泛、最频繁的词语。称呼语对人际关系有着敏锐的反应，它不仅有提醒对方开始交际的作用，更重要的是摆正自己与交际对象的关系，便于展开得体的交谈。世界上各个民族的称谓系统受到各自文化发展的影响，体现出各自的特点。西方社会在"人为本，名为用"的价值观念的影响下，更注重个人价值的实现，因此它的称呼系统要比汉语的称呼系统简单得多。同辈的兄弟姐妹和年龄相仿的父母辈亲属，一般都是直呼其名，甚至儿女对父母也可以直呼其名，这在汉语系统内是无法见到的。在英语中，非家庭成员的称呼更为简单，一般对人称呼只要在姓氏前加上 Mr., Mrs., Miss 就可以了。

而汉语的称谓系统由于受到中国传统的"重名分，讲人伦"的封建伦理观念的影响，在称谓上十分复杂。在汉语的称呼中，贵贱有分、长幼有序、男女有别。在家庭成员中，有叔、伯、姨、姑、兄、弟、姐、妹等表示辈分的称呼语。即使没有血缘关系，为了表达一种尊敬，也会在称呼年长的人的时候在姓氏后冠以爷爷、奶奶、叔叔、阿姨、姐姐、哥哥，等等。在社会系统中，更是根据个人的地位、职务等有着不同的称呼，如在姓氏后冠以老师、经理、师傅、医生等，很少出现直呼其名的现象。

在现代汉语交际过程中，一些方言中当涉及亲属称谓时，常常从自己子女的角度去称呼就强烈体现了"贬己尊人"的次准则。

例如，天津方言中，姊妹之间常用"x（按排行顺序）姨"相互称呼，对婆母、岳母往往以孩子辈分称呼为"奶奶、姥姥"等，其实这种做法实际是一种"降格称呼"，也就是说话人自动降低辈分到自己孩子的角度去称呼别人。

中华民族是古老的礼仪之邦，各种称谓用语反映了人与人之间的各种关系：男女有别、长幼有序、亲疏不同，而且大部分称谓用语沿用至今。中华民族这种贬低自己尊重他人的传统就形成了巨大的凝聚力，亲属称谓高度泛化，渗透到现代社会交际的各个领域，这是西方民族所无法理解的。自中华人民共和国成立以来，新的观念和价值冲击并且取代了一些传统的观念与价值，一系列中性词出现并得到广泛应用。

例如，在中华人民共和国成立前，丈夫对自己妻子的称呼有拙荆、贱内、内人、老婆等，但对别人的妻子则称为尊夫人、太太。到中华人民共和国后，则改称中性称谓爱人。改革开放以来，由于受到海外华人贬己尊人传统的影响，夫人、太太等尊称又开始有取代中性词"爱人"的趋势。

表 4-1

	自称（自贬/自谦）	他称（尊称）	中性称谓
询问姓名	鄙姓、贱名	尊姓、大名、贵姓	姓、名字
称呼作品	拙著、拙作	大作	文章
称呼家	寒舍、陋室	贵府	家
称呼探望	拜访、拜会	赏光、光临	玩玩
称呼读书	拜读	斧正、惠正	看、读

此外，新格赖斯会话含义理论中认为礼貌准则具备的冲突性，在现代汉语的言语交际过程中也能够得到体现，同样也可以纳入"贬己尊人"次准则中进行解释。所谓冲突性是指礼貌准则中的某些次准则在同一话语中可能发生冲突。在中国传统儒家思想的影响下，德正言恭礼繁是君子必须具备的基本素质，即要求谦谦君子在处事的行为动机上要尽量减少他人付出的代价，而自身在行事的过程中要尽量增大对他人的益处；同时在言辞中，也要尽量夸大别人给自己带来的益处，尽量缩小自己为他人付出的代价。例如：

（A 请 B 吃饭时，饭菜十分丰盛，有如下对话）
A：饭菜太丰盛了！
B：哪里，哪里，没做什么，凑合吃吧。

在这段谈话中，说话人 A 遵守礼貌准则中的"赞誉次准则"，同时遵守合作原则中的"一致准则"，对 B 所准备的丰盛饭菜进行赞誉，而 B 则依据礼貌准则中的"谦虚次准则"，有意违反合作原则中的"质准则"，从而产生了"谦虚次准则"与"一致次准则"的冲突，结果造成了 A 和 B 不能保持一致的结果，但这样的对话恰恰可以使用"贬己尊人"的次准则进行解释，得出符合现代汉语规律的合理解释。

A：买菜了吗？
B：没呢。
A：一起去吧？
B：可是，我得去幼儿园接孩子。

A：那我给你捎点回来吧。
B：不用了，太麻烦你了。你也挺忙的。
A：又不费事，我们家也得吃饭，顺便。你要点什么？
B：那就捎一棵白菜吧，太谢谢你啦。

上述这段谈话中，A 要帮 B 买菜，这在行为动机上尽量增大了对 B 的益处，因此 A 在言语交际过程表现出了礼貌，B 觉得太麻烦 A，不想直截了当地让 A 帮助自己，B 在言语行为上尽量减少 A 付出的代价，同时 A 又在言辞上尽量减少自己付出的代价，B 在最终表达出自己的感谢。

（二）合适有序的称呼次准则

中华民族现代的礼貌行为在很大程度上依然深刻地保持了"上下有义，贵贱有分，长幼有序"的历史印记，这也是礼貌准则的适合性的鲜明体现。

所谓适合性是指运用礼貌准则时一定要依据语境的要求选用礼貌级别，可以依据不同的交际内容选用恰当的礼貌方式，也可以根据不同的交际对象选用恰当的礼貌方式，要注意听话人的身份、亲疏关系，还可以根据不同的交际场合选用恰当的礼貌方式，要注意区分正式场合和非正式场合。

因此，根据现代汉语言语交际表现出的现实特点，合适有序的称呼次准则表现为对句式、句型、交际场合用语的选择与使用。

1. 依据不同的交际内容选用恰当的礼貌方式

如果是向听话人提出要求，请求给予帮助，说话人就必须选用高级礼貌级别的语言手段。

例如，陈述句用来叙述或说明事实具有陈述语调，这是使用得最广泛的一种句子，有时表达肯定的意思可以使用"双重否定"来表示，表达出更为委婉礼貌的语气。

他不会不同情我的。（双重否定陈述句）
他会同情我的。（普通陈述句）

此外，向听话人寻求帮助时，更多可以采用询问方式，选择使用疑问句类，而避免使用命令式，避免使用祈使句。例如：

你能帮我安排个住处吗？

你帮我安排个住处。

2. 依据不同的交际对象选择恰当的称呼语

称呼语代表了人与人之间的一种社会关系。称呼语的改变往往意味着人与人之间关系的改变。交际双方的亲疏程度决定着双方遵循礼貌准则的程度。一般来讲，交际双方关系越亲密，礼貌的级别就越低，这一点东西方文化相似。

在现代汉语交际过程中，如果关系亲密的朋友这样和你说话："劳驾您，请递给我一支笔"，你会感觉你们的关系出了问题或是出现了隔阂。在汉语言交际过程中，亲密的朋友一般是不说诸如"谢谢""请"或"对不起"此类的客气话，因为这样会使人感觉彼此关系非常亲近。假如说出这样的客气话，就暗示出彼此关系就比较疏远，不够熟稔亲昵，有一定的距离感。再如，中国人和关系亲密的人在言语交际过程称呼语的选择非常随便，谈话中经常会说"哥们"或"兄弟"。在汉语交际过程中，"兄弟"或"哥们"等称呼语会拉近人们之间的距离，是一种友好的表示。即便是陌生人，如此称呼也会营造一种亲近和谐的交际氛围。在上课前给朋友占座，遇见一个你认识的人来了，我们可能会说："对不起，这个座位是给我的一个哥们留的"。对方就能知道你们的亲密关系，会理解你的行为，而不会表示不满。在英语交际过程中，一位在厨房里忙碌做饭的母亲会对她的女儿说："Pass me the salt."但是在同样的情景下对她的同事她可能说：

Pass me the salt, please.

Can you please pass me the salt?

Could you possibly pass me the salt, please?

Would you mind passing me the salt, please?

采用何种形式取决于这位母亲和听话人的亲疏程度。可见谈话双方的亲密程度在礼貌原则的选择使用上起着很重要的作用。

但是在西方语言交际过程中，即使是夫妻，"Please, Thank you"之类礼貌用语的使用也是得体和必需的，这一点与汉语言交际过程中得体性的要求一点也不相同。此外，如在请客吃饭时的汉语交际活动过程中，劝客人吃饭喝酒、主动布菜在中国人看来很得体有礼，只有如此方式才算表现出热情的诚意。按照利奇的礼貌原则分析，它给听话人以"惠"，符合汉语言交际过程中得体原则的要求。但是对于和我们关系特别亲近的人，我们也不会热情的劝人家吃饭或喝酒，而是让他们自己随意，这对我们中国人来讲，也是得体礼貌的。而在西方人看来，这是强求人意，不是礼貌得体的行为。即便是非常亲密的朋友，在西方言语交际过程中，也不会出现劝酒劝饭的现象。当谈话对象对谈话者吃饭的请求作出"No"的回答时，就不会有第二次的邀请。如果交际双方不了解彼此所使用的某种语言交际活动得体性原则的要求，就会由此产生误解。

汉语言语交际过程中，见面时打招呼的用语表现出复杂的组成形式，家庭成员之间、邻里亲友之间、社会交往人群之间的称呼语各有特色，不能混同。汉语中称呼不仅有"长幼尊卑贵贱"之分，还要"内外有别"不得混淆。根据礼貌原则传统称呼对别人要讲究"敬"，对自己要谦，平辈之间也要互敬互爱。例如，儿女对父亲通称"爸爸"；表示尊敬时称"亲爱的爸爸"；向第三者介绍表示谦逊时称"家父""舍君"等。

从结构而言，称呼语可分为单一型和复合型。所谓单一型指可以单独用来做称呼语使用的，主要表现为亲属语，但亲属语也存在面称和背称的不同。面称是指当面的称呼，最能反映方言特色；背称是指不是当面的称呼，但不是指称呼者一定不在场的称呼，常常使用于书面语。

在现代汉语普通话中，存在下列单一型亲属语，特别是面向别人介绍家庭成员时要注意面称和背称的区别。

表 4-2

亲属语	面称	背称
祖父	爷爷	祖父
祖母	奶奶	祖母
外祖父	姥爷	外祖父
外祖母	姥姥	外祖母
爸爸	爸爸	父亲
妈妈	妈妈	母亲
伯父	大爷	伯父

(续表)

伯母	大娘	伯母
亲属语	面称	背称
叔父	叔叔	叔父
叔母	婶儿	婶婶
姑母	姑	姑妈
舅父	舅舅/舅	舅父/舅舅
舅母	舅妈/舅母（轻声）	舅妈/舅母
姨母	姨	姨妈
儿子	称名/儿子	儿子
儿媳妇	称名/儿媳妇	儿媳妇
儿媳妇称丈夫的父亲	爸爸	公公
儿媳妇称丈夫的母亲	妈妈	婆婆
女儿	称名/闺女/丫头	女儿
女婿	称名	姑爷
女婿称妻子的母亲	妈妈	岳母/丈母娘
女婿称妻子的父亲	爸爸	岳父/老丈人
丈夫称妻子的兄/弟	哥哥/弟弟	大舅子/小舅子
丈夫称妻子的姐/妹	姐姐/妹妹	大姨子/小姨子
丈夫称妻子	称名	爱人/太太/（老年）老伴儿
妻子称丈夫	称名	爱人/先生/（老年）老头儿

所谓复合型称呼语则指有两个以上（含两个）称呼语子系统结合在一起做称呼语。

在机关工作的人，对上级领导一般称职务，往往采用"称名（背称）/称姓（面称）+职务"的形式，如"张科长、王厂长"，等等。在科研教学单位，除了称呼职务外，还常常采用"称姓（面称）/称名（背称）+老师"的称呼形式，如"张老师、王斌淦老师"，等等，对德高望重的教授常常采用"称姓（面称）/称名（背称）+先生"的形式。

使用称呼语时要注意选用适合恰当的称呼语主动与对方打招呼，要考虑到下列语用要素。

表 4-3

亲属	家庭成员	父母
	亲　属	兄弟姐妹
		近亲
		远亲
非亲属	职务高低	职务高
		职务低
	社会地位	有地位
		无地位
	熟悉程度	熟悉
		陌生
	同事关系	同事
		非同事

3. 根据不同的交际场合选用恰当的用语。

在很多场合下，对于同一情景，东西方人所采用的礼貌方略也因文化而异。贾玉新在《跨文化交际学》一书中有如下的总结：在中国社会，人们在打扰别人时常采用"指示性"言语行为以示礼貌，而西方人则习惯用"抱歉"性言语行为以示礼貌。如在汉语中，人们常用"请问""借光""劳驾"等"指示性"言语来问路，而在类似情景中，西方人惯常使用类似"Excuse me"的"抱歉"性言语行为表示礼貌，以尽量减少对别人的损失。

此外，在致谢语方面，东西方人使用的策略也不尽相同。说英语的人使用"谢谢"比说汉语的人要普遍得多。而我们说汉语的人不像西方人那样频频致谢，我们对理所当然的服务一般不予致谢。陈建民在《现代汉语礼俗词语与社会文化的关系》一书中列举了以下三种情形一般不必致谢：第一，夫妻或亲属之间不用"谢谢"，越是亲近的人越不讲客套，这是我们的文化传统，否则，会被认为装腔作势，甚至可能是关系紧张的表现。第二，受到表扬或赞美时，一般不说"谢谢"，以免给人不谦虚的感觉，因为用"谢谢"等于默认别人对自己的赞美。第三，属于工作职责范围，即公对公，只要不涉及个人情意，即使别人替自己办了事也无须致谢，然而以上三种情形对西方人来说都是理所当然要用致谢语的。

所以，根据交际双方不同的关系，可以存在各种不同的称呼，而且不同的称呼恰恰可以反映双方的关系的亲疏远近。除此之外，我们更要注意区分社交场合的不同。在不同场合选择恰当的称呼十分重要，既要讲礼貌，又要恰如其分；既要恭敬谦卑，又要不流于谄媚逢迎。

胡明扬先生在《汉语礼仪用语及其文化内涵》一书中将社交活动可以大致分为三类：一类是家常社交活动，也就是在关系比较亲近的熟人之间，如在邻里、同事、朋友之间的社交活动；一类是事务性或一般的社交活动，也就是因为某种事务而在不很熟悉、初次见面的人之间发生的社交活动；一类是比较隆重的社交场合，也就是在会议、宴会、典礼、外交会晤等隆重场合发生的社交活动。

（1）家常社交称谓

在关系密切的邻里、朋友、同事的家庭成员之间往往相互使用亲属称谓，越是全面系统地使用亲属称谓，越显得"亲如一家"，拉近了交际双方的关系。

（甲和乙是一起工作的同事，甲偕同妻子一起散步时与乙相逢，互相打招呼。）

甲：你好。介绍一下，这是我媳妇儿，这是乙。

乙：你好，嫂子/大姐。

（2）一般社交称谓

在外出处理一般事务或在公共场合与人交往时，常常要使用一般社交称谓，大多数情况下要使用"同志、师傅"或姓氏＋职务/职业的形式，如王工程师、黎医生、赵师傅等，都属于敬称。

总之，不同的语言环境和交际背景常常会影响交际言语的使用。在礼貌行为的分布，以及它的功能方面，语用文化的差异也是极为明显的。如前文所述，中国社会，最能体现"礼貌"的行为是对人的"称呼"或"称谓"方面。从社会语言学的观点来看，称呼行为（address behavior）具有极其丰富的社会和文化内涵，它可能是社会中权势性（power）和平等性（solidarity）的象征。而具体称呼的方式又取决于文化、社会、教育、信仰、年龄和性别等诸多因素。受差序格局的社会结构、传统伦理及血缘、宗族、社会因素的影响，中国社会之称呼系统远比西方复杂。中国人习惯使用表示血亲关系的名词（kinship terms）去称呼家人、亲属（如大哥、二姐、小弟），乃至用其称呼朋友和陌生人等，如王大哥、邓大姐、陈老弟，这种现象在西方则是罕见的。中国较为习惯于非对等式的称呼类型，而西方偏爱于对等式的称呼类型。中国非对等式之称呼语的使用表现出一种权势取向，它是垂直式社会关系的标志。而西方社会，由于受平行社会关系、个人本位取向的影响，人们所崇尚的对等式称呼较充分地表示出平等的文化取向，是一种平等式社会关系之标志。

汉语中的称呼语最能体现中华民族的礼貌习惯。中国人的"卑己尊人"的礼貌规则在称呼行为中体现得淋漓尽致，而西方之礼貌习惯则表现在句法结构的变化和其他交际行为方面。很难想象在中国社会人们像美国人那样对父母亲，甚至祖父母都直呼其名。在美国或其他西方社会，因为其文化取向、社会格局、人际关系与东方截然不同，对相互称呼语的使用和对其意义的解释也自然相差悬殊，至少不像中国社会中的称呼语那样纷繁复杂。

此外，东西方人的礼貌在话题选择上也不尽相同。比如说，隐私在英语言文化中受到更多的重视。汉语言文化中被认为是礼貌的行为，在西方文化中则可能是侵犯了一个人的隐私权。对他人表示关心和热情对中国人来说是礼貌的行为，人们甚至初次见面也会互相询问年龄、婚姻状况、子女情况、收入水平等，以示对别人的关心和热情，用这样一种方式使陌生的两个人消除尴尬，增进了解，这是一种得体的语言社交行为。但在西方国家，如果在日常生活中有人以这样的方式提问，那无异于在粗暴地干涉和侵犯他们的隐私，更谈不上什么礼貌了，非常不得体。顾曰国曾经概括了汉文化中的礼貌四要素，其中之一就是"态度热情"，然而类似这种热情西方人恐怕难以接受。

总之，礼貌原则是每个群体或社会所广泛使用的文明的手段。但必须承认，不同文化对礼貌行为有不同的要求，不同文化赋予礼貌不同的内涵。一种语言交际过程中认为合乎礼貌的言语和行为，在另一种文化背景下却未必得到同样的认可。因而采用同一标准去判断哪一个正确或哪一个更好，无疑都是不恰当的。即使在同一文化背景里的人，由于年龄、地域的不同，对礼貌的认识也会存在差异。礼貌是不断变化的观念，会随着某一群体，某一年龄组人的观念的变化而变化，它是动态的。语言学习者学习和理解并能够应用礼貌原则，使得所表达的思想合乎其所处的特定环境、时间、地点、谈话题目以及谈话者和听众的关系十分重要。

东西方得体的语言交际过程有其相似的一面，在礼貌原则上的具体提法有所不同，但其重视和强调礼貌在社会、在人际语言交往中的作用却是相同的。每一种礼貌原则都反映了它所代表的文化特征，反映了一个民族特征，包含着该民族的思维方式和价值观念。国外格赖斯、利奇、列文森等人所形成的礼貌原则更多的立足于西方语言，只能指导同一语言背景下的交际活动，不能指导跨文化的语言交际。因而，我们使用的得体原则——礼貌准则一定要含有本民族语言交际得体性特点的内涵。只有把握了这一点，我们才能够发现、理解不同民族语言在交际得体性方面表现出的差异，并合理解释差异性存在的原因，用以指导形成得体的跨文化语言交际行为。

因此，人们只有充分认识了礼貌原则在以上诸多方面的差异，才能尽量减少跨文化交际中可能出现的语用失误，以达到更自然和谐的交际效果。

第二节　幽默准则

幽默准则就是指在言语交际中，对语言的各种要素进行变异而创造出一种"可笑性"的效果，它是和礼貌准则并行的。幽默准则的关键就在于——承载言语交际功能的话语内容和话语形式，二者其一打破常规，引起发笑。交际者根据自己的交际意图选择恰当的构成幽默的次准则，就能创造出幽默来。我们在这里主要探讨言语交际中无情节的幽默。总之，幽默准则包含有岔断次准则、转移次准则、降用次准则三个次准则。说话人可以依据自身的交际意图选择恰当的次准则，就可以营造出幽默的交际效果。

一、岔断次准则

索振羽先生认为岔断次准则的特点在于话语语义的逻辑发展突然中断，结局在意料之外，然而却在情理之中，由此造成一种顿悟式的笑。所以，他将岔断次准则分为衬跌、顿跌和歇后三种具体的表达方式。

（一）衬跌

清人刘熙载在《艺概》中说："词之妙全在衬跌"。衬跌就是本意先不说出，用别的话衬托一下，经这一衬托，再说出本意就更显力量；周振甫在《诗词例话》中说："好像把水闸住，让水位提高了再跌落下去，就更有力。"

衬跌，作为一种表达幽默的手段，就是在结构上分为"衬"和"跌"两部分，"衬"在前，"跌"在后，"衬"可以是一个，也可以是多个，即把相关联的多种事物罗列起来作形象积累，当积累起来的印象在读者的心理上逐渐形成情景的强势时，使听话人感受到一种明确的方向行动势，然后陡然一"跌"，推出另一个意料之外，却在情理之中的结果，从而产生出浓烈的幽默效果，具有强烈的艺术魅力。

衬跌就是正意先不说出，用一句话来衬托一下，再说出正意，经这一衬托，说出正意就更有力量；衬跌好像把水闸住，让水位提高了再跌落下去，就更有力。例如：

> 明朝张岱《快园道古》记载：一个人喜欢作十七字诗，见有妇人从前面经过，便作诗道："走过一娇娘，罗裙绕地长。金莲刚四寸，横量。"后来因为犯法被发配郧阳，母舅送他，两人相对而泣。母舅瞎了一只眼，他作诗道："发配在郧阳，见舅如见娘。两个齐下泪，三行。"

衬跌有如瀑布，落差越大越壮观。这往往通过数量、程度、状态等方面的骤变来达到它的修辞效果。张岱所作的这首"三句半"诗，前三句采用五言诗的形式，最后一句却突然变成了两个字，这是数量上的由多往少的跌落，读来令人哭笑不得，诙谐有趣。

衬跌运用得好，还可以起到出人意料，在人意中的效果。请看凌飞、文闽《爱情与幽默》中的例子：

> （台湾一家文艺社征文比赛："请以最短的文章，论述恋爱始末。"结果小王得了冠军。其文如下：）
> 初恋：心中、眼中只有她。
> 热恋：妈妈叫我向东，爱人叫我向西，我向西。
> 失恋：爱人结婚了，新郎不是我。

这则短文中的男子先是一往情深，继而言听计从，给人一种成功在望的感觉，谁知结果却是竹篮打水一场空。这种由好往坏的跌落，也很有戏剧性。

在幽默创作中，"衬"可以是"一衬"，而更多的时候是"多衬"，即把相关联的多种事物渐次地罗列起来,形成有明确方向感的动态,等欣赏者找到了方向,猛然一"跌",随即产生谐趣的效果。这种"衬"可以是同类事物分量、程度、频率的加强,也可以是同一空间中类似行为的铺陈和渲染,还可以时间形式上的鱼贯而入;有时候,还可有意将一种简单的推理凝固化、机械化,从而在一帆风顺、所向披靡的推演中露出破绽,猛地自我翻车。例如:

有一则名为《作品》的小幽默:

  甲:我为去年的艺术展完成了一件作品。
  乙:挂出来展览了吗?
  甲:是的,在入口附近,极显眼的,每个人都能看到它。
  乙:恭喜你了,是什么作品?
  甲:一块牌子,上面写着"向左走"。

这个小幽默"衬"了两次。先是介绍自己的作品参展,接着又强调展览位置的重要,人人都看了这展品。最后露底时,却是一块路标!

再看一则题为《出人意料》的小幽默:

  某人要雇用一名司机,他向四名应征者问道:"在悬崖上行车时,你们能把汽车靠得离悬崖多近而不会翻车?"
  第一位应征者很有把握地答道:"一米!"
  "六分米!"第二位拍拍胸膛喊道。
  "他们都不如我,"第三位挥舞着双手高声地叫道,"我可以保持在三分米这个距离上。"
  而第四位却说:"我将设法尽可能地远离悬崖边缘。"
  某人录用了第四位应征者。

这则小幽默是三衬一跌。前三个司机之所以被做了"衬",是因为雇主事先设计了一个陷阱,引诱别人犯错。雇主的问话意图似乎是了解各位司机的驾车技术水准,因此,前三位司机争先恐后地展示"艺高人胆大"的本领,并非毫无道理。这时候,第四位司机如果跟着起哄,就难分高下,而他换了一个角度思考问题,便爆出了一个冷门。第四位司机反前三位司机而行,表示尽可能地避开悬崖,表现了自己谨慎认真的工作态度。这一"跌",跌出了智慧,令人惊喜是其中见到谐趣,说是"惊喜",是因为欣赏者也糊里糊涂地上了雇主的当,"参与"了前三位司机"显摆大胆"的活动,如此,第四位司机的做法,就能使人眼睛一亮、精神一振,得到一种幽默快乐的冲击。

在有的幽默故事中,虽然用的是"衬跌法",但方向在同一平面上,屡屡受挫,被迫无奈,思路只好"下跌"或"高飞",让人忍俊不禁。例如《难喂的猪》:

一个人问农夫道:"你用什么喂猪?"

"用吃剩的东西和废弃的叶子。"农夫答道。

"这样说来,我该罚你,"那人道,"我是大众健康视察员,你用营养欠缺的东西去喂供大众吃的动物,是违法的,罚金一百美元。"

过了不久,另一个穿着整齐的人走来向农夫问道:"多肥的猪啊!你喂他们什么?"

"鱼翅、鸡肝、海鲜之类的东西。"农夫答。

那么,我该罚你,那人说,"我是国际食物学会的视察员,世界人口有三分之一在饿肚子,我不能让你用那么好的食物喂猪,罚你二百美元。"

又过了数月,来了第三个人,如前两个人一样,他在农夫的围栏上探头问道:"你用什么喂猪?""老弟,"农夫答道,"现在我每天给五美元,它们想吃什么就买什么。"

(二) 顿跌

顿跌,指在言语交际中,说话人故意把一句话拆开来,先说一半,"顿"一下,暗示出语义发展方向,使听话人产生误会,然后再把后一半说出来,使人恍然大悟,而造成"顿悟式"的笑。"顿跌"引起谑笑的主要原因也在于"跌"(突然转折),但这种"跌"却是由人为的停顿造成的。例如吕叔湘的《"要"字两解》:

在某次会议上,发言者开场说道:"今天我要讲很长的话——"与会者一愣，不少人发出叹息。可是他停顿一下接着说："大家是不欢迎的。"听众顿时活跃。"所以，我只准备讲三分钟。"于是一片笑声。

"假设，等于'要是'。发言的人故意说半句就停下来，造成误会，然后说出后半句，解除误会，使听众皆大欢喜，超出一般。"

如果在停顿时，由听话者插上一句话，把听者所误会的内容说出来，其"顿跌"的效果便更为明显。对此，相声中有一个专门术语："垫话"，即在一人叙述暂停时，由另一位"垫"上一句，以诱发听众误解。例如在相声大师侯宝林的《夜行记》中，有这么一段，"我"违章骑车，自以为得计，遇到警察时急忙躲避，反而掉进了沟里。

乙：没有灯啊，马路上不能骑！
甲：我钻胡同！
乙：哎，胡同里没灯更危险！
甲：不管它那一套，钻进胡同我就骑上了。咦！对面儿又来个警察。
乙：那你快下来吧。
甲：下来？我趁他没瞧见，抹回头一拐弯儿，"嗞溜"一下子！这回他再想找我都找不着啦。
乙：你到家了！
甲：掉沟里啦！

这里，如果乙不"垫"上一句"你到家了"，而是由甲一口气说出："……'嗞溜'一下子！这回他再想找我都找不着啦，（我）掉沟里啦"，其幽默的喜剧效果无疑要大打折扣。"垫话"其实并不限于相声艺术，如在老舍名剧《茶馆》中，大烟鬼唐铁嘴想向茶馆老板王利发租间房，可王利发嫌他吸毒，不愿意时，有这么一段对话：

唐铁嘴：王掌柜，您这儿还有房没有？
王利发：唐先生，你那点嗜好，在我这儿，恐怕……
唐铁嘴：我已经不吃大烟了！
王利发：真的？你可真要发财了！

唐铁嘴：我改抽"白面"啦。

观众听到"我已经不吃大烟"时，无不以为其已经戒毒，王利发的"垫"话更强化了这一误会，而结果却是"豆腐一碗，一碗豆腐"，换汤不换药，心理期待突然扑空，幽默诙谐的笑声便蓦然而出。

（三）歇后

所谓"歇后"，是指在言语交际的过程中，由类似谜面和谜底的两个部分组成，带有隐语性质的口头用语的表现形式。前一部分常常是陈述一个事实，后一部分是说话人真正的交际意图，后一部分时常先不说出来，而是略有间歇，让人去猜想它的含义，然后揭示"谜底"，达到引人发笑的结果。歇后关系大致可分为喻意和谐音两类。刘叔新先生指出："歇后语的'歇后'表明这种固定语在构造上的特点，前头一个比喻性的或含蓄的说法，像谜面一样，真意隐藏着而不清楚；歇下来停顿一会儿，后头接着才有一个真意的说法，像是谜底。例如'老鼠过街——人人喊打'，'竹筒倒豆子——一干二净'。很清楚，谜面'老鼠过街'或'竹筒倒豆子'，是具有双层意义的，而谜底'人人喊打'或'一干二净'就是谜面深层的真实意义的表述。因此，歇后语结构上前后两部分之间的关系，并不是复合结构中分句之间的关系或单句结构中的主谓关系，而只是一种衍明。即后头的谜底部分不是前头谜面部分的意义承接，不是对谜面部分的判断，不回答谜面部分怎么样的问题。上面两个歇后语不能理解为'老鼠过街，人们见到了都喊打''老鼠过街自然人们都喊打'，'竹筒倒豆子真是一干二净'就是'竹筒倒豆子当然倒得很干净'，等等。谜底部分把谜面部分的真意揭示出来，是对谜面部分的注释，同时作为其真意的表露形式而仿佛从实质上延伸谜面。这自然使整个歇后语的意思展示了出来而又得到强调；而谜面的表层意思同谜底的真意联系了起来，还产生诙谐的意味，使人感到有趣。"

所以，我们虽然沿用索振羽先生岔断次准则的名称，但却认为岔断次准则是指在言语交际中，承载言语交际功能的话语内容和话语形式，二者打破常规，引起发笑。索振羽先生认为岔断次准则的具体表达方式中含有的衬跌、顿跌，是从话语语义的逻辑发展角度来分析的，与歇后这种打破话语内容和话语形式的具体表现方式还有所不同。因此，我们认为歇后的表达方式是岔断次准则最为突出的表达方式。

1. 喻意歇后关系

一般情况下,喻意歇后是表层意义和真实意义之间有内在意义关联的,具有丰富的内部意义关系,前一部分是一个比喻,后一部分是对前半部分的解释。喻意歇后的关系大致可以以下分为三大类。

(1) 直接而且比较明确地使用比喻形成歇后关系。例如:

　　黄鼠狼给鸡拜年——没安好心
　　猫哭老鼠——假慈悲

(2) 所表述的行为、活动或物象具有某种特点,但特点不十分显现,常通过某种暗示、比喻而形成歇后关系。
①需要总结出某一特点才能看出比喻,形成歇后关系。例如:

　　快刀切豆腐——两面光（都具备光滑的特点）
　　石碑上钉钉子——硬碰硬（都有坚硬的特质）

②通过特点来暗示或有所暗示进而比喻形成歇后关系。例如:

　　擀面杖吹火——一窍不通（以擀面杖无气孔可以透气吹火的特点,暗示无气孔透气,进而用无气孔能通气来比喻对事情任何关键的部分都不懂。）
　　百年松树,五月芭蕉——粗枝大叶（以松树老的特点暗示枝粗,以五月时芭蕉长势很旺的特点暗示叶子大,再以粗枝大叶比喻做事粗心大意,不细致。）

(3) 所表述的行为、活动或事象会有某种结果,以这种不易准确看出的结果来比喻或暗示,或者先暗示再比喻,可继续分为两个次类。
①必须思考出某种结果才能发现比喻,形成歇后关系。例如:

　　哑巴吃黄连——有苦难言（哑巴吃黄连,虽然感受到强烈的苦味却无法言说）
　　咱们是一根绳上的蚂蚱——跑不了你,也跑不了我（通过一根绳子

上拴两个蚂蚱,形成互相牵制关系都无法跑开逃脱的结果来比喻)

②通过结果而暗示或有所暗示再进而比喻,形成歇后关系。例如:

泥菩萨过河——自身难保(以泥菩萨过河会被河水浸湿身躯,使泥做的身躯松软乃至毁坏的结果,暗示危难之时泥菩萨不仅不能发善心救人,自己还需要救助,在以此暗示来比喻当事人的自身难保)

白布进染缸——洗不清(以进染缸的白布染上了颜色的结果,暗示这样的布不能再洗白,再以所暗示的情况来比喻耻辱、污点、罪名等无法洗刷掉)

2. 谐音歇后关系

一般以所表述的事象来暗示某种结果或成因的情况,再利用谐音,移花接木地转移出大不一样的真意,这种歇后关系表现出奇特、诙谐的特征,谜面的猜测性比较强。这种歇后关系有两个分类,一类改变了字形字义,另一类改变了词汇内部的构成关系。

(1) 改变了字形字义的谐音歇后关系。例如:

坐飞机弹钢琴——想(响)得高(暗示飞机上弹奏钢琴发出的声音响在高空中,使"想"谐音于"响")

猪鼻子插大葱——装相(象)(暗示猪装扮成大象的模样,再使词"相"谐音于"象",表示相貌样子)

秃子打伞——无法(发)无天(暗示秃子头上不长头发,使"法"谐音于"发",表示法律)

孔夫子搬家——尽是输(书)

(2) 改变了词汇内部的构成关系。例如:

半天云里打灯笼——高明(暗示高空处明亮,又使表示该意义的短语"高(处)明"谐音于复合词"高明")

井底雕花——深刻(暗示在地下深处雕刻,使表示该意义的短语

"深刻"谐音于复合词"深刻")

巴掌里长胡须——老手(暗示老的手,又使表示相应意思的短语"老手"谐音于复合词"老手")

二、转移次准则

转移次准则表现为在话语中,词语的言语意义发生转移,从而造成主体语言经验、审美观念与现实话语的矛盾冲突,产生幽默情趣。转移包括两种情况:转移言语基本意义,存在反语、飞白等具体表现形式;转移附加意义,存在易色、降用等具体表现形式。

(一)转移言语的基本意义,构成矛盾冲突的具体表现

1. 反语

反语就是指故意使用与本来意思相反的词语或句子来表达本意,从而使话语产生幽默情趣,也称为"倒反""反话"。反语多用于揭露、批判、讽刺等方面,使文章富有战斗性,表现出风趣、幽默、诙谐的风格,使语言富有变化。例如:

鲁迅《藤野先生》:上野的樱花烂漫的时节,望去确也像绯红的轻云,但花下也缺不了成群结队的"清国留学生"的速成班,头顶上盘着大辫子,顶得学生制帽的顶上高高耸起,形成一座富士山。也有解散辫子,盘得平的,除下帽来,油光可鉴,宛如小姑娘的发髻一般,还要将脖子扭几扭。实在标致极了。

("标致"一词是反语用法,实际意义是丑陋。)

夏衍《包身工》:有几个"慈祥"的老板到菜场去收集一些菜叶,用盐一浸,这就是他们难得的佳肴。

("慈祥、佳肴"都是反语,分别表示"凶残、难吃的饭菜"是实际意义。)

朱自清《生命的价格——七毛钱》:"仁慈的"主人只宰割她相当的劳力,如养羊而剪她的毛一样。

("仁慈的"是反语,实际意义是不仁慈的。)

老舍《十年百花荣》：国民党当局对作家格外"优待"，几乎每个作家都有个特务"保护"着。一来二去，作家就被"护送"到监狱或集中营去"享受"毒刑与杀戮。

（"优待、保护与护送、享受"都是反语，分别表示"虐待、监管、遭受"的实际意义。）

2. 飞白

飞白即模仿、记录或援引他人言语运用中出现的错误或者作者自己故意错误运用某些话语，来造成幽默情趣。飞白又有语音飞白、词语飞白（仿词）、语法飞白等具体表现形式，多种飞白形式交错出现，糅合于一体，表现出的幽默情趣必定特别强烈。例如：

徐怀中《西线轶事》：女子总机班听到了"透露社"的消息，说上级已经决定不让她们上前线去。

这里"透露社"的使用就是飞白，有一个新闻媒体叫做路透社，同时作者借用透露的意义，造成幽默风趣的表达效果。

特征最为突显的是20世纪30年代时任山东省主席的大军阀韩复榘，在齐鲁大学的校庆大会上发表过的一篇训辞，就是多种飞白形式交错出现，令人捧腹，现摘录如下：

诸位、各位、在其位：

今天是什么天气？今天是演讲的天气。开会的人来齐了没有？看样子有五分之八啦，没来的举手吧！很好，都到齐了。你们来得很茂盛。敝人也实在是感冒……今天兄弟召集大家，来训一训，兄弟有说得不对的地方，大家应该互相谅解，因为兄弟和大家比不了。你们是文化人，都是大学生、中学生和留学生。你们这些乌合之众是科学科的、化学化的，都懂七八国英文。兄弟我是大老粗，连中国的英文都不懂……你们是从笔筒里爬出来的。兄弟我是从炮筒里钻出来的。今天到这里讲话，真是使我蓬荜生辉，感恩戴德。其实我没有资格给你们讲话，讲起来嘛，就像……就像……对了，对牛弹琴。

(二) 转移言语的附加意义

1. 易色

所谓易色就是指变异话语的感情色彩、形象色彩、语体色彩、时代色彩等等，形成褒义词贬用、贬义词褒用、雅词俗用、俗词雅用、古词今用、今词古用等多种形式，以此形成幽默情趣。

（1）褒义词贬用

钱钟书《围城》寡妇也没有请李梅亭批准，就主仆俩开了一个房间。大家看了奇怪，李梅亭尤其义愤填胸，背后里嘀咕了好一阵："男女有别，尊卑有分"。

李梅亭是赶往三闾大学赴任的教授，他和他的几位同事在途中遇到一位年轻的寡妇及其男仆。李梅亭对年轻寡妇颇为温情，夜宿旅馆时，寡妇与其男仆同开房间，使李梅亭揩油美梦落空，于是"义愤填胸"起来。其中"义愤填胸"就属于褒义词贬用。

（2）贬义词褒用

"你最近有什么好事，老实地坦白！"

"坦白"带有贬义感情色彩，指"如实地说出自己的错误或罪行"，但在这句话中很显然带有褒义感情色彩，指"如实地描述最近发生的好事"。

（3）多种形式杂糅

《八十年代情话录》：
仲夏夜，在深圳的一座公园里，一对恋人的谈话将我惊醒。
"我得到一条信息，你爱我，爱得很深，是吗？"
"这条信息反馈得真快！"
"看来是真的了！太好了！我……我恨不得……恨不得承包……"
"承包？承包什么？"
"承包您的全部爱情！"
"小点儿声！你的喉咙，调频调幅、立体声似的，你就不怕难为情？"

"我不怕难为情,难为情怕我!难为情见到我,比高速公路上的轿车跑得还快。"

"不许你大声说话,又不是做广告,不需要搞得人人皆知!"

"不会有人听到的!这儿是公园里最幽静、最没有人来的地方,是恋爱的特区!"

"尽管如此,我仍然希望你的声音向下浮动一级!"

"请原谅!我实在太激动了,我将担任你丈夫,是任期制……"

"任期制?"

"一直任期到我的终身!"

"你真的……真的不变心?真的会信守合同?"

"真的!我爱你的政策五十年不变,一百年不变!"

"不过,我父母会……他们会想出种种法子卡我们,两个人一道卡,双卡!"

"就是两面针也不用怕,我也有针,有一根永远爱你的方针!"

"他们会说你没有文凭。"

"没有文凭不代表没水平。"

"他们会说你工资偏低,会说现在是'既要买领带又要买录像带'的时代……"

"录音机要双声道的,洗衣机要双缸的,电冰箱要双门的,是不是?"

"你说的和我妈说的、和原版的一模一样!"

"我不需要你父母的赞助!"

"可我父母说,没有这三个'双',你就别想跟我成双,就别想'两户一体'!懂吗?两户一体,你一户、我一户,合成一体……"

"假如我不能自筹资金,那怎么办?"

"他们说,那就……就把'一体'的'体'字拿掉一横……"

"'体'字拿掉一横?"

"变成一休!"

"一休?日本动画片中的那个小和尚一休?"

"对对对,你这聪明的一休!"

"想叫我成和尚?"

"是和善,不是和尚。我希望你能和和善善地跟我父母谈谈,他俩不是机器人，是有感情的，会通情达理的。"

"那我引进你的思想，去试试……"

"不好，那边草地上睡着一个人，还拿着远程录音机！"

"快……"

……

上述这段话语使用了大量20世纪80年代的现代科技术语、商业术语，使之富有时代特色，形成与众不同，情趣盎然，幽默诙谐的表达风格。

2. 精细

所谓精细就是指在言语交际中，如果在可以使用概略数据表述时，说话人偏用精确的数字做精细的表述，从而产生一种不和谐，就能够造成幽默情趣。例如：

"请给我盛二分之一碗饭"。

王蒙《说客盈门·第四章统计数字》：在六月二十一日至七月二日这十二天中，为龚鼎的事找丁一说情的：一百九十九点五人次（前女演员没有点名，但有此意，以零点五计算之）。来电话说情人次：三十三。来信说情人次：二十七。确实是爱护丁一，怕他捅娄子而来的：五十三，占百分之二十七。受龚鼎委托而来的；二十，占百分之十。直接接受李书记委托而来的：一，占百分之零点五。受李书记委托的人委托而来。或间接受委托而来的：六十三，占百分三十二。受丁一的老婆委托来劝"死老汉"的：八，占百分之四，未受任何人的委托，也与丁一素无往来甚至不大认识，但听说了此事，自动为李书记效劳而来的：四十六，占百分之二十三。其他百分之四属于情况不明者。

上述这段话是作者描述许多人为一个连续四个月不请假不上班、拒不接受教育而被开除了的合同工（龚鼎）说情的情况。作者不惜笔墨使用大量精确的数字和百分比加以极其详细的描述，使原本没有冲突效果很平常的一件事情，在"概述"和"精细"的不和谐中，具备了幽默情趣，使读者体味出作者的真正意图。

三、降用次准则

降用次准则体现在利用语言形式,在心理上故意降低或升高幽默对象的等级,使崇高者鄙俗化,庄严者油滑化,精神者具象化,使人"物化",借此释放说话人的情感,产生幽默情趣。

降用就是指把通常只在一些大场合、大事件中使用的词语用于跟它极不相称的小场合、小事件之中,这种把大词降级使用的小题大做的方法能使词语和语境之间形成强烈的不和谐,从而产生出幽默情趣。

> 查建英《最初的流星》:爱情好比小偷,春天就是窝主。不记得是那位文豪说的,真有意思。

总之,幽默原则的运用要有一定的范围,要遵循不协调性、情趣性、适切性三大主要特征,切忌调侃崇高,调侃人们心中的伟人或崇拜对象以及崇高事物;幽默原则的体现还要切忌庸俗、低级趣味,要展现出文明健康的情调。

所谓"不协调性"就是指在言语交际中,无论是话语内容还是话语形式,任何一个打破常规,必定会呈现出不协调特性。幽默的美正是来自于平衡态被打破的过程。反之,合乎常规、平衡协调的话语必然呈现出平稳的态势,很难引人发笑,也就达不到幽默的效果。

所谓"情趣性"就是指在幽默准则的使用过程中,要体现一种轻松、愉快的情调趣味,应该在言语交际中体现一种和谐多样的风貌,闪现出机智的光辉。否则必然带来负面影响,背离预期的交际效果。

所谓"适切性"就是指幽默准则必须妥帖地适合语境的需要。在使用幽默准则的时候,一定要注意区分交际对象、交际场合,不能以逗笑为交际的最终目的,对长者使用幽默准则时应当小心谨慎,对属下、晚辈应当机智风趣,以不减损威严为恰当。只有谈论的话题切实适合,交际的双方才能真正领悟幽默,感受幽默。

只有当我们严格遵循了上述原则,我们才能营造出文明健康的幽默氛围,才能完美实现幽默,能够增添欢乐、消除隔阂、缓解矛盾、摆脱困境等表达功能，营造一种睿智诙谐的高雅情趣。

第三节 克制准则

在汉语言语交际过程中，交际双方受得体原则的制约，除了要遵循礼貌准则、幽默准则之外，还要遵守克制准则，即宽宏礼貌地处理交际过程中的问题，而克制准则和汉语中扬升抑降有着密切的关系。扬升抑降是指在言语交际中说话者相对于听话者或听话者相对于说话者的位置的升高或降低。扬升和抑降给对方一种尊重还是贬低的信息，也就是听话者与说话者之间的位置如何。在社会同等关系中，交际的双方之间的社会地位平等。不礼貌的扬升抑降会使听话者不愉快，或处于窘迫的情况，但在实际的交际过程中，很多时候及场合又要求交际者必须使用不礼貌的扬升抑降，如批评指责对方、要求对方去做事、否决对方观点看法、需要对方帮助，等等。在这些情况下，交际者要运用克制准则的策略来缓冲和减弱不礼貌扬升抑降所带来的负面影响，主要表现为暗指、被动抑降准备、升格和委婉语等具体表现形式。

一、暗指

暗指就是采取间接言语行为来指向事情本身，包括采用不同言语形式和采用不同言语内容两个方面。

（一）采用不同的言语形式

利奇曾经谈到，在研究过程中，可以保持同一个命题的内容，而只需增加这个命题言语行为的间接性，便可以使得该句越来越客气。同时，他也认为一个言语行为越间接，给听话者的选择性就越大，也就越礼貌。换言之，越间接越礼貌是以"保持同一命题内容"为前提，只有在间接性言语行为与不够间接性言语行为都表达同一命题的内容时，才能谈论哪一种更为得体礼貌。我们依然沿用利奇（Leech, 1983：108）的例句来进行说明。

Answer the phone. 接电话。
I want you to answer the phone. 我要你接电话。

Will you answer the phone? 你去接电话好吗？
Can you answer the phone? 你能去接电话吗？
Would you mind answering the phone? 你去接电话不介意吧？
Could you possible answer the phone? 你去接电话，好不好？

上述六个例句，依次间接性越来越大，因而礼貌程度也呈一种递增趋势。这六个句子中，第一个最直接，最不礼貌得体，第六个句子最间接，最礼貌得体。从语法形式看，第一个句子是祈使句，表命令；第二个句子是陈述句，表示直言陈述；其余四个句子均是疑问句。四个疑问式的句子中，前两个是一般语气，后两个是虚拟语气。由此我们可以得出结论，在要求别人做某事时，疑问句最为礼貌，其次是陈述句，最不礼貌的是祈使句。

（二）采用不同言语内容

其实，这个方面的内容有些类似中国兵法中"声东击西"的策略。当你要批评指责他人时，一般不采用直接批评的方式，要遵循克制准则合理规避。比如说，某人工作自由散漫，领导不直接批评他，而是当着他的面表扬别人在工作中遵守纪律，来间接批评他。

二、被动抑降准备

所谓"被动抑降准备"就是指在抑降听话者之前先做一些铺垫工作，实现减轻听话者被抑降后的不快心情或者使听话者对所要讨论的话题有心理准备的目的。能否达到交际目的是衡量交际得体与否的主要标准。既要达到交际目的，又不能过于直接，造成不得体情况出现，这本身就是矛盾。解决的办法就是不断调整自己的间接语言行为，直至达到交际目的。例如，在批评人时，要先肯定被批评者的优点，再指出缺点。甲向乙借钱，但不先提出借钱，而是先做铺垫工作，如："我这个月钱用得真快！"或"你这个月有多余的钱吗？"

由此可见，能用于铺垫的句子很多，但它们必须与交际目的有相关性。做铺垫工作的益处在于使说话者和听话者都主动，像上面谈到的借钱。如果听话者从铺垫中领会了对方的交际意图，他可能会主动提出："我借些钱给你"或"我这个月钱也很紧"，或者就是不谈钱的事，而扯其他问题（表明不愿借)。这样,有些交际活动可以在铺垫之中得体地完成,使交际者回避了直接表明意愿等会令交际的双方彼此尴尬的问题。

三、升格

所谓升格,就是对表示不好或不礼貌的人、物和事的词语使用提升其地位的表达方式,这也是交际者常用以减弱不礼貌抑降的一种方法。升格也要讲究策略,否则会适得其反。首先,要注意被动扬升的相关性,即被动扬升的内容与交际目的要有联系,如果没有联系,就可能被听话者理解为被动抑降。例如,乙生病,甲与其他人去探望,其他人都慰问乙的病情,但只有甲一进门就开始大谈乙家装修的豪华气派。在这种情况下,人们只能认为甲的交际目的不是被动扬升,而是被动抑降,因此暴露出交际活动不得体的问题。其次,要注意扬升的程度要符合现实交际情况的需要,否则也会造成交际活动不够得体,就会产生不礼貌的印象甚至具有讽刺挖苦的意味,也等于被动抑降,且是超过一般程度的被动抑降。例如,甲的一位朋友喜得贵子,但孩子长得较丑。甲去探望时对朋友的儿子扬升过高,说:"这孩子长得真俊,绝了!",就不符合现实交际情况的需要,在甲的朋友看来,无疑是被抑降,带有讽刺挖苦的意味。但是对关系亲近的人,使用表面上不礼貌降位的词语来表达礼貌升位也是常见的一种表达方式。例如:

《红楼梦》第十九回中:"宝玉道:'我也歪着。'黛玉道:'你就歪着。'宝玉道:'没有枕头,咱们在一个枕头上罢。'……黛玉听了,睁开眼,笑起身道:'真真你就是我命中的魔星——请枕这一个!'说着,将自己的枕头推给宝玉,又起身将自己的再拿了一个来枕上"。

这段话中的"魔星"指宝玉,表面看,黛玉骂宝玉,不礼貌抑降他,实质却是礼貌的扬升来表示他俩关系密切融洽。在汉语交际过程中,常出现如"你这个坏家伙!""你这小子!""你这小鬼""你这没良心的、你这挨刀的",等等,都属于此类。

四、委婉语

在现实言语交际中，得体原则的运用能帮助说话人实现礼貌的目的，减少了诸多摩擦和不愉快。人们在交际中使用委婉语，故意违反合作原则，遵循得体原则，达到交际目的。在世界上任何一种语言交际活动中都会存在着语言禁忌，语言禁忌和其他某些在特定场合中不宜使用的词语一样，与委婉语有着必然的联系。

英语和汉语在雅语和秽语上都有对应的表达式，对死亡、性、排泄等都有委婉得体的表达方式。但是英美等西方国家和汉民族由于文化背景的不同，在语言交际活动得体的具体使用及表现上还存在一定差异。

（一）委婉语的内涵

委婉语是指当人们不能或不愿意直截了当地说出禁忌的名物或动作，而又不得不指明这种名物或动作时，就用动听的词语、温和含糊迂回的说法替代粗俗生硬直率的说法，闪烁其词、拐弯抹角、迂回曲折地用与本意相关或相类的话来代替，用隐喻来暗示，用曲折的表达来提示，用一种无害的或悦耳的词语替代一种较直接的、唐突的言辞，用善意的话语把事实掩盖起来的修辞手段，也属于一种减弱不礼貌抑降的表达方法。"委婉语具有较好的表达效果，在修辞上也叫做'婉曲'和'避讳'。"英语和汉语对委婉语的定义基本上一致，指人们在交际过程中，根据会话礼貌原则，常用含蓄、温和、文雅、婉转、无刺激性的语言代替生硬、直率、粗俗、恐惧、带刺激性的语言，帮助谈话者克服交际过程中的心理障碍，淡化或排除各种不愉快的联想。在英语里，委婉语就是"euphemism"，意思是（example of the）use of pleasant, mild or indirect words or phrases in place of more accurate or direct ones（用令人愉快的、温和的词语或词组来代替那些直率的词语或词组）。"Euphemism"一词源自希腊语，词头"eu-"的意思是"good, well"（好），词根"pheme"的意思是"speak"（说），词尾"-ism"的意思是指"（该）动作或其结果"。整个字面意义是"speak well of…"（对……好言夸之，对……婉称之）、"good speech"（好的说法）或"words of good omen"（吉言）。

英语和汉语中委婉语涉及社会生活的方方面面，从不同角度反映了人们认可的行为准则、社会习俗、思维模式、审美情趣、价值观念和道德标准等。

人们渴望并追求各种美好的东西，然而，现实却往往与他们的想法和追求相反，存在着许多令人不快或难于出口的丑陋现象。在语言交际活动中并非所有的话题都能无所顾忌地畅所欲言，为了使语言交际活动能够顺利进行，只有将那些生硬、粗俗、令人恐慌不安、带刺激性的话语以含蓄、文雅、婉转、无刺激性的语言来取代。委婉语有助于交际双方克服交际过程中的心理障碍，淡化或消除各种可能引起的不快联想。委婉语可以说是人们交际活动中的一种"润滑剂"，是人们交往过程中为谋求理想得体的交际效果而创造出的一种有效语言形式，体现了得体原则在言语交际中的实际运用效果。

在言语交际所形成的语境中确认委婉语真正含义，需要听者或读者根据委婉语的生成过程来确定所指代的意思。委婉语的生成过程是一个以替代为基础的同义手段选择过程。不存在替代关系的话语不是委婉语，委婉语和处于同一聚合关系中的其他委婉语之间一般不能任意互换使用。委婉语的生成过程是动态的，制约同义手段的选择因素有：场合、对象、话题、目的、语体、文化心理、价值观，等等，其中重要的是场合、对象。委婉语不是单靠词汇就能决定的问题，离开场合和对象就难以判断该语言形式是否是委婉语。

任何一种语言与其他语言相比，都有共通性特征的表现，这是人们进行语言交际活动的基础，离开了这一基础，任何形式的语言交流都将成为不可能，委婉语的得体使用也是如此。汉语委婉语和英语委婉语虽然隶属于不同的语言交际活动，但它们之间也存在着共同之处。汉英都有涉及疾病、残障、死亡等凶祸内容的委婉语、职业委婉语以及有关人体隐秘部位的委婉语。但由于汉英语言交际活动中的主体来自不同的民族，思维模式、宗教信仰、风俗民情各异，因此他们所使用的委婉语也会有很大的差异。

（二）委婉语的语用功能

委婉语是语言组成部分之一，是世界各民族语言中普遍存在的一种语言现象。对于委婉语类别的划分，无论是汉语还是英语，大体上是一致的。从其在交际过程中的作用而言，委婉语的语用功能主要表现在以下三个方面。

1. 避免忌讳

委婉语的产生与语言的禁忌是密不可分的。语言的禁忌源于人们对语言与客观事物之间的一种误解，即把语言符号与客观事物等同起来。事实上，符号只是语言的一个系统，本身不具有生命力，但现实中人们往往把它与客观事物等同看待。交际中，委婉语可以让人避免使用禁忌的词语，使交流能顺利进行。

该类作用主要表现在将所用的委婉字顶（euphemised items）拔高，使言语交际活动的原意听上去雅致、温和些，使其比它们所代表的真实事物更体面、更重要。主要包括以下三方面的内容：

（1）对精神疾病、重大疾病和死亡的得体表述

在汉语交际活动中遇到对精神病、生理方面的缺陷和重大疾病的指称时，为了避免引起自己或对方的不快，往往也不宜直言。出于对病人同情的心理，人们常用各色各样的委婉曲折、得体含蓄的语言，像"行动不太方便、脑子有点毛病、脑子不太够用"等话语代替。例如，当说到"癌症"这种不治之症时，常用"（部位）长了不好的东西"来进行替代。

（《红楼梦》第十一回中也有这样的表现:）
"尤氏道：'我也暗暗叫人预备了。就是那件东西不得好木头，且慢慢地办着呢'。"

这里所说的"那件东西"是指棺材，因怕刺激对方，导致不礼貌抑降的产生，所以降对方的位。除此之外，在现实生活中，当一些病人已无法医治，家属却常常询问其预后前景时，医生常会有类似回答："能吃点什么就吃点什么，能喝点什么就喝点什么……"，这样的表达方式也符合现代汉语交际得体性的需要。

汉语使用者在一般禁忌语中，最典型的莫过于对"死亡"现象的禁忌。人的生老病死本是不可抗拒的自然规律，然而东西方民族都对"死"的说法予以回避禁忌。因为"死亡"是一种不幸、一种灾祸，人们把"死"字隐去，有时是为了怀念死者，有时是为了赞美死者，有时只是避免重提这个可怕神秘的字眼，因此出现了大量的委婉语。如英语中 to go to sleep（长眠），to pass away（去世），to be gone to a better place（去了更好的地方）；汉语中"升天、享福、闭眼、上天堂、走了……"，等等。英语使用者还将 belly（肚子）婉称为 stomach 或 tummy。事实上，英美人士不仅对不治之症和生殖系统的疾病加以讳饰，就连一些常见病，如呕吐、腹泻等也不愿直接说出来。有的人不愿说自己"生病"，只说"not look well"（脸色不好），"not feeling well"（有点不舒服）。"疾病"也用"trouble"（麻烦）或"condition"（状

况）等词语来代替。

（2）对尊长指称的得体表述

中国人特别注重避名讳，就是为了表示对封建君主和尊者的敬畏，必须避免直接说出他们的名字而采用别的方式加以表达。在封建社会，规定要为帝王讳、为尊者讳、为亲者讳。在封建社会里，人们不能直接称呼帝王、君主、尊者的名字。倘若不得不称名，就得借用其他词语来代替。避讳的方法很多，如改写、空字和缺笔等。避讳是封建宗法制度的产物，是家天下和尊敬祖宗的一种体现。避讳制已随封建制度的结束而灭亡，但其造成的心理影响并没有完全随之消亡，为了逢凶化吉或出于礼貌上的需要，人们还在进行着各种形式的避讳。

讳称形式多种多样，归纳起来主要是国讳和家讳两种。"国讳"是封建统治者运用国家权力强令臣民们为之避讳，如中国宋代时期的太祖皇帝未称帝时本名赵匡胤，其弟本名赵匡义，在他称帝后，其弟为了避皇帝的讳而改名为赵光毅。而"家讳"则是封建士大夫们为其尊者（主要是家族男性长辈）自行避讳。唐代著名诗人李贺，其父名李晋肃，元和五年李贺到长安应试，不料因父名晋肃，晋与进士的"进"同音，时人曰应避家讳，所以不得应举。

随着时代的发展，这种避讳之风虽然有所衰弱，但依然沿袭至今，在现代汉语的交际活动中表现为对于祖先和长辈不能直接称呼其名，晚辈不能与长辈同名或名字中有同音字、谐音字等现象，否则被认为是"欺宗"和"无礼"，被视为是一种极不得体、不合时宜的语言交际行为。与此恰好相反，西方人在称谓方面则随便得多，语言交际行为中与此相关的委婉语极少，甚至多数西方民族在晚辈的名字选择使用中常沿用长辈的名字，多数人喜欢直接称呼别人的名字，而不管对方的职务、年龄、亲属关系以及性别，甚至父子之间、母子之间也常直呼其名，算不上犯忌，这种语言交际行为也符合得体性原则的要求。

此外，如"老"在东西方有不同的含义。英美人士大都忌老、怕老，老与无能、体弱、孤单寂寞相联系，意味着已失去了对社会、对他人以往的价值，因此"老"成了生活中的一个大忌，不许别人说自己"老"，对"old"这个词尤为避讳。所以英语中有关"老"的委婉语特别多，反映了西方人特别讳"老"的社会心态。在英美，如果你称呼老人为"大爷"或"大妈"，甚至在公共汽车上给老人让座，人家不会认为你有礼貌尊重老人，反而会生你的气,他们不喜欢别人如此称呼、对待自己。在英语中"老"与"老人"的婉称俯拾皆是:golden years, a senior citizen, mature, an adult, elderly;养老院也有许多婉称:a home for adults, a nursing home, a rest home, a convalescent hospital;养老院的老人则含糊其词称 a resident。然而,汉语言交际过程中并不以"老"为禁忌,汉文化历来有"敬老尊贤"的传统价值观,中国家庭结构紧密,老人在家中普遍受到尊重与照顾,"老"是智慧的象征,"老"代表了你的辈分,是长者,应该受人尊敬。俗语有"人老是家中一宝"的说法,年老是智慧、睿智与尊崇的象征,所以汉语交际过程中常常采用"姓氏+老"的称呼语,往往传递的是更加尊敬的礼貌意味。"老"于中国人并不那么可怕,因而这方面的现代汉语交际过程中的委婉语也就格外少,主要还在使用的多数是古汉语中诸如"薄暮、结皓、华首、凋年、夕阳……"一类的委婉语,其实质都是对各自语言中同一个零度形式偏离的结果,指称意义一致,且约定俗成。

（3）对被认为社会地位相对卑微低下的职业及其从业人员的得体表述

在社会生活中,有的职业因工作性质和人们认识的角度不同,直言相称可能会使人产生轻视、不恭之类的联想,于是给从事这些职业的人带来心理上的不快。在语言交际活动中人们常常使用委婉的词语来取代那些被认为"低人一等"的职业名称,使那些看上去"卑贱低下"的职业显得冠冕堂皇,像是某些专门技术人员,因而显得"高贵",以达到语言交际活动的得体原则要求。

在汉语交际活动中,我们常常会使用"阿姨"来替代保姆的称谓、"物业协管员"替代保安、"门卫"替代"看大门的""美发师"替代"剃头的""清洁工、保洁员"替代"扫马路的、做卫生的"等说法,使言语交际活动更趋于得体优美。通过这些委婉的词语,在现代汉语的交际过程中可以及时有效地避免不礼貌情况的出现,使这些行业的从业者在自我介绍时不会感到自卑,使言语活动涉及这些职业工作者时也会显得有彬彬有礼,从而避免不必要的刺激,提高交际得体的表达效果。

同样,在英美社会里,人们对职业的地位相当敏感,职位上的差别往往反映人们在社会上地位的高低。为了平衡人们的心态,减少心理刺激,避免因职业歧视而引发社会矛盾,造成社会动荡,英语交际活动中也常把 cobbler（皮匠）称为 shoe rebuilder（鞋靴再造人）；dry cleaner（干洗工）称为 dry cleaning engineer（干洗师）；garbage collector（垃圾清运工）称为 sanitation engineer（环卫师）等。

总之，诚实谦虚是我们中华民族的美德，不管人们取得多大的成就，社会地位有多高，在与人交往时，我们要积极使用委婉语，避免使用"盛气凌人"的语言，使语言交际活动的得体性最大化地表现出来。

2. 避俗还雅——对性、生理现象的得体表述

无论东方还是西方，无论汉语还是英语都或多或少存在着令人难于开口的身体某些隐秘部位的粗俗词语。任何社会、任何时期，都是人们共同讳饰的话题，即便是在所谓开放的西方社会里，情况也是如此。只是由于东西方人们的文化观点、生活习俗的不同，因而所回避禁忌的具体词语有所不同罢了。人们在日常交往中或在比较正式的场合，当涉及有关两性行为、生殖或身体某些隐私部位时，总是尽量避免使用粗俗语言，而使用含蓄或中性词语构成的委婉语。使用委婉语就可以既能满足表达的需要，又容易为交谈双方所接受，以使交际双方不为此感到尴尬。

于是，长期以来人们自觉或不自觉形成了一套得体的语言交际活动准则：待人接物，出言吐语，宜宽慰而不宜刺激，宜文雅而不宜粗俗。在得体的语言交际活动中，人们总会想方设法使用模糊、曲折迂回的委婉说法，将可能产生的尴尬、不快降低到最小的程度。所以当人们谈及到性行为、身体部位、生理现象、衰老、体重等伤人的话题时，常使用委婉语，这是汉语交际活动中最常使用的委婉语类型。现代汉语交际活动对生理状况的指称得体使用委婉语的情况很多。比如，人们常把"大小便"称为"去卫生间""到1号去""方便一下"等；将"屁股"婉称为"臀部"；放屁的生理现象婉称为"出虚恭"；马桶婉称为"恭桶"，上厕所婉称为"出恭、如厕"；将女性的生理周期婉称为"月信"；妇女怀孕了不宜直说，只说是"有了""行动不便""怀上了""有喜"等。

3. 表尊重与敬仰

在现代汉语交际过程中，当人们谈及到长相的话题时，为了表达得体常使用委婉语，面对同样的词汇意义，常常会善意地选择褒义和中性词汇，而尽量避免使用贬义词汇。例如：

    A. 她很丰满。

B. 她很胖。

这两个句子的使用，第一句明显比第二句得体礼貌，关键在于使用"丰满"一词具有褒义的倾向，从而避免了使用"胖"的说法会带来的贬义倾向，十分符合现代汉语交际活动的得体原则——礼貌准则。无独有偶，在英语交际活动中，形容某位女性长得胖时也常选用说"She is plump（丰满的）."的说法，而不是"She is fat."；当形容男子胖时则说："He is shout（结实）."，而不是采用"He is fat."的说法。形容某人长得丑时，也一般不会使用 ugly 一词，而是使用 plain, homely（平常的）。

汉语中表示谦恭、客套的委婉语也相当丰富，并且多数具有自谦自抑的语义特征。《战国策·赵策·触龙说赵太后》中赵太后与触龙有一段对话如下：

左师公曰："老臣贱息舒祺，最少，不肖；而臣衰，窃爱怜之，愿令得补黑衣之数，以卫王宫。没死以闻！"太后曰："敬诺。年几何矣？"对曰："十五岁矣。虽少，愿及未填沟壑而托之。"太后曰："丈夫亦爱怜其少子乎？"对曰："甚于妇人。"太后曰："妇人异甚。"……

"……今媪尊长安君之位，而奉之以膏腴之地，多予之重器，而不及今令有功于国；一旦山陵崩，长安君何以自托于赵？……"

上面这段引文中出现了"山陵崩""填沟壑"两个委婉语的使用，其实质含义都是指"死"，却隐含了交际对象的社会地位的差异。相对"山陵崩"专指皇室重要人物的死亡，触龙将自己的死亡称作"填沟壑"。"沟壑""山陵"相对应，二者身份高下立见，用得贴切得体，此处既顾及了太后的感情，又体现出了汉民族上尊下卑的得体原则。

在现代汉语交际中，还常常使用"孺子牛、老黄牛"等委婉语来称呼一些默默工作，为他人、为集体忍辱负重的人，得体地表达出谈话者对被指称对象的尊重与敬仰。

同样，在英语中使用委婉语表示尊敬的语气也不乏其例。英语也有表示尊重对方、赞美对方的词语，但都不含自谦自抑的意思。如恩格斯在《在马克思墓前的演说》一文中写到：The great living thinker ceased to think.（最伟大的思想家停止了思考。）句中的"ceased to think"是表示 died（死亡）一词的委婉语。

总之，在语法学范畴中非语法规则因素对交际得体性的影响，主要表现为要从礼貌准则、幽默准则、克制准则三方面来指导交际者熟练掌握和运用各种方式，以适合不同语境的需要，达到最佳得体的交际效果。

本章参考文献：

［1］索振羽：《语用学教程》，北京大学出版社2002年版。

［2］贾玉新：《跨文化交际学》，上海外语教育出版社1998年版。

［3］刘叔新：《汉语描写词汇学》，商务印书馆1990年版。

［4］沙垚农：《八十年代情话录》，载《重庆晚报副刊夜雨》，2004年10月8日。

［5］王蒙：《说客盈门》，载《人民日报》，1980年1月2日。

［6］查建英：《最初的流星》，见《留学故事》，花山文艺出版社2003年版。

［7］徐莉娜：《跨文化交际中的委婉语解读策略》，载《外语与外语教学》，2002年第9期。

［8］郭锦：《汉语与中国传统文化》，中国人民大学出版社1993年版。

［9］李国南：《词格与词汇》，上海外语教育出版社2001年版。

［10］雷永红：《跨文化交际中的言语合作原则》，载《西安外国语学院学报》，2003年第1期。

［11］曹春春：《礼貌原则和语用失误》，载《外语学刊》，1998年第2期。

［12］陈夏芳：《跨文化交际中称呼语的使用与语用失误》，载《东北师大学报》（哲学社会科学版），1997年第4期。

［13］陈宗伦：《论跨文化交际中的语用失误》，载《安徽工业大学学报》（社会科学版），2002年第11期。

［14］戴炜栋、张红玲：《外语交际中的文化迁移及其对外语教改的启示》，载《外语界》，2000年第2期。

［15］高启香：《跨文化交际中的语用失误及语用能力的培养》，载《交通高教研究》，2000年第3期。

［16］郝钦海：《广告语言中的跨文化语用失误》，载《外语教学》，2000年第7期。

［17］何自然：《语用学概论》，湖南教育出版社1988年版。

［18］何自然：《语用学和英语学习》，上海外语教育出版社1997年版。

［19］何自然、阎庄：《中国学生在英语交际中的语用失误》，载《外语教学与研究》，1986年第3期。

[20] 洪岗:《英语语用能力调查及其对外语教学的启示》,载《外语教学与研究》,1991 年第 4 期。

[21] 胡文仲:《跨文化交际学选编》,湖南教育出版社 1990 年版。

[22] 李悦娥、范宏雅:《"招呼语"语用失误分析及策略研究》,载《外语与外语教学》,1998 年第 11 期。

[23] 殷定芳:《从语用角度解读跨文化交际中的委婉语》,载《安徽工业大学学报》(社会科学版),2005 年第 1 期。

[24] 王隽:《东西方文化差异浅谈》,载《云梦学刊》,2006 年第 3 期。

[25] 罗添娴:《从礼貌用语的语用差异谈跨文化交际》,载《浙江青年专修学院学报》,2006 年第 3 期。

[26] 王希杰:《汉语修辞学》,北京出版社 1983 年版。

[27] 王希杰:《修辞通学》,南京大学出版社 1996 年版。

[28] 刘纯豹:《英语委婉语词典》,商务印书馆 2001 年版。

[29] 文军:《英语写作修辞》,重庆大学出版社 1991 年版。

[30] 程裕桢:《中国文化要略》,外语教学与研究出版社 1998 年版。

[31] 常敬宇:《汉语词汇与文化》,北京大学出版社 1995 年版。

[32] 张培基:《英汉翻译教程》,上海外语教育出版社 1980 年版。

[33] 陈宏薇:《汉英翻译基础》,上海外语教育出版社 1998 年版。

第五章

外国留学生使用程度副词得体性研究

第一节 程度副词与汉语交际得体性

一、程度副词对汉语交际得体性的干涉

程度副词是指表示某种事物性质或状态所达到的程度的副词，比如，"多""多么""很""更""非常""真""极""格外""万分""差不多""怪""顶""有点儿"，等等。与其他副词相比，具有黏着性强，定位性强，语义指向单一的特点。从语法功能看，程度副词一般可用于修饰形容词（比如，"好""脏"）、心理状态动词（比如，"担心""尊敬""忧虑"）、"有+名词"等述宾结构（比如，"有水平""有个性""受欢迎"）、助动词（比如，"会说""愿意"）和"得、不"的述补结构（比如，"合得来""吃不开"）。

现代汉语中的程度副词，是汉语副词中的一个重要次类，早就成为汉语语法研究的热点，并且取得了丰富的研究成果。但是，在对外汉语教学中，许多学校和教师认为，作为区别于其他副词所具有的共性，程度副词的基本语义和语法功能并不复杂，并不是留学生学习汉语的难点，因此也就没有作为教学重点。然而，经过多年的对外汉语教学实践，我们发现，许多留学生对程度副词的掌握并不好，特别是灵活应用不好，有的留学生在使用程度副词时还常常出错，比如，"我比他很瘦"；"我有一个太好的老师"；"我买了

一个好极了的钢笔";"他很气得要命";"他们真高兴地在玩";"今天一点儿冷",等等。究其原因,我们认为:程度副词虽然从基本的语义特征及语法功能上看并不复杂,但正如朱德熙先生所指出的:"不同的程度副词除了在语义上的程度有差别外,语法功能也不完全一样。"作为个体的每一个程度副词之间,以及同一个程度副词在和其他词语进行组合的时候却各具特点,有着较为微妙的差别。恰是这些微妙的差别,对于母语并非汉语的国外留学生来讲,就是学习的难点。留学生们正是因为对不同程度副词语义和语法功能上的差别重视不够、理解不深、掌握不好,所以在具体应用时才会经常出现使用不得体的现象。本文在汉语本体程度副词研究和第二语言程度副词习得研究的基础上,基于汉语中介语语料库进行研究,试图探求韩国留学生使用程度副词得体性的情况,发现韩国留学生在使用程度副词上存在的问题,并对学习者使用上的偏误进行分析,进而引导留学生深化对程度副词语法意义和使用规则的理性认识,不断提高语言应用能力和应用水平,帮助教学者进一步改进教学方法,推动词汇教学朝着更加合理、科学和规范的方向迈进。

二、研究范围及方法

现代汉语的程度副词是个为数不多,基本上是可以列举的封闭类。但各个语法论著所列举的程度副词也不尽相同。比如,丁声树等在《现代汉语语法讲话》中共列举了16个,朱德熙在《语法讲义》中共列举了17个,邢公畹等在《现代汉语教程》中共列举了19个,黄伯荣、廖序东等在《现代汉语》中共列举了21个,刘月华等在《实用现代汉语语法》中列举的常用程度副词为27个,夏齐富在《程度副词分类试探》一文中共列举了65个,张谊生在《现代汉语副词研究》一书中统计共列举了89个,蔺璜、郭姝慧在《程度副词的特点范围与分类》一文中列举了85个。在本章中,我们选取了在各家论著中观点比较一致并且使用频率较高的18个程度副词作为研究对象,即"很""更""非常""最""太""极""极其""更加""还""越发""格外""有点儿""略微""稍稍""稍微""顶""十分""挺"。

确定了范围以后,我们又对其从两个角度作了分类。一是按照王力先生的观点将程度副词分为绝对程度副词和相对程度副词。王先生曾在《中国现代语法》中指出:"凡无所比较,但泛言程度者,叫绝对的程度副词。""凡有所比较者，叫作相对的程度副词。"马真曾经结合比较句式对程度副词进行了考察，从形式上验证了王力先生分类的合理性。张桂宾将相对和绝对的意义阐发的更详细，具体说明了："当与客观的同性质事物相比较而体现出来的程度差别是相对性差别，表示相对性的差别的程度副词就是相对程度副词。""不与客观的同性质事物相比较，而与思想上的属性概念本身，即对概念的经验性的主观理解相比较而体现出来的程度差别是绝对性的差别，表示绝对性差别的程度副词就是绝对程度副词。"这里，我们沿用王力先生的分类标准，根据张桂宾的归类判断，将我们选取的18个程度副词进行分类，其中绝对程度副词9个，即"很""非常""太""极""极其""有点儿""顶""十分""挺"；相对程度副词9个，即"更""最""更加""还""越发""格外""略微""稍稍""稍微"。二是根据量级的差别对其进行再分类，既然是程度副词，其所表程度自然有量级的差别，我们根据蔺璜、郭姝慧的分类方法，分别将绝对程度副词和相对程度副词分为极量、高量、中量、低量几个层级序列。在我们考察的程度副词中，极量级的有5个，即"最""太""极""顶""极其"；高量极的有9个，即"很""更""更加""挺""还$_1$"（表程度深的为"还$_1$"，表程度浅的为"还$_2$"，后文中将具体分析）、"越发""格外""非常""十分"；中量级的1个为"还$_2$"；低量级的有4个，即"略微""稍微""有点儿""稍稍"。

本章使用的语料来自北京语言大学的汉语中介语语料库，该语料库共收录中介语语料三百多万字。为了保证样本的单一性，减少其他因素的干扰，本文只考察了韩国学生使用的带上述18个程度副词的句子，在语料库中进行了穷尽性的提取，令人遗憾的是对于"极其""越发""略微""稍微""稍稍""顶"6个词，我们没有找到其作为程度副词的语料，最后我们仅得到了另外12个程度副词的用例789个。在789个用例中，一、二年级即初级阶段出现了555例，三、四年级即中高级阶段出现了234例。

第二节　常用程度副词使用得体性分析

一、"很"的使用得体性

在现代汉语的言语现实中，"很"的使用频率相当高。在众多的语法学专著和教材中，比如，吕叔湘先生的《汉语语法分析问题》、朱德熙先生的《语法讲义》、丁声树先生的《现代汉语语法讲话》，以及胡裕树、黄伯荣和廖序东、张斌等先生主编的《现代汉语》等，普遍认为"很"是使用频率相当高的典型程度副词。综合各家研究成果，"很"作为程度副词，其主要用法有六种，即（1）位于形容词前；（2）位于助动词前或心理状态的动词前；（3）位于动词短语前；（4）位于某些带"得、不"的述补结构前；（5）用在"不……"前；（6）用在"得"后。这六种用法在韩国学生所使用的语料中都出现了，但习得情况不尽相同。下面分别进行分析：

（一）很+形容词

"很"位于形容词前，表程度高。这种用法在初级阶段语料中共出现了243例，其中使用正确的有234例，错误的9例，错误率为2.9%。需要说明的是，对于程度副词而言，使用正确即为得体，反之则不得体，这与其他词类还有一定区别；另外，本文中所说的正确是指程度副词使用正确，以及与其有关的语法正确，并不是指整个句子没有错误，在有些句子中，如果程度副词的使用以及与其有关的语法正确，即使该句存在其他语法或语义表述错误，我们也视该句正确。关于"很"位于形容词前，使用正确的语料，我们可举的例子有很多。

例1：我散步的时候，想【很】多事。

例2：随着我国跟中国贸易等经济方面的往来发展，【很】多韩国人来中国学习和工作。

例3：当我回忆起他的一辈子时，我的眼泪不禁【很】快地流下来了。

例4：青色的海边，绿色的橘子园和银白色的山上景色配得【很】漂亮。

例5：冬天天气【很】冷常常刮风，有时候下雪。

例6：医生的责任心应该是【很】强的。

上述六个例句，"很"与后面的形容词结合后所充当的句子成分不同，在例1中"很+形容词"作宾语的定语；在例2中作主语的定语；在例3中作状语修饰谓语动词；在例4中"很+形容词"作补语；在例5中直接充当谓语；在例6中的"很+形容词"存在于"是……的"判断句式中。

谓语和补语是句子层面上具有表述功能的成分；定语、状语是词组层面上的成分，有修饰中心语的功能。"很+形容词"既具一般的表述功能，又有修饰功能，因此可在句子层面作谓语、补语，也可在词组层面作定语、状语。可见，"很+形容词"的几种用法，留学生掌握得还是比较好的。但是，在一些句子中也存在问题，比如：

例7：不但中国的猪是文明猪而且它们的一辈子比其他国家的猪【很】幸福（它们一辈子只在很小的猪圈）。
例8：中国比韩国银行管理制度【很】破旧。
例9：学习三年以后我要说汉语【很】流利。
例10：我的家人都要说汉语【很】流利和清楚。
例11：母亲生命中的最后二十年由于患病承受了【很】大的痛苦。
例12：可是结婚提前，漂亮的姑娘【很】远的去了。
例13：现在我不想中国是外国【很】多有相通的地方跟韩国。
例14：丽丽：哥哥，【很】久等着我吗？
例15：我跟他们一起谈话的时候，我常常觉得他们都是【很】聪明，不愧是北大学生。

例7、例8都是比较句。前文已经提到王力先生曾经根据有无比较把程度副词分为绝对程度副词和相对程度副词两大类，马真结合比较句式进行考察，从形式上证实了王力先生分类的合理性。周小兵进一步提出："绝对程度副词只是一般地、独立地表明程度，相对程度副词则是通过比较来显示程度。"可见，他们都认为，绝对程度副词一般不能在比较句中出现，而相对程度副词才可以出现在比较句中。换言之，绝对程度副词的主要语法功能是一般的对性质的程度进行确认，而相对程度副词则是通过与其他对象的比较来表达程度。"很"是绝对程度副词，这两句中的"很"作为绝对程度副词是不能用在比较句中的，应改为相对程度副词"更"。

例9、例10中的"很流利"是用来补充说明谓语动词"说"的，应当直接放在"说"的后面，例9应改为"学习三年以后，我的汉语会说得很流利"；例10应改为"我的家人汉语说得都很流利和清楚。"

例11"二十年"在人的一生中应是一个漫长的岁月,而"很"表示程度高于一般水平,但并不是非常高或者最高的,根据语义这里若使用极量级的程度副词"极"更准确,因此应将句中的"很"应改为"极"。

例12"很远"在这里不是作状语修饰"去了",而应是作定语修饰一个"名词",应改为"漂亮的姑娘去了很远的地方"。

例13"很多"不是修饰"有",而是修饰名词,应改为"跟韩国有很多相通的地方"。

例14"很久"是用于补充说明"等"的,而不是修饰限制"等"的,应改为"哥哥等我很久了吗?"。

例15"很+形容词"可以直接作谓语,有时也兼有表示判断的意义,如果在句中使用了"是"作判断,就应进入"是……的"句式,因为"很+形容词+的"才构成一个名词性短语,作"是"的宾语,因此,应改为"我跟他们一起谈话的时候,我常常觉得他们都是很聪明的,不愧是北大学生。"

中高级阶段该项目语料出现了110例,其中正确的是108例,比如:

例16:【很】温柔、慈爱的妈妈也是一个女强人。

例17:广告的公司为了自己的产品给消费者留下深刻的印象,创造出【很】独特,很新奇的广告,引起消费者的关心和对产品的好奇心。

例18:这想这句话【很】清楚地反映了现在韩国人生孩子的观念。

例19:特别是上天都峰的路【很】险峻,而且路的幅度也很窄。

例20:但有一天她高中二年级的时候儿被打得【很】厉害。

上面的五个语料中,"很+形容词"充当句子或分句的成分是不同的,"很+形容词"在例16中作主语的定语;在例17中作宾语的定语;在例18中作状语;在例19中作谓语;在例20中作补语。

该阶段中只出现了2例错误,错误率是1.8%。分别是:

例21:刚到的第一天,我虽然身体,精神都是【很】累,但看他们的纯朴的表情和言行让我高兴,感不到疲劳。

例22:留学生活天天【很】都快乐。

例 21 的错误在初级阶段也出现过,"很+形容词"作谓语就含有判断的意味,应把"是"去掉,改为"我虽然身体,精神都很累"。另外,如果保留"是","很+形容词"后应加上"的"成为"的字短语"作宾语,成为"是……的"句式。

例 22 中涉及程度副词与其他副词连用时的位置问题,由于程度副词的定位性强,与其他副词连用时,一定要紧贴中心语,处于最内层,因此,该句应改为"留学生活天天都很快乐。"

总的来看,通过与初级阶段的语料对比,明显的变化是,到了中高级阶段与"很"搭配的后面的形容词更丰富了,范围更广了,出现了"很温柔""很独特""很险峻",等等,不再像初级阶段那样仅局限在"很大""很小""很多"等几个常见的词上了,而且由于"很+形容词"在句子或分句中充当成分不同,在初级阶段中错误率比较高的语序方面的偏误,也相应地避免了。这说明学生对"很"的习得已由初级阶段的会使用逐渐过渡到能灵活运用了。

(二)很+助动词/心理动词

该项目语料在初级阶段出现了 38 例,使用正确的有 35 例,错误率为 7.9%。比如:

例 23:看他的态度,明天他【很】可能不去。
例 24:二来,我【很】喜欢古色古香的北京大学。
例 25:太玉和喜贞都【很】希望用母语说话,但是没有用母语的机会。
例 26:以前我刚到北京的时候,我【很】害怕到商店去买东西。

以上的句中的"很"使用得都是正确的。
在这个项目中,错误的有 3 例,分别是:

例 27:姑子听见这句话【很】担心了。
例 28:这次是我来中国以后,第一次旅行,所以我【很】害怕了。
例 29:我也【很】想和他一起去了。

例27、例28、例29的错误相同，句末均应去掉"了"，"很"带有较强的客观性，是在客观的立场上叙述、评价说明一件事情所具有的性状、程度。语气词"了"放在句末增强了或强或弱的感情色彩，所以这里应把"了"去掉。

中高级阶段该项目语料出现了19例，全部是正确的，比如：

例30：杜梅也是普普通通的性格，跟所有的女性一样，【很】愿意听"爱你"句话。

例31：她【很】想占有方言的一切所以受不了方言跟别人在一起谈话，说开玩笑什么的。

(三) 很 + 动词短语

该项目语料初级阶段出现了24例，正确的为23例，比如：

例32：我们在南京住一天这是第一次我的旅行，【很】有意思。
例33：因为一来，我对国际经济【很】感兴趣。
例34：但是他做的包子【很】好吃。

该项目错误的有1例，错误率为4.2%，即例35。

例35：在谈话中，从上海来的一个人的说话很有意思，也【很】教育意义。

例35"教育意义"是名词，对于程度副词能否修饰名词性成分一直以来学界都有不同的看法。从20世纪60年代开始就有多方面的探讨。到80年代，"很中国、很女人、很青春、非常城市"一类的名词前加程度副词的说法，在口语及书面报刊，广播电视用语中日益活跃。张谊生从句法、语义、语用三维研究程度副词修饰名词的现象。名词体现的是一种中性量，与其他词类之间具有潜在的转换可能性，就是说名词可以转化其他词类如动词或者形容词或者活用为他类词，朴闰柱又重点从临时活用方面讨论了程度副词修饰名词的情况。对于看法不一，又比较复杂的问题，对留学生来说，理解起来是非常困难的，因此，为了避免产生误导，保证学生对于程度副词主要语法功能的掌握，这里我们暂且认为程度副词不能修饰名词。本句应在"教育意义"前加上动词"有"形成动词短语。

该项目语料中高级阶段出现了9例，其中正确的7例，比如：

例36：学习和时间它们俩【很】有关系，如果你觉得时间过得很快，这是表明你找到了一种有意义的事儿。

例37：我自己也觉得我爸爸很会控自己，而且很凶恶的人，但他在我和妹的面前还是【很】爱哭的一个人。

其中，错误的有2例，错误率为22.2%。比如：

例38：这部电视剧既生动地描写了中国年轻人的爱情观，又内容也是最近各种广播媒体热门话题，因此令人真【很】有同感。

例39：来华学汉语途中我对中国文学方面【很】有感兴趣。

例38出现了两个程度副词"真"和"很"，这种问题在我们的教学实践中也经常出现，"真"表示"的确""实在"，用以加强说话者的主观判断语气或借以抒发说话者的感情色彩，其所表达的程度起码在说话者心中是较高甚至是非常高的。"真"带浓厚的感情色彩，极具主观性，而且多用于口语。"很"既可以用于口语也可以用于书面语，其主观陈述性较强，多用于陈述、描写或客观评价的句子。修饰形容词或动词表示程度高于一般水平，但并不是非常高或者最高的。它们都可以作谓语，在单句或是没有关联词的复句中，仅仅是表达的语体色彩不同，如："今天天气真好！""今天天气很好。""小王真聪明，每次考试都拿第一名！""小王很聪明，每次考试都拿第一名。"而如果句子结构复杂，是带关联词的复杂形式，那么句子的陈述语气会因为关联词的存在而大大增强，这样的句子只能用"很"，不能用"真"。本句即属于这种情况，因此本句应改为"很有同感"。

例39是搭配问题，"很有兴趣"或"很感兴趣"都可以，没必要使用两个动词，因此应改为"来华学汉语途中我对中国文学方面很有兴趣（或很感兴趣）"。

（四）很+"得"的述补结构

该项目语料仅在初级阶段出现了 1 例,并且是正确的,即例 40。

例 40：她们的性格很活泼,酒量很大。所以跟我们【很】合得来。

（五）很+"不+……"

该项目语料初级阶段出现了 2 例,1 例是正确的,即例 41。

例 41：有时候我的儿子【很】不高兴。

其中,错误的 1 例,即例 42。

例 42：可能一般女的就没有什么自由,而且她是已经结婚的一个有丈夫的女的,所以她【很】不容易表现她自己的感觉。

例 42 这个复句中,"而且"后面的分句与前面的分句形成了递进关系,这里用程度副词"很"体现不出这种递进关系,应将"很"改为具有标志递进关系的另一个程度副词"更"。从另一角度来看,"更"是表示增量的副词,既表示客观增量,又表示言语情感的量的增加,如果复句中的后分句中用了"更",不仅使语势增强,也赋予了复句间的递进关系。

在中高级阶段中,该项目语料出现了 3 例,均是正确的,比如：

例 43：还有,这次我遇到了【很】不了解的事。
例 44：其实他们【很】不高兴,因为他们很愿意要男孩儿。

（六）"得"+很

该项目语料初级阶段仅出现了 1 例,并且是正确的,即例 45。

例 45：其次是那儿的水果多得很也好吃得【很】呢！比如说西瓜,苹果,鸭梨,哈密瓜等等。

该项目语料中高级阶段 6 例，其中 5 例是正确的，比如：

例 46：我一个人在房间里我自己可怜得【很】，非常恨我一个人的生活。

例 47：我们互相了解得【很】，如果有什么心事的话第一做的事找她们，说出心里的话。

另外 1 例是错误的，错误率是 16.7%，如例 48。

例 48：这个公园比中心公园大得【很】

例 48 还是比较句，比较句中不能使用"很"，应改为"这个公园比中心公园大得多。"

（七）小结

1. "很"的使用得体性概述

程度副词"很"它既可以用于口语，也可以用于书面语，在日常汉语的使用中应用得非常广泛。在语料库中初级阶段该项目语料共出现了 309 例，正确的为 295 例，错误率仅为 4.5%。中高级阶段该项目语料共出现了 147 例，正确的 142 例，错误率为 3.4%。上面的分析及有关的数据表明，在以上的六种用法中"很+形容词"习得最好，不仅使用广泛，错误率低，对其各种语法功能都有所尝试，在前文中着重作了分析。这样看来，在初级阶段留学生对于程度副词"很"的用法已经掌握得比较好了，到中高级阶段"很"的习得情况又有所进展，基本达到完全掌握。

2. 偏误类型归纳

上文中我们将带有程度副词"很"的错误语料一一列举，目的就是希望能够更准确地找出问题。基于上文的分析，我们将偏误分为四种类型：

一是语序错误，由于程度副词"很"的位置比较单一，而其与后面的成分结合后在句中的位置又比较灵活，留学生在使用过程中又很容易出错，因此这里将"很"及其连带成分作为整体来分析。这类偏误主要集中在"很+形容词"的形式中，由于"很+形容词"在句中既可以充当状语、补语，还可以充当定语和谓语，相对来说比较复杂。有些学生就误认为其只能放在谓语动词前充当状语,因此有时在句中"很+形容词"作定语修饰名词,他们也认为其作状语放在谓语动词前,如例12、例13。有时"很+形容词"在句中充当补语,他们却将其放在名词后,如例9、例10;或将其放在动词前充当状语,如例14。另外,此类偏误还出现在"很"与其他副词连用时,如例22。

二是混淆使用。如例7、例8、例42应使用"更"而误用了"很";例9使用"极"则更准确;例48又将"很"误用在比较句中。由此看来,留学生对于单个程度副词的特点以及程度副词之间的区别并不太清楚,在今后的教学中需要进一步加强。

三是多余使用。如例38只用"很"即可,而句中却使用了"真"与"很"。

四搭配不当。这里又分为两类,一类是由于对词性认识错误造成的搭配不当,如例35;一类是不符合对组合成分的搭配要求造成的搭配不当,如例15、例21、例27、例28、例29、例39。

二、"更"的使用得体性

《现代汉语八百词》和《现代汉语虚词例释》关于程度副词"更"的用法可以概括为:用作比较,表示程度增强;或表示与同类事情相比较程度进一步,可作"尤其"解。"更"在用为程度副词使用时,主要出现如下四种形式:

(1) 更+形容词

(2) 更+动词短语

(3) 更+不+形容词/动词

(4) 更+动词+得(不)+……

通过对初级、中高级语料的综合研究,我们发现无论在哪个阶段语料中均未出现第四种形式。因此,下面仅就前三种形式对韩国留学生的习得状况进行考察。

(一) 更+形容词

"更+形容词"的形式在初级阶段语料中共出现了24例,其中正确的19例,错误率为20.8%,正确的例子如:

例49：他跟我一起打羽毛球的时候，他打得比我【更】好。

例50：这样工作人员能够有【更】多的时间和家人在一起。

例51：我觉得家庭教育比学校教育【更】重要。

其中，错误的5例是：

例52：见一次面，谈的时间【更】长。

例53：那样的建筑物和美丽的环境很协调，构成一幅【更】美的风景画。

例54：同样的情况下，他们的说话更慢慢，【更】清清楚楚。

例55：那样子比桂林的风景【更】美丽，叫我们解除飞机来晚。

例56：在我们班上，照井【更】高。

例52、例53 语义上不含有程度增高之意，也不构成比较，不能使用"更"，应改为"很"。

例54"更"不能修饰形容词的重叠形式，如我们不说"更快快乐乐""更舒舒服服"，只有形容词的简单形式能受程度副词"更"的修饰。这是由于"更"是一个高量级的程度副词，"更"与简单的形容词之间具有量差，形容词显示基本量，"更+简单形容词"显示较高级次量，而复杂的形容词本身就显示出了较高级次量，不能再用"更"来修饰，因此改为"更清楚"就可以了。

例55 是主观上认为的，事实并不一定如此，不能用"更"。"更+形容词"表示的是客观增量。所谓客观增量，是以客观事物或情况为参照来加以比较所得出的增量。"主观量"是含有主观评价意义的量，与客观量相对立，这里表示的就是一个主观量，应将"更"改为"还"。

例56 使用"更"的两个必要的语义条件为，一是必须具有两个比较对象或形成两个比较对象的条件语句；二是两个比较对象必须具备相同的质。句中隐含的比较项"全班同学"不可能具有共同特征"高"，也就不能形成一个统一的比较项。所以"更"不能进入这种多比的比较句式中，因此这里的"更"应改为"最"。

在中高级阶段语料中"更+形容词"的形式共出现了9例，全部都是正确的。比如：

例 57：听说它是从秦朝开始建，但有的学者主张长城的历史比秦朝【更】早。

例 58：可是生了孩子以后的情况比新婚期间【更】严重。

例 59：我想说别那么相信，因为广告是为了【更】好出售产品做的。所以应说的是好的，

例 60：韩国的炸酱面味道比北京的【更】好。

(二) 更 + 动词短语

初级阶段该项目语料共出现了 6 例，其中正确的 5 例，比如：

例 61：所以我为了【更】了解中国的历史、文化、现代政治和经济来了北京。

例 62：回来路上他看见两个黄鸟一起玩。他【更】伤心。

例 63：【更】让我吃惊的是宿舍。

其中，有 1 例是错误的，错误率占 16.7%，即例 64。

例 64：弄懂我以前不知道的国家，这个可能是让我的人生【更】值得。

例 64 中的"值得"是动词，一般情况下"更"要修饰动词短语表示动作或事件在某个维度上量度的增加，所以应该将"值得"改为"有价值"。

中高级阶段该项目语料共出现了 3 例，其中正确的 2 例，如：

例 65：从这么个意义来说，这次旅游【更】有深刻的意义。

其中，错误语料 1 例，错误率为 33.3%，即例 66。

例 66：这棵树比那棵树【更】要高两米。

例66中"更"只能指出两项比较,谁的程度高以及高出程度的模糊量,用"更"的比字句中不能有确数词对超过的程度作补充说明,而高量级的相对程度副词"还"的比字句中可以有表示精确数量的词用在形容词后面补充说明程度超过的具体数目,因此应将句中的"更"改为"还"。

(三) 更 + 不 + 形容词/动词

初级阶段该项目语料共出现了3例,其中正确的2例,它们分别是:

例67:社会发展速度比美国慢、到处都儒教传统还渗透着的韩国的情况下,【更】不用再说了。

例68:妈妈讲完了,我【更】不明白,他们葫芦里卖的究竟是什么药。

其中,错误语料1例,错误率为33.3%,即例69。

例69:我刚来的时候,我的汉语水平,尤其是听力、口语【更】不好。

例69句中的"尤其"表示与其他事物比较时特别突出,在这个意义上"更"与"尤其"相同。两个相同意义的程度副词一般不连用,而"尤其 + 是"又是用来引进同类事物中需要强调的部分,所以这里应将"更"去掉。

中高级阶段该项目语料共出现了2例,都是正确的。它们分别是:

例70:一般女人讲究衣服,【更】不用说只有姐妹的家庭。

例71:婚姻之前,男人和女人的生活环境不一样,他们的性格也不一样,还有他们自己追求的理想也【更】不一样。

(四) 小结

1. "更"的使用得体性概述

初级阶段包含程度副词"更"的语料共出现了33例,正确的是26例,错误率为21.2%。由此可知,在初级阶段,留学生对于"更"用于比较来表示程度增高这一基本用法掌握的并不好,错误率较高。该项目在中高级阶段共出现了语料 14 例，正确的 13 例，错误率为 7.1%。这说明，经过一定时间的学习，留学生对"更"的习得有较大程度提高，特别是用于比较表示程度增高这一基本用法总体上掌握得较好，但也一定程度上存在着与其他程度副词混淆合用的错误，可见留学生对于"更"的习得还需要进一步加强。

2. 偏误类型归纳

一是混淆使用。如例 52、例 53 应使用"很"，而误用了"更"；例 55、例 66 应使用"还"，而误用了"更"；例 56 应使用"最"，而误用了"更"。

二是搭配不当。主要是忽视了与其组合成分的搭配要求造成的，如例 54、例 64。

三是多余使用。例 69 同时使用了"尤其"与"更"。

三、"非常"的使用得体性

"非常"是一个表程度高，但未达到最高点的绝对程度副词，其既可用于口语中，又可用于书面语中，因而出现的频率较高，主要用法一般有两种形式，即用在形容词前和用在动词前。

（一）非常 + 形容词

"非常"用在形容词前，在初级阶段语料中共出现了 28 例，其中 26 例是正确的，比如：

例 72：天天都是晴天，不冷也不热，【非常】凉快。

例 73：书题下边有一个【非常】可爱的小王子拿着一把剑。

例 74：我们玩儿得【非常】高兴，把时间都给忘了。

例 72 中的"非常"用来修饰限定后面的形容词，作状语。例 73 中的"非常"与后面的形容词构成状中结构的短语，用作定语。例 74 中的"非常"与后面的形容词构成状中结构短语，用作补语。

其中，错误的有 2 例，错误率为 7.1%，分别是：

例 73：到北京以后，我很【非常】忙。

例 74：喜贞说的英语也是地道的口语。英语说得比我【非常】好。

例 73 中"非常"和"很"共同修饰"忙",副词"非常"和"很"都表示程度高,但实际表示的程度并不完全相同。"非常"的程度比"很"的程度要高一些,但二者又都没有达到最高程度,是一对同义词。性质形容词前加程度副词而被量化或状态化以后,一般不能再受程度副词的定量。语言事实中出现的同类或异类程度副词的共现,一般是出于语用的需要。即使是语用需要,程度副词"非常"和"很"也不能同现,不能同时修饰一个中心语,应改为"到北京以后,我非常忙。"

例 74 中"非常"是属于绝对程度副词,如前文所分析的,绝对程度副词主要的语法功能是对性质的程度进行确认,程度的确认基于人们普遍的心理标准,更多地体现为一种心理认同,其比较标准是隐含的。而本句中有明确的比较标准,是属于显比,一般不使用"非常",应改为"喜贞说的英语也是地道的口语。英语说得比我好。"

"非常"用在形容词前,在中高级阶段语料中共出现了 6 例,全部都正确。比如:

例 75:现在回忆少年时代,电影对我的影响【非常】深。

例 76:我妹妹上的那座高中学习是【非常】严格的女生学校,看外貌连陌生人也能猜出来大概的情况。

例 75 中的"非常"作状语用来修饰限定其后面的形容词。例 76 中的"非常"与后面的形容词构成状中结构用作定语。

(二)非常+动词

"非常"用在动词前的形式,在初级阶段语料中共出现了 7 例,正确的有 6 例。在这 6 个例句中,全部是用在动词或动词短语前作状语。比如:

例 77:乾隆对此【非常】重视,命令大臣仿造西藏拉萨(当时喇嘛教的中心)布达拉宫另建一座。

例 78:她对家务劳动【非常】有能力,所以能解决吃的问题。

错误的 1 例,错误率为 14.3%,如:

例79：他一个人在房间里自己可怜得很，看样子，好像他【非常】病了。

例79"非常"并不是能与所有的动词自由结合，据考察，"非常"一般能够修饰带性质形容词语素的动词结构，某些心理动词和能愿动词及带心理动词和能愿动词的结构，某些弱动作性及物动词，某些表示抽象意义的述宾结构，只有这些结构中具备了一定的程度因子，它才能够被"非常"修饰。例句中的动词"病"是不及物动词，不具备任何程度因子，所以它不得受"非常"的修饰，因此可以改为"他一个人在房间里自己可怜得很，看样子，好像病得很厉害。"

"非常"用在动词前的形式在中高级阶段语料中共出现了2例，也都是正确的。比如：

例80：我从少年时代起【非常】喜欢看电影。

（三）小结

1. "非常"的使用得体性概述

由上述分析可知，在初级阶段语料中，程度副词"非常"共出现了33例，正确的30例，错误率为10%，在中高级阶段语料中，该项目共出现了8例，全部都使用正确。由此我们认为，对程度副词"非常"的习得，留学生在初级阶段尚存在一定的问题，经过一段时间学习后到中高级阶段已经有了明显的进步。

2. 偏误类型归纳

一是搭配不当，忽视了"非常"后面形容词或动词的存在条件，如例79。

二是混淆使用，例74将"非常"用在比较句中。

三是多余使用，例73将"很"与"非常"共用；例104"非常"在句中出现是多余的。

四、"最"的使用得体性

"最"是极量级的程度副词，表示某种属性超过所有同类事物。作为程度副词"最"有四种用法，即用在形容词前、动词前、方位词前以及与否定副词"不"连用。

（一）最+形容词

在初级阶段语料中，"最+形容词"的形式共出现了64例，其中正确的60例，比如：

例81：我想学习中文，将来，我要为中韩两国的友谊邦交，共同繁荣做出我【最】大的贡献。

例82：一般的女子二十四、二十五岁结婚的人【最】多。

"最+形容词"在例81中作定语，在例82中作谓语。
该项目中错误的用例4个，错误率为6.25%，分别是：

例83：在学习汉语中【最】困难的事情是口语，语法，还有听力。
例84：中华人民共和国是【最】多人口国家，多资源。
例85：世界上最大的国家，【最】多的人口就是中国。
例86：这是韩国的【最】古的抒情诗。

"最"表示某种属性超过所有同类的人或事物，而例83最困难的事情写了三种，显然是错的，应只保留其中的任意一种，或者将"最"改为"比较"。

例84、例85出现的是与程度副词有关的语法上的错误，"最+形容词"不仅仅可以修饰名词作定语，还可以作谓语陈述主语怎么样，这两句中的"最多"是来陈述"人口"怎么样的，而不是修饰限定"人口"的，因此"人口"应与"最多"组成主谓短语来做定语。因此，例84改为"中华人民共和国是人口最多的国家，资源也很多"。例85应改为"世界上最大的，人口最多的国家是中国。"

例86中的问题涉及汉语中"语素"与"词"的区分，语素是语言中音义结合的最小单位，词是语言中最小的能够自由活动的单位。"古"不能自由运用，它只是语素，而不是词，它要与其他的语素结合成词才能受程度副词的修饰，因此可将此句修改为"这是韩国最古老的抒情诗"，出现这类错误主要是由于汉语语法知识的欠缺造成的。

中高级阶段该项目语料出现了 26 例，正确的 24 例，比如：

例 87：第一，因为在农村还存在太多小农经济生产方式，体力劳动是【最】重要的生产手段，所以男人多就是劳动力多。

例 88：因为对我来说我的家庭是【最】理想的。

例 89：因为在家里的时候最舒服，觉得【最】安全，好像一种温暖的空气包围着我们。

该项目中错误的有 2 例，错误率为 7.7%，分别是：

例 90：年纪大的人过周末【最】多的活动是钓鱼，下象棋等类的体力消磨少的活动来过周末。

例 91：那样的活动其中【最】常见的是国内外的短期旅游和社会娱乐活动。

例 90、例 91 出现的问题与初级阶段例 83 的问题相似，也是关于"最"的基本用法的错误，可将"最"改为"比较"。

（二）最 + 动词/动词短语

这种形式在初级阶段语料中共出现了 14 例，其中正确的 13 例，比如：

例 92：我本来【最】喜欢中国菜。

例 93：在这个世界上，我【最】爱的就是我丈夫。

例 94：礼物刚刚收到，给我送来这种香茶，这是令人【最】爱喝的中国名茶。

其中错误的 1 例，错误率为 7.1%，即例 95。

例 95：如果不得不选五个人的话，【最】考虑什么？

《现代汉语八百词》中提到，"'最'可以修饰动词，动词一般限于表示情绪、评价、印象、态度等内心抽象活动的"。由于表心理状态、态度和感受的动词，不受时间和空间的限制，可以脱离时间流逝过程或处于无界状态，其主观程度性可以明显感知，因此能与"最"结合在一起。而例95句中"考虑"不是表示内心抽象活动的动词，不带有任何的主观程度性，所以不能直接用"最"来修饰。为保持本句的语义不变，"考虑"前应使用"最+形容词"进行修饰，整个句子可改为："如果不得不选五个人的话，最先（或主要）考虑什么？"

"最+动词/动词短语"的形式在中高级语料中共出现了5例，全部都是正确的。比如：

例96：我【最】喜欢的地方是颐和园，不仅面地和便道很宽阔而且水很干净。

例97：'张美花'——她是在韩国当年【最】受欢迎的流行歌手。

（三）最+方位词

这种形式在初级阶段语料中共出现了11例，全部都是正确的。比如：

例98：济州道位置于韩半岛的【最】南端，对着中国江苏省盐城。

例99：母亲生命中的【最】后二十年由于患病承受了很大的痛苦。

例100：我的座位是【最】上面的硬卧，怎么能上呢？

"最+方位词"这种形式在中高级语料中共出现了4例，也全部都是正确的。比如：

例101：【最】后老师对大家说圣诞老人来了。

例102：下山的路边的【最】后一棵送客松向我告辞了。

（四）最+"不……"

这种形式在初级阶段的语料中共出现了2例，全部是正确的，分别是：

例103：【最】不方便的是，中国人说话，我完全，听不懂。

例 104：我【最】不爱的老师是给学生没有关心，又没有爱的老师。

这种形式在中高级阶段语料中没有出现。

（五）小结

1. "最"的使用得体性概述

在初级阶段语料中，包含程度副词"最"的语料出现 91 例，其中正确的有 86 例，错误率 5.5%。在中高级阶段语料中共出现了 35 例，其中 33 例是正确的，错误率 5.7%。由此看来，"最"的习得可以说是比较好的，但中高级阶段习得情况与初级阶段相比并无进展。"最+方位词"这种形式似乎习得得非常好，无论是初级阶段还是高级阶段均未出现错误，但值得注意的是，初级阶段语料中有 9 句使用的是"最后"，中高级阶段语料中使用的都是"最后"。可见，虽然这种形式没有出现错误，但并不意味着留学生对该形式习得就不存在任何问题。

2. 偏误类型归纳

一是混淆使用。不应该使用极量级程度副词的地方却误用了"最"，如例 83、例 90、例 91 应使用"比较"，这种语法偏误由初级阶段带到了中高级阶段，出现了很明显的"化石化"现象。

二是语序错误。主要是由于对"最"及其连带成分的语法功能认识不够，如例 84、例 85。

三是搭配不当。主要是由于忽视了能受"最"修饰的成分的存在条件，如例 86、例 95。

五、"太"的使用得体性

程度副词"太"有两个基本义项：一个表示程度很高，相当于"非常"，本文以"$太_1$"表示；一个表示超过适当的限度或标准，相当于"过于""过分"，本文以"$太_2$"表示。下面分别考察"$太_1$"和"$太_2$"的习得情况。

（一）"$太_1$"的使用得体性

"$太_1$"多用于强烈的赞叹、赞赏，大多与褒义或肯定意义的词语相结合，可以有"$太_1$+形容词/动词""$太_1$+不+形容词/动词""不+$太_1$+形容词/动词"的形式。

1. 太₁+形容词/动词

这种形式在初级阶段语料中共出现了 3 例，其中正确的 2 例，错误率为 33.3%。如：

例 105：这里的风景【太】漂亮了！

错误的 1 例为：

例 106：中国人的习惯跟我们国家人的习惯差【太】多。

例 106 的句末应该加上"了"，或者将句中的"太"换为"很"。"太"是对事物性状的描写，带有或强或弱的主观感情色彩，后加语气词"了"进一步增强了语气。而"很"带有较强的客观性，可以在客观的立场上叙述，评价说明一件事情所具有的性状、程度。有人做过统计，含"太"的句子有 80% 以上句尾都有语气词"了"共现，而含"很"的句子，句尾却不能有"了"共现。这是和"很"与"太"的客观描述性和主观评述性以及"了"的具有加强肯定感叹语气的作用及夸张的修辞意义有关的。

该形式语料在中高级阶段语料中仅出现了 1 例，是正确的，即例 107。

例 107：那时，我觉得中国很新鲜，我【太】兴奋了。

2. 太₁+不+形容词/动词

这种形式在初级阶段语料中出现了 1 例，是错误的，即例 108。

例 108：这是【太】不公平的。

"太"是不能用在"是……的"强调句式中的。上文中提到"太"作为程度副词常带有强烈的感情色彩，句末常用"了"加强语气、强调感情，应该改为："这太不公平了"，也可以将"太"改为"很"，因为"很"可以用于这种句式，即："这是很不公平的"。

这种形式的语料在中高级阶段出现了 1 例，是正确的，即：

例109：但是，一个国家来承担地球的和平，【太】不像话了。

3. 不 + 太$_1$ + 形容词/动词

这种形式在初级阶段语料中共出现了 27 例，全部都是正确的。比如：

例110：我的宿舍附近有一个不【太】大的商店。
例111：因为同岛周围都是海边所以夏天不【太】热，冬天暖和。
例112：我的儿子比较胖，而且长得也不【太】好看，所以大部分女生不希望跟他坐在一起。
例113：因为农村交通不【太】方便而且父母不能每天接送，所以学校不得不设宿舍。

可见，留学生对这种形式在初级阶段就已经掌握得非常好。

这种形式在中高级阶段语料中共出现了 3 例，也全部都是正确的。比如：

例114："水"在人们的生活中是少不了的，但是大家好像不【太】重视它。
例115：由于天气不【太】好，我去的那天没有那么多人。

4. "太$_1$"的使用得体性情况概述

在初级阶段语料中出现"太$_1$"的用例共有 31 个，其中正确的 29 个，错误率占 6.5％，在中高级阶段语料中共出现了 5 个用例，全部都是正确的，看来习得得比较好。特别是减弱否定程度，含委婉语气"不 + 太$_1$ + 形容词/动词"的形式习得得最好，初级阶段语料中有 27 个用例，中高级阶段语料中有 3 个用例，均是正确的。

（二）"太$_2$"的使用得体性

1. 太$_2$ + 动词/形容词

"太$_2$"一般仅可放在动词或形容词前，形成"太$_2$ + 形容词/动词"的形式。这种形式在初级阶段语料中共出现了 18 例，正确的 16 例，比如：

例116：最气死我的是在一般观念上【太】轻视女人的作用。

例117：所以我们觉得【太】累，心情也不好。

例118：北京的天气【太】干燥，所以我得了两次的感冒。

例119：这不是因为我不喜欢他，而是因为结婚制度本身带来【太】沉重的负担。

其中错误的2例，错误率11.1%。

例120：按照古代传说，在那儿风、女人、石头【太】多，所谓称呼"三多岛"。

例121：快到二姐回家的时候，我们才感觉到她的房间【太】乱七八糟了。

将例120中的"太"改为"很"，句子就正确了。因为"$太_2$"与褒义性、肯定性词语相结合表示程度过分时，一般都会有后续句出现，其后续句往往是不如意、不良好的结果，这是由"$太_2$"否定性的语义倾向所决定的。而此例句中后续句并不是不如意、不良好的结果，前后语义关系不协调，所以是个"病句"。如果用"很"代替"太"句子就正确了。因为"很"没有否定性语义倾向，无论跟什么感情色彩的词语结合，只是在程度上加深了原有意义，并不改变词义的肯定或否定倾向。

例121中的"乱七八糟"本身就形容极端混乱，毫无条理和秩序，前面不需要加程度副词进行修饰，应该把"太"去掉。

在中高级阶段语料中，"$太_2$ + 形容词/动词"的形式共出现了13例，其中正确的11例，比如：

例122：还有有些父母对他们的学习要求【太】高使孩子感到失败感。

例123：因为人口【太】多，所以人均资源很少。

例124：可是，我这次来中国以后，我觉得中国父母的对孩子的教育关心【太】过分。

例125：原因是人们【太】相信广告内容引起了广告的副作用。

其中错误的 2 例，错误率为 15.4%。

例 126：第一，因为在农村还存在【太】多小农经济生产方式，体力劳动是最重要的生产手段，所以男人多就是劳动力多。

例 127：当时，我对中国的印象是物价【太】便宜、有很多名胜古迹、所有的公用设备不干净。

例 126 中，"太多"是作分句的宾语"小农经济生产方式"的定语，"太"及其连带结构作定语时，对句子是有一定要求的，要求句子的表意与"太"的"过头"的否定意义相一致，也就是说要么句子的谓语表示否定意义，要么前面有否定词"不""别"等。我们可以看几个"太"及其连带结构做定语成立的句子，就不难发现这个规律，如：

A. 他不喜欢抽太冲的烟。
B. 千万别买太便宜的衣服。
C. 太酸的东西我不爱吃。
D. 太新的自行车我怕丢。

本例中谓语动词不表示否定意义，而且句中也无否定词，使用"太"是不合适的，应改为"很"，"很"及其连带结构是可以做宾语、定语的。

例 127 句中的"太"也是与褒义的或具有肯定意义的词语结合，但句意并没有表示出否定的意义，这与"太$_2$"所表述的语意关系不协调，因此也应换为"很"。

2. "太$_2$"的使用得体性概述

该项目在初级阶段语料中共出现了 18 例，正确的 16 例，错误率为 11.1%，在中高级阶段语料中出现了 13 例，其中正确的 11 例，错误率为 15.4%。需要说明的是，"太$_2$"既可有用在贬义性或表示不如意的词语前，也可用在褒义的或具有肯定意义的词语前，而在初级阶段语料中，绝大多数都是用在贬义性或表示不如意的词语前，只有 1 例用在褒义的或具有肯定意义的词语前，而且这 1 例使用还是错误的。但到了中高级阶段，在 14 个用例中已经有 8 个用例是放在褒义的或具有肯定意义的词语前，其中有 6 个用例的使用是正确的。可见,虽然错误率中高级阶段比初级阶段略高一些,但我认为"太$_2$"的习得还是比初级阶段有了一定的进步。

(三)小结

1. "太"的使用得体性概述

综上所述,"太"在初级阶段的语料中出现了47例,其中正确的43例,错误率为8.5%。在中高级语料中出现了18例,正确的16例,错误率为11.1%。除"不+太$_1$+形容词/动词"的形式习得比较好外,其他的几种形式的习得均存在一定的问题。

2. 偏误类型归纳

一是搭配不当。主要是忽视了与其组合的搭配要求造成的,如例106、例108、例126、例127。

二是多余使用。例121中的程度副词"太"在句中的使用就是多余的。

六、"有点儿"的使用得体性

"有点儿"表示程度不高,多用在形容词与动词前,形容词、动词多半是消极意义的或贬义的。

(一)有点儿+形容词/(不+形容词)

初级阶段,该项目语料出现了8例,正确的7例,如:

例128:我生病的时候【有点儿】不舒服的时候,找到很有名的餐厅吃好菜。

例129:在北京的生活对我的爱人和孩子来说【有点儿】无聊。

其中,错误的1例,错误率为12.5%,即例130。

例130:这件衣服【有点儿】便宜。

例130句中的"有点儿"修饰形容词的肯定形式,当"有点儿"修饰形容词或心理活动动词的肯定形式时,其后的形容词或动词一般是消极的或贬义的,而这里"便宜"所表达的意义却是积极的,所以不成立,可以将句中的"有点儿"改成"比较"等其他程度副词。

中高级阶段，该项目语料出现了1例，是正确的，即例131。

例131：一想【有点儿】奇怪，但，在广告里就没有什么奇怪，什么都会做出来的。

（二）有点儿+动词/（不+动词）

初级阶段，该项目语料出现了4例，正确的3例，如：

例132：他【有点儿】发烧、嗓子疼，鼻子不通。
例133：以前我受不了这样的情况，心情不但不舒服，而且【有点儿】生气。

其中，错误的1例，错误率为25%，即例134。

例134：别的同学都怕老师，我却【有点儿】不怕。

例134中的"有点儿"修饰动词的否定形式，当"有点儿"修饰形容词或心理动词的否定形式时，其后的形容词或动词一般是积极的或褒义的，而句中的"怕"是消极意义的，所以不成立，应将"有点儿害怕"改为"不太害怕"。中高级阶段，该项目语料出现了1例，是正确的，即例135。

例135：这次，我下了飞机后，进入北京市时，我看到以前没看见过的很多大厦、车子，街上人的服装使我【有点儿】吃惊。

（三）小结

在初级阶段语料中，含有"有点儿"的语料12例，其中错误的2例，错误率为16.7%，偏误类型为搭配不当。在中高级阶段语料中，含有"有点儿"的语料2例，全部是正确的，但由于语料较少，不能认为学生对于"有点儿"的习得已经没有问题。

七、"还"的使用得体性

从句法功能看,"还"是现代汉语中比较繁难的一个副词,"还"不仅能作时间副词,还能作程度副词、语气副词、关联副词。用作程度副词的"还",陆俭明、马真两位先生曾指出它既可以表示程度深,又可以表示程度浅。蔺璜、郭姝慧又根据量级的差别,将表示程度深的"还"归为高量级,将表示程度浅的"还"归入中量级。最近,张平又在《程度副词"还"新探》中指出,"还"在分布格式、程度量级上呈现出三分的面貌,如表5-1所示:

表 5-1

类别	特征	量级
相对程度副词	有明确比较对象,必须与"比"字配合,可以组成"比……还"的凝固格式	高量级
	有明确比较对象"比"字可出现也可不出现,但不能与"还"构成"比……还"凝固格式	低量级
绝对程度副词	没有明确的比较对象,也不能用于"比"字句,常与"算"连用	中量级

这里为了与其他程度副词的分类标准统一,还是采用大多数学者比较认同的看法,将"还"归入相对程度副词,把表示程度深的记作"还$_1$",为高量级的相对程度副词;表示程度浅的记作"还$_2$",为中量级的相对程度副词,下面分别考察其习得的情况。

(一)"还$_1$"的使用得体性

在初级阶段的语料中,含有"还$_1$"的语料8例,正确的7例,如:

例136:现在韩国人的生活上影响比中国人的【还】大。

错误的1例,错误率为12.5%,即例137。

例137:我没有机会说得多,【还】遗憾的事情是我还没有中国朋友。

例137从前后两个分句看，很明显后一分句与前一分句构成递进关系，"还"不能标示出这种递进关系。而另外一个高量级的相对程度副词"更"却具有这种作用，因此这里的"还"应改为"更"。

在中高级语料中，含有"还$_1$"的语料3例，全部是正确的。如：

例138：我唱得比她【还】好。

(二)"还$_2$"的使用得体性

初级阶段，含有"还$_2$"的语料10例，正确的9例，如：

例139：我觉得这种人口政策在城市实施得比较成功，但是在农村【还】差一些。

错误的1例，错误率是10%，即例140。

例140：他比以前，【还】可怜。

张桂宾曾经设计了五种比较句式对程度副词进行归属判断，其中"还$_2$"只能进入最后一种"略比"的句式中，而例句中这种"时比"的句式"还$_2$"是不能进入的。应改为"相比之下，他还可怜一些"。

中高级阶段，含有"还$_2$"的语料3例，全部是正确的。例如：

例141：在日本居住的生活【还】过得去。

(三) 小结

在初级阶段语料中，含有"还"的语料18例，其中错误的2例，错误率为11.1%。在中高级阶段语料中，含有"还"的语料6例，全部是正确的。从"还"出现的这两处偏误看，主要是由于对"还"的基本语义特征和基本语法功能理解不够，造成的混淆使用，包括与之有很多相似之处的"更"的混淆，也包括"还$_1$"和"还$_2$"之间的混淆。

八、"极"的使用得体性

"极"与其他程度副词一样，可以用在形容词前、助动词或动词短语前，表示程度极高，可是在语料库中并没有搜索到将"极"放到形容词前、助动词前或动词短语前这样形式的语料，这说明留学生对于"极"作为程度副词的主要用法并没有掌握。在语料库中仅搜索到了"极"放在动词后作补语的形式，即"动词/形容词+极+了"。这种形式在初级韩国留学生中仅出现了7例，全部是正确的，如：

例142：所以他到她的家的时候，心里难过【极】了。
例143：虽然味道好【极】了，但是我应该吃不太多。

该项目在中高级韩国留学生语料中也仅出现了5例，正确的4例，如：

例144：在春天田上开着很多黄色的油菜花美【极】了。
例145：大家玩得高兴【极】了。

错误的1例，错误率20%，即例146。

例146：交谈后我妹妹更生气【极】了，然后她决定直接去校长那儿。

"更"与"极"都是程度副词，但它们有着量上的差异，不能同时使用，任意去掉一个，则整个句子表达都是正确的。但值得注意的是，由于"更"是属于高量级的相对程度副词，而"极"是属于极量级的绝对程度副词，句中使用"更"或"极"，其语意是不同的。"交谈后我妹妹更生气了，"表示我妹妹原来就生着气，只是交谈后生气的程度有所增加；"交谈后我妹妹生气极了"，表示我妹妹开始并没有生气，而交谈后生气的程度十分高。

初级阶段含有"极"的语料有7例，全部是正确的，中高级阶段出现语料5例，正确的4例，错误率为20%，而且该形式并不是"极"的主要用法，可见韩国学生对于"极"的用法并没有掌握。

九、"更加""十分""挺""格外"的使用得体性

（一）"更加"的使用得体性

"更加"与"更"的用法类似，用于比较表程度增高，多用于双音节的动词或形容词前。在语料库中，该项目语料仅在初级阶段出现了3例，全部是正确的。如：

例147：因此我出生之后，父母对我【更加】疼爱。
例148：我到北京以后【更加】体会到中国丈夫比韩国丈夫苦多了。
例149：他失去丈夫以后，不但没有被痛苦压倒，反而【更加】努力工作。

例147、例148"更加"是用在动词前，例149"更加"是用在形容词前。虽然例句全部是正确的，但由于语料较少，也不能完全说明"更加"的习得没有问题。

（二）"十分"的使用得体性

"十分"也表示程度高，多用于书面语。该项目语料在初级阶段未出现，从前面几个词的分析来看，学生并不是没有使用表程度高的副词的机会，而是对这个词比较陌生。该项目语料在中高级阶段也出现得比较少，仅有3例，但全部是正确的，例如：

例150：他的眼睛像我们常在书中看到过的印度人一样、双眼皮又圆又大，像骆驼眼似的看起来很漂亮【十分】吸引人。
例151：当然他一定【十分】了解韩国人。
例152：他韩国语说得真是【十分】地道。

（三）"挺"的使用得体性

"挺"表示程度相当高，但比"很"的程度低。它可以修饰形容词，也可以修饰动词，"挺"常常用于口语。该项目语料在初级阶段也未出现，中高级阶段也仅出现了 1 例,即例 153。

  例 153:所以总算来看好像我【挺】佩服我爸爸。

  这里的"挺"使用是正确的,它是用在动词前。由此看来,初级阶段学生对"挺"的用法根本没有掌握,到了中高级阶段学生习得的也不太好,对于绝大多数学生来说,根本没有掌握"挺"作为程度副词的用法,或者知道一些却不知道如何使用它。
(四)"格外"的使用得体性
  "格外"表示程度超过一般,主要有三种形式,即:"格外+形容词/动词""格外+不+形容词/动词""格外+'得(不)'的动结式(动趋式)动词"。包含"格外"的语料仅在初级阶段出现了 2 例,全都是正确的,如:

  例 154:那本书书皮上的图画【格外】吸引人。
  例 155:天气很好,太阳也【格外】灿烂。

  例 154 句中的"格外"位于动词前,例 155 句中的"格外"位于形容词前。
  由于语料较少,我们难以判断留学生对该词的习得状况。

第三节 综合分析及教学对策

一、常用程度副词使用得体性情况综述

综观上文,韩国留学生使用常用程度副词的得体性情况大致如表 5-2:

表 5-2

分类		习得情况	初级阶段		中高级阶段	
			用例	错误率	用例	错误率
绝对程度副词	极量级	太	47	8.5%	18	11.1%
		极	7	0	5	20%
		顶	0		0	
		极其	0		0	
	高量级	很	309	4.5%	147	3.4%
		非常	33	10%	8	0
		十分	0		3	0
		挺	0		1	0
	低量级	有点儿	12	16.7%	2	0
相对程度副词	极量级	最	91	5.5%	35	5.7%
	高量级	更	33	21.2%	14	7.1%
		更加	3	0	0	
		越发	0		0	
		格外	2	0	0	
		还₁	8	12.5%	3	0
	中量级	还₂	10	10%	3	0
	低量级	略微	0		0	
		稍微	0		0	
		稍稍	0		0	

表 5-3

	初级阶段		中高级阶段	
	用例	错误率	用例	错误率
绝对程度副词	408	5.9%	346	2.3%
相对程度副词	147	10.9%	55	5.5%
极量级的程度副词	145	6.9%	58	8.6%
高量级的程度副词	388	7.0%	176	3.4%

依据前文的分析以及表5－2、表5－3所列出的数据，初级阶段和中高级阶段各项目的得体性情况可归纳如下：

"很"初级阶段的习得错误率是4.5%，错误率很低，并且对"很"的各种语法功能都有所尝试，可见，"很"初级阶段就习得的非常好。中高级阶段习得错误率是3.4%，错误率比初级阶段又有所下降，说明学生对于"很"的用法已基本掌握了。

"更"初级阶段的习得错误率是21.2%，错误率很高，可见，程度副词"更"对于韩国留学生来讲是学习的难点。中高级阶段该项目习得错误率是7.1%，说明该项目的习得随着时间的推移以及学生汉语水平的提高有了较大的进步，但仍旧还存在一些问题。

"非常"初级阶段习得的错误率是10%，错误率不低，说明该项目学生并未完全掌握。中高级阶段该项目习得错误率为0，但由于语料比较少（仅有8例），我们只能认为该项目习得比较好，不能认为学生已经完全掌握了。

"最"初级阶段习得的错误率是5.5%，错误率比较低，说明程度副词"最"留学生初级阶段就习得得比较好。中高级阶段习得的错误率是5.7%，基本与初级阶段持平，习得得也比较好。值得注意的是，该项目的习得随着时间的推移以及学生汉语水平的提高进展并不大，并且出现了"化石化"现象，即学生把初级阶段的错误带到了中高级阶段。

"太"初级阶段习得的错误率是8.5%，虽然错误率不太高，但从前面的分析发现只有"不＋太$_1$＋形/动"这种形式习得得非常好，其他的几种形式均存在一定的问题。中高级阶段习得的错误率是11.1%，呈现上升的趋势，出现这种情况虽然不排除偶然的因素，但也说明到了中高级阶段该项目的习得存在一定的问题。

"有点儿"初级阶段习得的错误率是16.7%，错误率较高，看来初级阶段学生对"有点儿"用法掌握的不太好；中高级阶段习得的错误率为0，但由于用例比较少，很难反映出学生习得的全貌，因此不能盲目认为"有点儿"的习得不存在任何问题。

"还$_1$"初级阶段习得的错误率是12.5%，中高级阶段的错误率是0，"还$_2$"初级阶段习得的错误率为10%，中高级阶段的错误率是0，也就是说学生对于"还$_1$"与"还$_2$"的掌握程度基本相似，但值得注意的是，虽然"还$_1$"与"还$_2$"中高级习得的错误率为0，但没有出现与初级阶段发生偏误的句子相似的例句，因此笔者们不能认为学生对"还"的用法已完全掌握。

"极"初级阶段习得的错误率是0，好像该项目学生已经掌握了，但实际情况并非如此，这里仅出现了"极"放在动词后作补语的形式，并未涉及"极"的其他用法，可以认为初级阶段学生对于"极"的用法并未完全掌握。中高级阶段该项目的习得错误率是20%，也正说明了这个问题，所以说该项目无论在初级阶段还是在中高级阶段习得都存在一定的问题。

"更加"与"格外"都是仅在初级阶段出现用例，数量还比较少，虽然习得的错误率是0，也不能认为学生已经完全掌握，只能说明学生对于这两个词的用法有所认识，但还不能灵活运用。

"十分"和"挺"在初级阶段均没有出现用例，从我们考察的用例会发现，并不是没有使用这两个词的语境，因此笔者认为初级阶段学生对这两个程度副词用法根本不熟悉。中高级阶段出现的用例又很少，虽然错误率是0，但我们也不能认为这两个项目在使用上不存在问题。

一般说来，学生使用某一语言项目错误率越低，说明习得得越好，一般情况下也说明该项目容易习得；反之使用某一语言项目错误率越高，说明习得得越差，也说明该项目不易习得。

综上所述，我们会很清楚地发现，绝对程度副词要比相对程度副词习得得好，并且在绝对程度副词中"很"习得的最好，在相对程度副词中"最"习得得最好。这可能除普遍的原因外，还与两方面因素有关，一是"很"与"最"都属于《汉语水平词汇等级大纲》中规定的甲级词，老师一讲到程度副词就会重点讲解；二是"很"与"最"既可以用于口语，也可以用于书面语，其用法上的限制较少，学生比较容易掌握。从量级来看，高量级的绝对程度副词习得得最好，不仅出现的用例比较多，而且错误率也较低。低量级的程度副词习得得最差，除"有点儿"出现了12个用例外，其他的三个词"略微""稍微""稍稍"无论是初级阶段还是中高级阶段均没有出现用例，而"有点儿"在初级阶段错误率还较高，这至少可以说明学生对低量级的程度副词根本不熟悉，更谈不上灵活运用了。（中量级的程度副词不在比较范围内，因为除"还$_2$"外，其他中量级的程度副词未考察）特别是"有点儿""稍微""稍稍"属于《汉语水平词汇等级大纲》中规定的乙级词，在初级阶段就应该掌握的。

在此基础上，我们还大致构拟出上述几个程度副词的习得顺序为：

(1)很;(2)最;(3)非常;(4)更;(5)太;(6)还;(7)有点儿;(8)极;(9)更加;(10)格外;(11)十分;(12)挺。

上述的情况,总体上看与我们的教学实践是基本吻合的,如上文中所涉及的《汉语水平词汇等级大纲》中的甲级词,像"很""非常""最"习得都相对好一些,当然也有的甲级词习得得不太好,如"十分""挺",这需要我们在今后的教学中进一步加强。因此,可以说程度副词的习得情况分析比较直观地展示了我们的教学成果,也便于发现问题,对于对外汉语语法教学是具有一定的启发作用的。

二、造成偏误的原因

笔者对韩国留学生在使用以上程度副词中出现的所有偏误进行了统计分析,统计了每一类偏误的具体分布情况,如表5-4:

表5-4

具体类型	初级阶段	中高级阶段	总计	百分比
语序错误	7	1	8	16.3%
混淆使用	11	6	17	34.7%
搭配不当	14	4	18	36.7%
多余使用	5	1	6	12.3%
总计	37	12	49	100%

从表5-4可以看出,搭配不当的偏误率最高,这与教师和学生只重视教授和掌握词义而忽视其相关的语法特征有关,全方位地讲解词汇的语法特征,既是我们的教学重点也是教学的难点。从初级阶段与中高级阶段出现语料的数量与偏误的数量对比来看,初级阶段的偏误率为6.7%,中高级阶段的偏误率为5.1%,偏误有所减少,也就是说随着学生汉语语法知识的增强,有些在初级阶段出现的偏误到了中高级阶段已经有所改进,但绝大部分的偏误还是由初级阶段带到了中高级阶段,普遍存在于习得的各个阶段。造成偏误的原因,主要有以下几个方面:

(一)母语负迁移

母语对于学习目的语的负迁移作用来源于在母语和目的语之间作了不恰

当的对比。在第二语言学习中，学习者由于缺乏学习第二语言的经验，往往通过自觉和不自觉对比去理解和使用目的语，这是很自然的现象。在第二语言学习者的头脑里，母语系统已完全固定化，这无形中就对新的语言系统的学习造成一种障碍。徐子亮在《外国学生汉语学习策略的认知心理分析》一文中提到，在汉语学习中，接受信息——听或读时，翻译成母语再理解的学生占调查总数的75%，在表达——说或写时，先用母语构思再翻译成汉语的占调查总数的85%，由此可见，借助母语是外国学生学习汉语的一种很重要的学习策略。就程度副词习得而言，应该说也受到母语影响，如汉语中的程度副词不能修饰状态形容词，因为汉语中表示状态的形容词具有描写性的意味，因此不能受程度副词的修饰，但韩语中的程度副词就没有限制，它可以修饰状态形容词，韩国留学生受母语迁移的影响，就很容易出现如下的偏误：

A. 她喝点酒很通红。
B. 晚上教室里是很安安静静的。

又如，汉语中表示程度不高的程度副词"有点儿"修饰形容词的肯定形式时，形容词所表达的含义一般是消极的或贬义的，而在韩语中与汉语中"有点儿"相对应的副词对其后所修饰的形容词没有要求，受母语的影响，学生会出现"有点儿漂亮"等一系列搭配上的偏误。

（二）对目的语知识的过度类推

我们的教学对象多为成人，他们有较强的抽象思维能力，在第二语言学习中，常常采用推理的方法，把新获得的目的语知识不适当地扩大使用而造成偏误。如当学生知道汉语里形容词作位谓语时前边一般要有个意义已经弱化了的"很"或者其他程度副词以后，就会想当然地赋予这个规则以更宽泛的功能，将其错误地扩大到"比"字句中来，这样一来，"比"字句与一般形容词谓语句在这点上的不同就被学生忽略了，上文中提到的多余使用的偏误有一些就是由于留学生过度泛化其使用规则而产生的。

（三）对程度副词的语法特征认识不够

现代汉语程度副词的数量不是很多，但其运用时涉及的范围比较广，又非常灵活，在一般情况下，其意义又很难分辨清楚，似乎"只可意会，不可言传"。因此，留学生在学习时往往摸不着头脑，使用时更不知如何是好。程度副词从其性质来看，主要是用来修饰动词或者形容词，在句中充当状语，但有时还能进入补语或定语中；有时只能修饰褒义的形容词或贬义的形容词；有时只能修饰表示心理活动的动词；有些程度副词能够进入比较句式，而有的却不能。留学生对于如此复杂多样的语法功能缺乏深透的认识，也会造成一定的偏误，如上文中出现的混淆使用的偏误，主要是基于此原因。

（四）某些语法书或工具书对其语法功能的说明不够具体

《现代汉语八百词》就将"很（非常等）+形容词/动词"作为一条规则；《现代汉语词典》关于程度副词的解释是：修饰或限制动词和形容词，表示范围和程度等，而不能修饰或限制名词的词。朱德熙《语法讲义》中是这么说的"程度副词的语法功能是修饰形容词及少数动词和述宾结构"。语法书或工具书的讲解过于简略，不能突出相近的程度副词之间的细微差别，外国学生并无中国人的语感，根据这些解说就会出现一些搭配不当、混淆使用方面的偏误。

三、教学对策

语言的习得状况是一种客观存在，研究学习者在哪些方面习得得好，哪些方面还存在问题，并不是我们的最终目的，它仅仅是为语言教学提供了一定的依据，明确了语言教学的方向与目标，研究语言习得状况的根本目的在于找出那些违背语言学习规律的因素，使语言教学最大限度地符合学习者的语言学习过程，以提高学习效率。基于以上的分析，笔者认为在程度副词教学中应注意把握以下几点：

（一）通过对比讲解汉语中的程度副词

从前面的分析我们可以看出目的语的语法特点和母语的语法特点，都是影响韩国留学生习得汉语程度副词的重要因素，因此在程度副词教学时，教师要注意运用汉韩对比的研究成果，结合汉语和韩语的特点进行教学，其目的在于指出汉语的某个词和韩语中的某词在意义及用法上的不同，把母语的负迁移减少到最低范围内。如"他比我有点儿高"这个句子在汉语中是错的，而在韩语中这种表达方式就是对的，这是因为在汉语中"有点儿"是绝对程度副词，不能用在这类比较句中，如果想要表达比较的程度如何，只能用数量词并放在形容词后，其结构为：比字词组＋形容词＋数量词，应改为"他比我高一点儿"，而韩语中与之对应的比较句的格式为：比字词组＋程度副词＋形容词，因此是对的，如果我们在讲授的过程中，将汉韩两种句式进行对比，留学生在使用时就不会出现上面的偏误。又如"他非常肚子饿"这个句子在汉语中也是错的，而在韩语中也是正确的，在韩语中与"非常"相对应的程度副词后面的成分是主谓结构的时候，可以放在主谓结构的前面，而在汉语中"非常"是不能放在主谓结构的前面的，采用两种语言的对比式教学，会减少此类偏误的出现。

除此之外，在教学中还要注意汉语中不同程度副词之间的对比，其目的在于辨析不同程度副词的意义和用法，避免已学知识和新知识互相干扰。在讲到程度副词"太"时可与基本语义特征及语法功能有很多共性的"很"进行比较，如"太"的语义内涵分为"程度极高"的肯定和"程度过分"的否定的语义倾向，而"很"没有否定的语义倾向，二者在与之组合的词语的感情色彩上存在差异；在句式的选择上也存在差异，"很"与"太"都可用于陈述句，"很"用于陈述句时对事物做客观的描写、叙述、判断，"太"用于陈述句时多用于不满、不如意的状况。"很"与"太"都可用于正反疑问句、反问句中，"很"还可用于是非疑问句中，而"太"不能。"太"可以构成"太……了"的格式，而使用"很"的句子末尾不能加"了"。"很"可进入"是……的"的强调句式，而"太"不能；语法功能上的差异，"很＋形容词"可以充当定语、状语、谓语和补语，"太＋形容词"可以充当主语、定语、谓语和补语。通过对比，既巩固了已学过的知识，同时又加深了对新知识的理解和掌握。

（二）从意义出发，结合句法、语用进行教学

大家都清楚，虚词是语法研究的主要内容之一，程度副词也是虚词中的一个重要类别，它的意义和用法也总是紧密相连、密不可分的。学习程度副词词义的同时应该同步掌握该词的用法，这样掌握的词义才是完整的词义，离开了用法的词义，往往是有局限的，容易在学习者的中介语系统中起到误导作用，因而产生母语的负迁移。因此，对教师而言，不仅要系统阐释其类别框架及所表示的语法意义，使学习者了解程度副词的词性特征，更要精通每个词的使用特点及规则，尤其要把那些容易发生偏误的地方作为重点加以分析，指出错误的症结所在，帮助学习者找出行之有效的解决办法。如在讲

到相对程度副词时,我们都会告诉学生相对程度副词用于比较,可以进入比较句式,于是学生就会出现类似"今天的天气比昨天最好"的偏误,其原因在于各个相对程度副词用于的比较句式是有区别的,外国留学生没有中国人长期使用母语而形成的语感,我们应结合已有的研究成果从句法、语用分门别类加以分析。如张桂宾在将相对程度副词与绝对程度副词进行归属判定时,举出了汉语中五种典型的比较句式:

A NP1 + 比 NP2 + F + VP　　　　　　　　（两比）

B NP1 + 比以前 + F + VP + 了　　　　　　（时比）

C NP1、NP2 和 NP3 中,NP1 + F + VP　　（多比）

D 跟平常相比,NP1 + F + VP　　　　　　（平比）

E 相比之下,NP + F + VP + 一些　　　　　（略比）

（其中 F 代表程度副词,NP 代表名词或名词性短语,VP 代表谓词或谓词性短语）

这时,我们就可以借此比较相对程度副词内部进入比较句式的异同,经鉴定,上面提到的"最"仅能进入 C 类句式中,学生将其用在 A 类句式中,当然是不成立的,经过分析,相信学生这类偏误就会减少。

（三）设置具体的语境,体现不同程度副词的差异

第二语言习得与第一语言习得的环境和方式都是不同的,第二语言的习得主要是在课堂的环境中进行的,学习的进度也完全取决于教学计划和教师的指导,因此教师讲解的时候要尽可能地创设一些具体的语言环境,使他们从中能够体会到不同词语之间用法上的差异,从而达到正确使用的目的。如"真"和"很"都是高量级的绝对程度副词,如"今天天气真好""今天天气很好",留学生认为这两个句子没有差别,事实上他们运用的语言环境是不同的,表达的感情色彩也是不同的,这时为了说明这两个句子之间的差异,我们就可以给学生设置一个清晰的语言环境:当你早晨起床,拉开窗帘,看到窗外明媚的阳光时,你可以说"今天天气真好",表现出一种赞许的感情;当你的家人问你"今天天气怎么样？",你可以回答"今天天气很好",这个句子只是对客观现实的一种陈述,不带有任何的感情色彩。学生通过具体的感知,很容易体会到"真"与"很"在具体运用中使用环境的差异以及表达感

情色彩的不同，提高其汉语交际能力。

（四）针对偏误，采取点拨式教学法

偏误分析理论是以认知心理学为基础的。而认知心理学认为，第二语言的学习是一个创造新的语言系统的过程：学习者有意识地对他所使用的目的语形式作出假设，然后去试验，发现偏误后作修正，然后再试验，再找出偏误，再修正。这样循环往复，他的中介语系统将不断接近目的语的标准形式。因此，外国留学生在学习汉语的过程中产生偏误是难免的。虽然难免，但并不能听之任之，在进行程度副词教学时，应善于发现并抓住在习得过程中出现的普遍性的语法错误，确定解决语法错误的突破口，运用已有的研究成果有针对性地作出简明又通俗的说明。在"太$_2$"的习得中，当"太$_2$"与褒义性、肯定性的词语结合时出现了搭配不当的偏误，此问题是带有普遍性的，无论是在初级阶段，还是中高级阶段都出现了，我们就可从偏误入手，用已有的研究成果进行解说，当"太$_2$"与褒义性、肯定性的词语结合表示程度过分时，要求句子的表意与"太$_2$"的否定意义相一致，要么句子的谓语表示否定意义，要么句中有否定词"不""别"，要么后续句中是不如意、不良的结果，这样学生在运用时错误率就会大大减少。

总的来说，为了更好地进行对韩汉语教学中的程度副词的教学，教师应对学生程度副词习得的特点做到胸中有数，应该了解习得过程中出现的偏误及其原因，运用对比法从意义出发，将句法、语义、语用三个平面结合进行教学。

本章参考文献：

［1］蔺璜、郭姝慧：《程度副词的特点范围与分类》，载《山西大学学报》，2003 年第 2 期。

［2］朱德熙：《语法讲义》，商务印书馆 1983 年版。

［3］王力：《中国现代语法》，商务印书馆 1985 年版。

［4］马真：《程度副词在表示程度比较句中的分布情况考察》，载《世界汉语教学》，1988 年第 2 期。

［5］张桂宾：《相对程度副词与绝对程度副词》，载《华东师范大学学报》，1997 年第 2 期。

［6］周小兵：《论汉语的程度副词》，载《中国语文》，1995 年第 2 期。

［7］徐建宏：《程度副词"很"与"太"的用法辨析》，载《辽宁大学学报》，2005年第2期。

［8］齐沪扬、张谊生、陈昌来：《现代汉语虚词研究综述》，教育出版社2002年版。

［9］张谊生：《现代汉语副词研究》，学林出版社2000年版。

［10］朴闰柱：《现代汉韩程度副词的研究》，清华大学硕士学位论文，2004年。

［11］单韵鸣：《副词"真"和"很"的用法比较》，载《汉语学习》，2004年第6期。

［12］朱德林：《从量的角度看程度副词"更"》，载《高等函授学报》，2003年第1期。

［13］吕叔湘：《现代汉语八百词》，商务印书馆1980年版。

［14］张平：《程度副词"还"新探》，载《广西民族学院学报》，2006年第5期。

［15］张亚军：《副词与限定描状功能》，安徽教育出版社2002年版。

［16］胡云晚：《程度副词"非常"的有关偏误分析》，载《湖南大学学报》，2003年第3期。

［17］房玉清：《实用汉语语法》，北京大学出版社2001年版。

［18］吕叔湘：《现代汉语八百词》，商务印书馆1980年版。

［19］徐建宏：《程度副词"很"与"太"的用法辨析》，载《辽宁大学学报》，2005年第2期。

［20］肖奚强：《谈程度副词"太$_1$"和"太$_2$"》，载《零陵学院学报》，2002年第9期。

［21］刘辰洁：《对韩国留学生"一点儿"和"有点儿"的偏误分析》，载《齐齐哈尔大学学报》，2002年第11期。

［22］陆俭明、马真：《现代汉语虚词散论》，语文出版社1999年版。

［23］程美珍、李珠：《汉语病句辨析九百例》，华语教学出版社1996年版。

［24］邓根芹、陈风：《副词"更"的句法语义分析》，载《常熟理工学院学报》，2005年第9期。

［25］韩容洙：《现代汉语的程度副词》，载《汉语学习》，2000年第4期。

［26］黄锦章、刘焱：《对外汉语教学中的理论和方法》，北京大学出版社2004年版。

［27］刘蕾：《叹词习得情况的调查与分析》，载《语言教学与研究》，2002年第2期。

［28］李晓琪：《中介语与汉语虚词研究》，载《世界汉语教学》，1995年第4期。

［29］吕必松：《对外汉语教学概论》，国家对外汉语教师资格审查委员会办公室1996年版。

［30］李大忠：《外国人学汉语语法偏误分析》，北京语言大学出版社1996年版。

［31］卢福波：《对外汉语实用语法》，北京语言大学出版社1999年版。

［32］夏齐富：《程度副词再分类试探》，载《安庆师院社会科学学报》，1996 年第 3 期。

［33］徐晶凝：《关于程度副词的对外汉语教学》，载《南开学报》，1998 年第 5 期。

［34］肖小平：《越南留学生汉语比较句偏误分析及习得顺序考察》，广西师范大学硕士学位论文，2004 年。

［35］杨德峰：《英语母语学习者趋向补语的习得顺序》，载《世界汉语教学》，2003 年第 2 期。

［36］周小兵、李海鸥：《对外汉语教学入门》，中山大学出版社 2004 年版。

［37］赵军：《论程度副词"最＋X"与"顶＋X"的差异》，载《云南师范大学学报》，2004 年第 4 期。

［38］张珩：《留学生使用程度副词时的常见偏误类型及原因分析》，载《语文学刊》，2005 年第 3 期。

第六章

口语表达语用得体性

第一节 汉语口语表达得体性原则

一、汉语口语表达的特点

口语表达是指表达者为完成某种交际使命，适应情境的需要，艺术地运用规范口语并辅之以副语言、态势语等表达手段，从而达到说、听双向沟通反馈的一种特殊的社会实践活动。口语交际和书面交际相比，口语表达有自身的特征。口语主要靠声音传递，是由语音表现的音节、词语、句子和语调等构成的表情达意系统，这是口语的传声性；口语交往以大量的面对面对话形式，不同于书面语从记录语言开始便是独白的性质，说了听，听了再说，口语交际是包括说听在内的整个言语行为及其动态过程，这是口语表达的双向性；口语靠口耳相传，语音一发即逝，因此口语表达的时间急促，既不便组织，也不易存留，而且常受时空的限制，这是口语表达的即时性；口语的内容及表达过程往往取决于说听双方的积极参与和共同调节，尤其是对话形式，表达的内容与方式经常处在随情应境的变动中，这是口语表达的灵活性；口语表达需同时协调心想、口说、耳闻、目睹、情动等多种活动。不仅要听音、辨义，还要察言观色，注意动作表情并同时使用语言因素和非语言因素，这是口语表达的综合性。口语表达主要用语音和伴随语言现象及态势语诸手段，面对面、动态的、双向的交流，它比间接的、静态的、单向的书面文字交际要受更多因素的影响和复杂条件的制约。所以对词句的选择要求不同，有自身的规律，总的特点是选词择句口语化。总之，口语表达呈现的各种特征必然会反映在语言运用上，从而形成口语表达方面的语言特征。

二、口语表达得体性原则

人们通过言语交际来表情传意，达到彼此沟通的目的。交际表达效果指的是写者与听、读者之间沟通的程度，或者是说、写者使听、读者接受表达之意的准确和深入程度。为了提高表达效果，说、写者要对言语进行加工、修饰和调整，就是进行修辞，而衡量语言表达效果一个重要的标尺就是得体性原则。表达得体性原则表现在以下几个方面：

（一）言语材料的规范

在交际中言语材料的规范与变异的辩证统一是得体性的直接体现。本文重点谈言语材料的规范，它又包括：语音协调、词达意顺、语句通畅这三个内容：

1. 语音协调

声音的搭配有其规则，符合这种规则的语言系列就读来上口，听着入耳，使人易于接受；反之读来拗口，听着别扭，使交际对方难以接受。汉语同音词的大量存在，有时还会造成口语交际的误解或歧解等负面效应。在口语表达时，遇到诸如"遇见""预见"等容易产生歧义的同音现象时，应设法避开，如把"遇见"改为"遇到"。另外应尽量避开在语音上容易使人误解的词语，如"家里安上了钢窗、铁门"，而不是说"铁窗""钢门"，因为前者借指监牢。后者的同音词欠雅。再如"会务组让我今晚到车站接人"，而不说"接客"，后者的词义更涉丑恶。电视广告"戴××牌高级领带，使您的仪容更美！"听众听到 yí róng，便想到"遗容"，改为"仪表风度"才为得体。再如"老一辈人倍儿走背字儿""我对树和和何大有有意见""坐你的（di）就是为了追前面的面的"等，像这类读音不和谐的句子，说起来佶屈聱牙，听起来十分别扭，都是不得体的。

2. 词达意顺

词语运用失误也是造成交际负面效果的原因之一。如一家公司在为一个职员发的"讣告"中的最后一句话是"敬请光临"；一位干部在接受邀请时说:"明晚我一定光临寒舍"。由于谦辞与敬辞的误用,这些言语的效果都是糟糕的。

(1) 力求平易、自然,尽量大众化

口语表达速度十分快捷,口耳相传的是由发音器官发出的呈线性的一连串语音,说话人几乎来不及对所说的话进行细致的润色加工,听话人又容不得细细琢磨、慢慢推敲。为使口语表达得准确无误,最大可能地减少信号干扰,保证语言信号的正常传递,用词还是以通俗为好,少雕琢,少渲染,力求平易自然,尽量大众化。多用儿化词、称呼语、插入语等常可增强大众化效果。

①谨防古语词不适当的运用

口语表达中,无论交谈、演讲还是论辩,一般都不宜使用古语词。以演讲为例,演讲必须使听众"一听就明白",因此就不宜深奥,古语词虽"雅"而不能使人立即明白,听众就很难迅速在心理上引起共鸣。比如抒情赞美"故乡"时说什么"龙凤以藻绘呈瑞,虎豹以炳蔚凝姿",什么"仰视吐嚅,俯察含章,跋涉神州,遨游四方"等词语艰深,文言浓重,看似华丽典雅,很难让人一听就懂。宋朝有个爱用古奥词句的宋祈,不说"迅雷不及掩耳"偏说"震雷无暇掩聪",大有卖弄之嫌,难怪要被欧阳修教训一顿。

②谨防专业词语频繁使用

由于专业词语在各行业范围内表示单一的专门概念,受社会专业分工的制约,从事不同专业技术的人往往熟悉本行业用词而对跨行业词语不习惯或较少接触,听着费劲,理解更难。因此不同专业之间的人们交谈时应当尽可能不用或少用专业词语,否则会影响口语表达的效能。至于某阶层、某集团的特殊用语,更不宜用作广泛的口头交际,例如上海个体户中将"钱"称作"分""血",有钱叫"分挺",掏钱叫"挺分",赚或赚钱叫"进分",赔或输钱叫"坏分",借钱叫"输血",花钱叫"出血",工资收入叫"肉里分"等,更不能抱着猎奇态度对大众胡说一通,不仅有伤大雅,而且可能发生严重误解。

③谨防时不时地夹杂洋词洋语

懂得或正在学习同一种外语的人们之间交谈时插入几句外语或几个单词,甚至双方干脆用外语交谈都未尝不可。但如果与不懂外语的对象说话或面向公众讲话时,也时不时地插入几句外语或单词,就好比一碗饭中掺和了些沙子似的,令人难于下咽。眼下以夹杂英语为多见,例如不说"早上好",而偏说"古貌林(Good morning!)",不说"亲爱的",偏说"大令(darling)",完全可以称"先生""小姐",却偏要叫"密斯脱(Mr.)""密斯(Miss)"。南方城市青年日常生活中"哈罗(Hello)""拜拜(Bye-bye)"等词大有替代汉语词"你好""再见"的势头。时时夹杂洋词洋语不利于人们之间的顺利的口语表达。

(2) 力求生动、活泼,尽量形象化

口语表达同样也要求确切、简练、生动。生动则要求用语活泼形象,绘声绘色、丰富多彩、深入浅出,具有强烈的感染力。为了增强口语表达直接交流的效果,更要求生动、活泼,尽量形象化,因此可多用拟声词、叠音词、感叹词、熟语和俗语,或借用种种修辞格。

(3) 力求纯洁、健康,尽量规范化

《人民日报》曾先后发表社论,强调并要求"每一个说话和写文章的人,特别是在语言使用上有示范作用的人,注意语言的纯洁和健康"。口语表达规范化的总要求是大力提倡在一切公共场所都说普通话。

①反对滥用方言词

口语里含方言成分要比书面语多得多,但那些在普通话里已有能够很好表意的词语,就不必要再用土俗、生僻的方言词来表达了。例如,宁说"倒霉""败兴"也不说"熬淘"(北京话);宁说"无关""没关系"也不说"勿搭界"(苏沪方言),说"师母"而不说"先生妈"(台湾用闽方言词)。

②反对生造词语

一忌杜撰。没有根据地编造一些令人费解的词语,例如"波荡""肤深""惭感""滥肆"等,让人听了根本不懂。

二忌过简。随意滥造简称,使用根本不通行、不合交际原则的简称和缩略语,例如"青模""马基""威恫""人牙麻将"(人造象牙麻将)记录成文,尚可按字面推敲,用嘴说出来,只能让听众感到茫然。

三忌乱译。胡乱翻译外来词语,听起来不土不洋,有的完全不合汉语习惯,例如"德士"(滴西)、"扎啤"等。

③先应采用符合"三性"(明确、必要、普遍)原则的新词

大批形象性词语以旺盛的生命力通过口耳相传首先为口语表达者所采用,继而在社会上流行,逐渐被规范而进入现代汉语词汇库。其中有不少俚俗词,

通俗简练、机智风趣、生动形象,适合口语表达,例如"滑坡""跳槽""红眼病""钉子户""胡子工程""拳头产品"等。

3. 语句通畅

(1) 组句快捷简明,多用短句

口语交际以语音作用于受话人的听觉,长句话语多,信息密度大,听话人容易顾前忘后,显得费劲。短句词语少,信息密度小,易及时接收并解码。日常会话,三言两语,无须长篇大论,句子越短越方便;当众演说,为激发听众在情感上的共鸣,保持与思维同步,也极少使用长句,翻看《著名演讲辞鉴赏》,都有句子简短的共性;至于论辩,双方针锋相对,唇枪舌剑,有时容不得深思熟虑,要力争在阐述己见、批驳对方时获胜,除科学论证需要以外,一般也不容许拖泥带水。多用短句表现为多用非主谓句,多用省略句,少用关联词语,少用附加语和修饰语。

①多用非主谓句

非主谓句传输信息快捷、简明而直接,完全适应当代生活讲究快节奏、高效率的需要。口语非主谓句还常常为适应时间紧迫的情境要求和喜怒哀乐等强烈感情的表达。如在拥挤嘈杂的检票口,互相只需喊一声"票!"便可沟通;"混蛋!滚开!"表示动怒;"救命——"表示恐惧等,简单有力,有独到之处。

②多用省略句

口语表达有特定语境,省略不言而喻的双方共知的信息代码,可使交流信息反馈更直接、更快捷。尤其是那些没有恰当词语可以代替,说出来恐怕又不雅的事不如干脆省略不说,既省便又委婉,还适合交际身份。例如:

"从前有个媳妇,结婚三年了,不生育,一天,姑嫂对话:'嫂子,你两口儿不呀?''不不呀''不不怎么不呀?''不不还不哩,要不更不啦。'"

姑嫂对话精彩至绝,表达干净利索,信息量高度密集在每个"不"字上,毫无冗余成分,这是口语表达高效率的杰作。

(2) 少用关联词语和附加成分

口语表达更多靠语境和前后对话,多靠意合,较少动用关联词语,特别是那些意念关系非常明显的语句,少用或不用关联词语,显得更为干脆利落。例如闻一多先生的《最后一次讲演》全篇多用短句,都没有使用关联词语,符合当时即兴演讲慷慨激昂的情绪和短促有力的句式需要,较快的语速和昂扬的句调也容不得拖泥带水,字字句句,动人心魄。

口语表达少用使句子变长的各种附加成分,短句既易上口,又易记忆。实在要使用,也都尽量控制。采用分散、称代、反复、变位等方法可将长句化为短句。

（3）结构简单松散,多作停顿

①多简单句,组织不求严谨

由于口语表达尤其是日常会话随想随说,不能深加工,往往不够严谨。语音富于变化,语句结构不够稳定,常有脱落、重复、补充、插说、修正甚至习用口头禅和废话。总之,口语表达中绝少动用复杂结构的多重复句,日常会话则完全忌用。通过对日常会话的基本单位——话轮的分析,便可以看出口语表达的这方面特征。凡优质对话,应当言简意赅、独具一格。例如:

"请问毛阿敏小姐,您是从哪里来的?"

"哦,我从北京来。"微微一笑。

您像一只美丽的蝴蝶给冰城哈尔滨带来了欢乐。"请问这次能做几日停留呢?"（众笑）

"嘀嘀,五日。"毛阿敏也笑了。

"我们冰城的朋友热烈欢迎您的到来,但愿您与《当代大舞台》节目永不分手!"台下掌声一片。

《当代大舞台》节目主持人巧用歌词所隐含的毛阿敏与歌曲《思念》不可分割的关系,巧妙介绍了歌星,表达了对歌星,对双方协作关系的美好祝愿虽寥寥数语,而表达魅力倍增,又不落俗套。

②多作停顿

口语表达结构松散的另一特点是多作停顿,语流时断时续,通常说出十来个音节就要停顿一下。口语停顿需根据生理需要气息特点在说话中随机运用,次数要比书面靠标点标示的多,除了表现言语的节奏美以外,还是表情达意时不可缺少的重要手段,具有表示疑问、强调、思考、罗列未尽、转换话题、制造或消除歧义、代替关联词语等作用。同样的语句结构，停顿不同表意就大相径庭。口语中稍有不慎，停错了位置，就会改变句意，甚至使人莫名其妙。

例如，据报道：一位厂长在大会上宣读文件。文件里有这样的话："已经取得大专学历的和尚未取得大专学历的干部……"厂长坦然念道："已经取得大专学历的和尚/未取得大专学历的干部……"听众闻之大笑，厂长严肃地说："有什么可笑的？时代不同了，当和尚也要大专学历嘛！"于是又引起哄堂大笑。这位厂长断句有误并"巧"为之讳，确实可笑；但文件的起草者如把这句的连词"和"改为"以及"（或把"尚未"改为"没有"），这种笑话就可以避免了。南方某地报纸有一则新闻《市长盖宽和女儿结婚不收礼》，外地读者读后愕然，他们不了解当地情况，误认为市长名叫"盖宽"，但如将该表题"和"后加上"的"字，就可以消除歧解了。以上例句都是句意产生歧义或歧解，导致了误会。

（二）交际对象的沟通

在口语交际中，表达者与接受者的言语经验、思想修养及文化态度等诸多方面的差异也会导致交际双方的言语距离。因为"具有不同文化态度的民族或个体，其价值取向往往不一致，因此，对客观对象的评判标准也不尽相同。"当表达者传递出某一话语片断的时候，接受者就会根据个人言语经验、思想观念及文化态度等因素形成的内在的文化心理积淀对表达者的话语片断做出感知和理解，若表现为相知相宜，交际的效果自然不错；若相疑相悖，就有碍于交际目的，甚至还可能在某些方面造成严重影响。现实生活中的人，由于处在不同的社会地位，与他人发生不同的社会关系，角色身份及随之形成的接受语境也会发生这样那样的变化，此时，即使表达出完全相同的话语信息，也可能因接受对象的不同而使信息的语义发生变异，并产生完全不同的交际效果。因此，交际对象的沟通包括角色关系、语言距离、性别差距、言外之意等内容。

1. 角色关系

所谓角色关系是由在特定交际情景中，言语交际的参与者的社会特征所确定的。一个人的说话应适合他所属的社会地位（包括种族、文化、职业、职务、身份等），还要适合此时此地的交际情境。注意角色关系，是指说、写者应该运用符合自己身份的话语，并且注意分清自己同交际对方的关系。如：

（贾蔷是贾府里的少爷，龄官（女）是贾府戏班里的戏子。倒门两个很要好这日，龄官不悦，睡闷觉，贾蔷去买了一个雀儿笼子，上面扎着小戏台，并一个雀儿，想送给龄官解闷儿）

贾蔷1：你来瞧这个玩意儿

龄官1：（起身问）是什么？

贾蔷2：买了雀儿给你玩，省了你天天儿发闷。我先玩个你瞧瞧。

（说着，便拿些谷子，哄的那个雀儿果然在那戏台上扮着鬼脸儿和旗帜乱串。众女孩子都笑了，唯独龄官冷笑两声，赌气仍睡着去了。）

贾蔷3：（陪笑问道）好不好？

龄官2：你们家把好好儿的人弄了来，关在这牢坑里，学这个还不算，你这会子又弄个雀儿来，也干这个浪事！你分明弄了来打趣形容我们，还问"好不好"！

贾蔷4：（不觉站起来，连忙嘟中起誓，又道）今儿我那里的糊涂油蒙了心，费一二两银子买他，原说解闷儿，就没想到这上头。罢了！放了生，倒免你的灾。

（曹雪芹《红楼梦》）

此例误解不仅仅是对某句话的误解，而是还包括整个行为。说话人的言行明明是好意，听话人却理解为"分明弄了来形容打趣我们"。这与听话人特定的身世地位很有关系。听话人是个社会地位低下的戏子，她对有关的言行过于敏感，以致做出了与说话人意义完全相反的理解。

2. 语言距离

言语交际双方存在的语言距离是由交际者在文化、性别、年龄、地位、关系、民俗等方面的差别形成的。说写者应尽量缩短语言距离，使对方易于接受。如"副食品又涨价了！"这句话，如果一位女士是上班时面对办公室的同事说的，此时她的身份是一位职业妇女，接受者是她的同事，相互关系平等，接受者对这句话只会当作一种市场信息去感知，至多引出一些类似的议论，而不会产生言语距离。但这位女士若将这句话放在家里面对一起生活的婆婆说——假设这位婆婆属领工资的退休人员，每月的伙食费仅象征性地交一点,那么,即使这位女士这句话的语义与在办公室说的完全一样,没有一点另外的潜隐性信息,也会因为此时自身角色身份和接受对象发生了变化,加之客观存在的婆媳之间的微妙关系,使作为接受者的婆婆可能产生:"媳妇是故意说给我听的,是暗示我应当增加一点伙食费了"的语义偏离。在这种情况下,即使婆婆不再做出任何言语反应,也可能由此言语距离使双方产生不愉快的心境,加大婆媳间的心理距离。

3. 性别差距

在异性交往中如果表达不得体多会造成误解。在中国,如果谈恋爱冷战后男的一句"算了吧,拖了这么久了",女的理解为要分手;男的与女的说一句本无贬义的"玩一次",女的警惕道:"你玩准?"如此等等,不一而足。因此,异性的言语交际双方,更应充分注意性别差异对言语表达可能产生的偏离和误解,并加以注意。

4. 言外之意

在口语表达时,要注意"说者无心,听者有意",自己并不经心的话语有时却被对方误认为有言外之意,从而产生说、写者始料未及的负面效果。例如:在主客角色关系中,说话不难体会出现以下这个问题。

某人请客,客人来得差不多了,唯独一人迟迟不到。于是主人随口说了一句——

主人1:该来的不来——(1)

客人甲听了以为主人指他不该来,于是离席。

主人见状又说——

主人2:不该走的又走了。(2)

客人乙以为主人指他该走,于是愤然而去。主人急了,搓手说道——

主人3:我又不是说他呢!(3)

客人丙以为主人是说他该走了,拂袖而去。

一桌酒席就这样散了,主人大惑不解。

这是一则流传甚广的故事,它典型地反映了话语中非说话人意图的暗含被听话人理解为说话人意义的情形。拿"主人1"来说,"该来的不来"是个全称判断，其对比暗含是"不该来的"怎么样。将所有的人分为"该来的"和"不该来的"，现没有来的为该来的，那么来了的就是"不该来的"了。听话人甲正是这样推理的：既然该来的还没有来，那我一定是不该来的了，那不是该走吗？但说话人（主人）的本意并非如此，他只是没有说好话而已，这一点从"主人2"可以得到证明。在事关面子、尊严的问题上，听话人按照逻辑常规坚信主人的话是有"不该来的来了"含义的，导致误解。因此，在言语交际中，说写者应慎重从事。

（三）文化背景的制约

口语交际中存在着言语距离。交际双方的语音差异是造成言语距离的重要原因，也影响着人们的交际效果；表达者与接受者的言语经验、思想修养及文化态度等因素的差异也会导致双方的言语距离，并可能造成交际中的不良影响；接受者若在接受信息的过程中，介入了较强的主观色彩，则有可能使表达者输出的言语信息改值。因此，口语表达的得体受文化背景的制约。文化背景的制约又包括时代氛围、地域特色、文化习俗影响等方面的内容。

1. 时代氛围

得体性的标准受时代的制约，在某一个时代的言语行为是合理的，在另一个时代则是不合理的，甚至是荒唐可笑的。对于同一个说话对象、同一个空间，时间不同，有些话就有个适当与不适当的问题了。

2. 地域特点

言语交际还应考虑不同地域的文化背景。如中国人在交往中询问对方的恋爱婚姻状况是正常的，体现出一种热情关怀的心理。但西方人却认为恋爱婚姻纯属个人隐私，向别人询问是不礼貌的，尤其是向异性打听婚姻状况，更有关心过甚之嫌。另外，向西方人询问他的年龄、文化、工资、财产等"私人问题"，也很不得体，往往被对方视为无礼的提问。不同的民族或地区有不同的言语禁忌，如西方忌"13""星期五"，广东忌"猪舌"，船家忌"翻"和"沉"。在港澳地区，探视病人不能送梅花和吊钟花，因为这两种花名与"倒霉""寿终"语音相谐。在上海一带，探视病人，不宜送苹果，因为"苹果"和"病故"读音相近。"师傅"这一社会称谓在多数地区都流行，但一位上海青年在承德旅游时间向一妇女问路，使用"师傅"这个称呼时，却遭到对方的斥责。原来，在承德地区，"师傅"专指出家人。

3. 文化习俗影响

在言语交际中，语言与文化常融为一体。不同民族的人在交往时，一个民族独特的习俗文化因素（包括生活方式、行为准则、生活习惯、价值取向、社会规约、人际关系，等等）往往使对方不理解、不适应、严重的甚至会产生"文化休克"（culture shock）。我们知道，文化具有民族性，每种文化都有其独特的风格和内涵，每种文化在其准则、规范、行为模式的表面下，都有着整套的价值系统、社会习俗、道德观念、是非标准、心理取向、思维特征等。正是这些因素制约着每一个民族对语言的使用。因此，作为外国人在学习汉语前已经有了一个价值体系，以及观察事物的模式方法，有了一套自幼习得的母语语用规则和文化因素，在学习运用汉语时势必与之发生冲突，形成干扰。换言之，只要有文化差异，语用失误就不可避免。虽然外国人在和中国人的交际中也竭力地想调整自己的文化态度，但他们毕竟是外国人，他们都有各自丰富的文化背景。对他们而言，学习汉语，总会受到母语的语用规则及母语文化的干扰。例如：中国人在交际中常常使用敬辞尊重对方或与对方有关的人、事或行为以示恭敬，如称对方的亲属"令尊""令堂"等。在别人面前称自己或自己的亲属，中国人常用谦称，如称自己的双亲为"家父""家慈"，称自己的同辈人用"舍"，如"舍弟"，称自己的子女为"犬子""小女"等。这类敬辞和谦辞反映了中国人独特的人际态度，是中国文化特征的体现，在英美文化中则没有这种交际行为准则。比如一个有意思的例子，一次运动会上，一个教师跑完 100 米，并取得了冠军。回来后，有学生迎上去夸奖说："老师，您跑得像狗一样快！"这显然是误用了本族语中的文化观念。在西方，常常将狗视为家庭成员，然而，汉语中"狗"往往是负向文化倾向，多为贬义意向。这个例子说明了不同文化背景，造成不同文化内涵差异，如果言语表达的不得体，造成交际障碍。

第二节　留学生口语表达的特点

随着中国经济的发展，越来越多的外国学生想到中国学习汉语，了解中国文化，让留学生真正地学好汉语，在感知基础上的理解语音、语义，包括词汇、语法，是进行交际的前提，在口语表达和言语交际时更得体，更成功地完成交际,是汉语教师的任务之一。每个语言集团都是按照世代沿袭的一套规则产生并进行交际。留学生想学习汉语进行交际当然要对汉语进行感知和理解,最后达到对汉语的运用。语言只有通过运用,才能检验出掌握的程度和交际的能力。所以一个学生学习语言的过程是经历了对语言的知识和材料的输入和记忆后,要进入输出阶段,才最终完成学习过程。从话语的产生看,如图6-1:

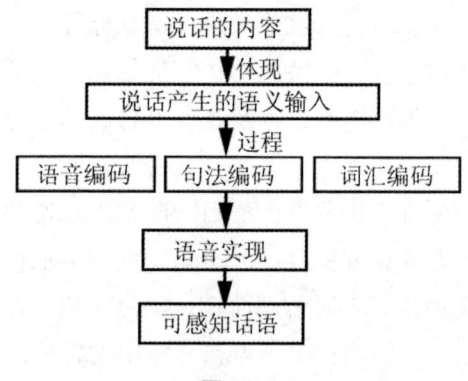

图6-1

留学生在口语表达时会有他们不同于第一语言的表达特点。我们应该从留学生日常口语表达时的特点和心理状态入手,找到帮助他们提高汉语口语水平的途径。

一、留学生口语表达的心理状态

(一)恐惧和紧张

对于留学生而言,首先汉语是他们的第二语言,是后天习得的,较之他们的母语而言,在表达时不会那么轻松自然,况且,一些留学生刚来中国,时间不长,他们掌握的汉语词汇还不多,基础知识还不扎实,所以在口语表达时难免会担心出错,会恐惧和紧张。往往出现边想边说,词不达意,或者语句断断续续,不连贯。例如:*我的想是……很多不同中国与韩国文化方面。*我很想说他汉语。这样边想边说,语序混乱,而且词不达意。这种恐惧和紧张的心理如果不能克服,会造成留学生对于汉语口语表达产生畏惧,甚至不愿意交际。很多来到中国的东方学生,他们大多性格内向、羞涩。由于这种原因,出现回避使用汉语进行交际的情况,到中国一段时间后仍不能大胆张嘴说话。

（二）过于追求完美

还有一些具备初中级汉语水平的留学生，他们在口语表达时并不恐惧和紧张。他们自认为汉语已经达到很高的水平，所以在口语表达上希望能够更多地表现学习成果，往往爱选择生僻词、成语，或者运用大量辞藻堆砌。或者在表达时过分严格地想语法、语序。例如：*妈妈在我生日时，给我买了一条裙子，像流星雨一样漂亮。这个句子看起来在语法上没有问题，但是，在修辞上却出现了问题，"流星雨"这种天文现象和"裙子"作比，不太妥当。因此，这些情况大大影响了口语的表达，给言语交际造成障碍。

（三）回避心理

许多留学生汉语学习到一定水平时，随着词汇量不断增加，他们已经掌握很多近义词、同义词。但是，在表达时为了避免出错，他们往往选择他最早学习到的、较为简单的词汇，利用这种方法来回避使用新单词。这种心理很不利于学生口语表达能力的提高。如果遇到复杂的语言交际环境，他会出现束手无策的情况。而且，这种心理更不利于他们更多地了解中国文化和中国语言的精髓。例如：说一个人的样子漂亮。中高级水平的学生形容起来，不能只限于"好看"这个词了，应该还可以使用"迷人""漂亮""有吸引力"，等等。可是，学生在口语表达时还是用"好看"，这就可以发现是在回避使用更多的词汇了。

二、影响留学生得体表达的主要因素

（一）汉语的语言基础知识

口语表达时不仅要求丰富的词汇，过硬的语法基础，能准确地把握句义，同时还要具备一定的修辞知识。练习中发现，学生词汇贫乏是个严重问题，这是"学生腔"的表现之一。基本词汇并不真正熟练掌握，对其含义、义项、用法等马马虎虎，这样，基本词就活跃不起来。而所谓"丰富""扩展"词汇的途径就是追求一些花里胡哨的字眼儿。精粹的成语、俗语等都是汉语的宝贵财富，应该认真学习掌握、准确理解，恰当使用，非常必要。但如果生吞活剥，胡乱使用，则不但措词失当，而且舍本逐末，反而有助于"假大空"，有助于"耍贫嘴"。汉语语言知识的不过硬直接影响了留学生口语表达的效果。

(二) 文化差异

目前来华留学生比较年轻,他们对中国的文化了解较少。异国文化的差异,造成他们对于词义、句义不理解。文化上的缺陷会造成对于句义、词义,理解的偏差。对中国文化了解不多的学生在口语表达上就有困难。例如:在口语练习中有一篇是关于北京的胡同和四合院的短文。首先短文运用了大量的建筑方面的专业术语来说明北京的四合院的结构组成。学生必须要掌握丰富的词汇,还要掌握汉语语法修辞,更重要的是了解中国的建筑文化。如果学生没有看见过四合院或是不了解它,很难理解这一特殊的建筑。练习中要求学生对于北京四合院谈谈体会,对于他们就是难上加难。还有由于留学生受到异国文化的差异影响,口语表达时会受到影响。比如:口语练习题目是"谈谈汽车进入中国家庭的影响",这对于一位中国学生来说,感触会很多,但对于一名留学生,如果他的国家汽车像自行车一样普遍,他没有那么多感触,口语表达起来就不会那么顺利了。因此,不同国家间的文化差异影响了留学生的口语表达效果。

第三节　留学生口语表达训练

汉语具有丰富的词汇,广博的含义的特点。得体地完成汉语表达对于中国人来说都很不容易,留学生表达起来就更加困难了。所以作为对外汉语教师更要帮助他们提高全方位的素质,帮助他们更好地完成口语表达。

一、语音、语调训练

在语音语调的问题上,口语教师应该帮助学生解决的是,他们在语音、语调上出现洋腔洋调的问题。这样他们在口语表达上才能够真正地做到得体,中国化。

(一) 同音词的处理

在同音词的问题上,为了帮助留学生在表达上出现问题,我们教师可以采用听读纠错,同义替换的方法,帮助他们认识到怎样是更得体地表达方式。

遇到诸如上文提到的"遇见、预见、学历、学力、期终、期中、全部、全不"等容易产生歧义的同音现象时，应先设例句，让学生听辨，帮助他们认识到这两个词是同音词，音相同而词义大不相同。在日常口语表达时应设法避开，可采用同义词替换，如把"遇见"改为"遇到"，把"学力"改为"水平"，把"期终"改为"期末"，把"全部"改为"全都"，等等。例如：

你猜，我昨天遇见谁了？（预见）——你猜，我昨天遇到谁了？
今天的考试大家全部通过。（全不）——今天的考试大家全都通过。
我们下周要举行期终考试。（期中）——我们下周要举行期末考试。

（二）轻声词的处理

汉语的轻音是一种特殊的语音变化。在一些语言中（如英语）轻重音并不区别意思，但是在汉语中有些词因为轻重音的变化，造成意义的不同。在轻声词的问题上，中国学生没有问题，但是对于留学生来说不仅调值把握上很难，而且在使用上也容易出错。所以，在口语表达时，留学生经常出现洋腔洋调的现象了，造成言语交际困难。例如：

大意 dàyi（疏忽）——大意 dàyì（主要意思）
兄弟 xiōngdi（弟弟）——兄弟 xiōngdì（哥哥和弟弟）
对头 duìtou（对手）——对头 duìtóu（正确）

以上这些词在使用时，留学生未免会出错，因为读音出错而出现词不达意。教师要通过对比的方法纠错，同时解释其在词性和使用上是不同的。例如：

我来给大家讲一讲这段文章的大意 dàyì（主要意思）。（此句中的"大意"为名词。）
都怪我太大意 dàyi（疏忽）了，让你受到伤害。（此句中"大意"为形容词，可以用"太"这样的副词来表示程度。）

我们三个人是兄弟 xiōngdì（哥哥和弟弟）。（此句中"兄弟"是名词，表示三个人的关系。）

兄弟 xiōngdi（弟弟），听大哥一句，你一定要努力学习。（此句中"兄弟"是代词，表示对弟弟的称呼。在这样的轻声词使用时，多用在口语中称呼，表示两人感情深厚。教师在纠正或辨析时一定告诉学生它的用法。）

我们两个人是死对头 duìtou（对手）。（此句中"对头"是名词，表示对手，"死"表示形容是什么样的对手。）
你的这种思想不对头 duìtóu（正确）。（此句中"对头"是形容词，表示正确。教师在学生表达时可用红、黑两种颜色表示两个词语，让学深刻记住，在表达时才能更加得体。）

还有一种轻声词格式是"A 不 A"的时候，"不"读轻声，如：看不看、听不听、穿不穿，等等，这种格式应该以一种固定的词语格式，紧凑地说出或读出，在正反式疑问句中使用。学生在说话或朗读时经常由于"不"这个字语调的错误出现错误的停顿。例如：

今天你去/不（bù）去北京？
小明到底穿/不（bù）穿运动服？

这两个句子如果按以上的方法表达不仅把句子不仅读散，也会让人不明句义的。

在处理轻声词的时候，教师所要采取的主要方法就是区别辨析，在重点的词汇出现时可以附加提醒的方式让学生记住轻声词的使用方法。

（三）连读的处理

连读的错误正是暴露出留学生对于词汇的语音、语调掌握的弱点。连读的错误很容易造成说话人对句子表达的偏误，造成听话人的歧解。

连读中会出现的两个主要的问题，其中一个出现在学生在表达中读音的偏误，另外一种就是出现在句子中连续出现两个相同的字或读音，而出现的偏误。第一种，经常发生在留学生身上，而第二种就连中国人在表达时也会出现问题。

1. 连读中的读音偏误

由于留学生学习汉语的过程是第二语言习得的过程，所以在学习的时候，会受到母语负迁移的影响，在表达时语音上会发出与母语相近的音。比如：韩国学生经常把"心烦（xīn fán）"读成（xīn hán），有人（yǒu rén）读成（yǒu lén），其中声母"f"和"h"，"r"和"l"，在发音上出现偏误。还有"决心（jué xīn）"读成（jié xīn），"山洞（shān dòng）"读成（shān dòng），其中韵母"üe"和"ie"，"ong"和"eng"在发音上发生偏误。而欧美学生在韵母"er"和"e"发音时出现偏误，"合适（hé shì）"读成（hí shì）或（hér shì），"毒蛇（dú shé）"读成（dú shér）或（dú shí）。日本学生经常出现的是声母"ch［tʂ］"和日语中"ち"反音相混，吃［tʂ］chi饭，经常读成 qi fan，还有"丝绸"中"丝"si 经常读成 su。以上这些连读中的语音偏误经常会造成人们的误解。

教师应该在日常针对不同国家学生的发音特点，让学生进行有针对性的练习。比如可以采用这种方法，将容易出错的两个音组成词，反复让学生读，在读的时候体会，不断纠正。如图6-2：

国别	h f	r l	üe ie	ong eng	e er	chi qi	si su
韩国学生	访华 繁华 花粉 风化	锐利 乳酪 利润 恋人	解决 越野 学界	龙凤 成龙 洪峰			
欧美学生					特色 车辙 十二 女儿		
日本学生						吃素 吃起来 汽车	丝绸 素色 四速

图6-2

2. 连读中连续出现的相同的字词或相同的读音的偏误

例如:"老一辈人倍儿走背字儿","坐你的(di)就是为了追前面的(de)面的(di)"。这些语言料不仅读起来很拗口,而且如果不加注音,不说留学生就是中国学生也很难看懂。所以,教师首先在处理和选择语言材料上,避免选择这样的材料让学生读,指导学生表达时更不提倡他们使用如此拗口的表达方式。我们还以通过替换或加字的方法避免这种现象出现。如:

老一辈人倍儿走背字儿。──→老一代人特走背字儿。

坐你的(di)就是为了追前面的面的──→坐你的出租车就是为了追前面的出租车。

教师帮助学生表达时解决好语音、语调方面的问题,也就是帮助学生口语表达得体方面的第一步,帮助他们扫除了言语交际的第一道障碍。

二、词汇和短语训练

(一)新词新语的处理

随着时代变迁和经济的发展,中国产生了大量的新词新语。口语课本所收录的大都是一些基本词汇、规范用语,鲜活的具有时代气息的口语很少,但在日常生活中学生却会经常遇到,因此,很多留学生渴望在学习课本知识的基础上学到一些新词新语。例如:

走势 创意 心态 水货 展销 社区
拓展 知名度 打卡 打工 家教
个案 企划 减肥 抢眼 抢镜
物业管理 特价 美食城 打理

口语表达使用中,我们非常提倡新词新语,但是口语使用时经常出现一些偶发词语,说起来轻松活泼,又能达到一定的修辞效果,如:"妇男""旧闻""冒退",等等,使用时具有偶然性,所以一定注意它的得体性。有些就不易被人们理解。例如:

老粗儿—老细儿 我是个老细儿。

我们众所周知"老粗儿"的意思,从来没有听说过"老细儿"的说法,所以人们理解上就困难了。例如:

物价—人价

我们都关心"物价"的问题,但是这"人价"又是什么,让人们费解,这样使用词语就很不得体了。

还有一些缩略语:

智商——智力商数　　个唱——个人演唱会
彩显——彩色显示器　　手机——手提电话
足联——足球联合会　　道指——道琼斯工业指数

另外,随着中国的开放,一些外语缩略语也随之产生:

CEO——首席执行官　　MBA——高级工商管理硕士
MTV——音乐电视　　　DV——数码摄像

这些新词新语都是时下经济和社会发展的产物,这些语词有些不太规范,但在实际生活中常遇常用,教师应该指导他们怎样运用,这样不仅扩大了学生的词汇量,也让他们进一步了解中国的变化,引起他们的学习兴趣,方便了他们的交际。

有些缩略语我们就不提倡使用了。例如:"青模"(青年模范)"威恫"(威胁恫吓)"人牙麻将"(人造象牙麻将)"上技院"(上海技术师范学院)等。还有一些时下流行的网络用语。网络用语新鲜感很强,学生掌握了这些词汇不仅方便上网时浏览信息,便于网上用汉语交流,还能提高其学习语言的积极性。例如:

伊妹儿(E-MAIL)　登录　注册　网上寻呼

下载　黑屏　黑客　链接（LINK）

但是，留学生在掌握网络用语时也要注意其实用环境，不能随便乱用。请看这样一段文字，如果没上过网的人是无法理解这段话的意思：

本人在贵公司的烘焙鸡上荡了一个软件不能用，可能贵公司的冬冬里面的 bug 很多，现特发一张帖子奉告，虽然是小 case，也请贵公司予以重视。BTW，如有可能，请将修正后的软件 E 我，大虾。

这里面有许多网络语言：

烘焙鸡——音译词，Homepage，主页；荡——音译词，Download，下载；

冬冬——东西；bug——臭虫、问题、故障；

帖子——在公共留言板上张贴的留言；小 case——小意思，小问题；

BTW——英语 By the way，顺便说一句；E 我——通过电子信件给我；

大虾——网络高手。

实际这段话的意思是："本人在贵公司的主页上面下载了一个软件不能用，可能是贵公司的东西里面问题太多，现在特发一个网上留言，虽然是小问题，也请贵公司予以重视。顺便说一句，如有可能，请将校对后的软件通过电子邮件给我。网络高手。"

从上例可以看出，如果网络语言使用不当也会造成交际障碍。教师指导学生使用新词新语的时候，一定注意要适当，要注意语言环境。既要增加兴趣，又要规范，新鲜而不泛滥是最好，这样也有助于增强汉语言文化的传播。

（二）熟语的处理（成语、惯用语、歇后语的使用）

汉语有着悠久的历史，积累了丰富的语言材料，熟语是其中一部分。汉语熟语具有类型多、数量大、历史久的特点。熟语中包括成语、惯用语、谚语、歇后语，等等。熟语由于其内涵丰富，格式独特，不能单从字面理解其真正含义，所以留学生学习起来既新鲜神秘，又奇特别致，很不容易掌握，更不容易表达。

1. 成语

成语是语言的重要组成部分，具有很强的民族的文化特色，多是四个字或四个音节，形式整齐，易读上口，节奏感强，很有韵味。鲁迅先生曾经说过"成语和死古典不同，多是现世世相的神髓，随手拈掇，自然使文字分外精神"。它的表现力和感染力是一般词语所不能及。成语具有现成性、固定性的特点，是经过历史传承下来的。它们大多出自古代典籍或者是古人口语。因此，像"阳春白雪"我们就不能说成"阳春的白雪"或者"阳春和白雪"，"鼠目寸光"我们也不能说成"鼠眼寸光"。像"画蛇添足""完璧归赵"这样的具有历史典故的成语，我们解释和翻译时都不能只从字面意思理解。而且，成语中包含了很多中华民族的文化，比如"龙"和"凤"是汉语中特有的词，是中国人心目中"灵异神武"的象征。所以会有"龙争虎斗""龙盘虎踞""生龙活虎""龙飞凤舞"，等等，这在其他国家民族语言中不一定能见到。由于成语本身的特点，人们在理解运用时容易产生偏差，对于外国留学生难度更大。

中级阶段的学生掌握了一定的成语，但使用时很少有不出错的。由于学生对成语这三个方面的特点掌握不透彻，就要犯错误，但这三方面的错误发生率不一样。错误类型主要有以下几种：（1）对成语的语法意义不理解、掌握不好，在造句时出现语法错误；（2）对成语语义不理解、理解不对、理解不准确造成的错误，这类错误的比率最大；（3）随意乱拆成语，这类错误较少，例如：

我和他不约而且同来看电影。
无论你好几次在他面前臭骂一顿，还是痛不改前非。
他小心地翼翼开车。

为了避免学生在口语表达时出现错误，我们可以采用这样的方法。
（1）让学生正确理解成语所指对象
例如，"走马观花"这个成语，意思是：比喻粗略地看。学生："他走马观花地看了她的脸。"这句话从语法角度来看，没有错误，但是句义错了。因为"走马观花"这个成语源自"走马看花"，宋杨万里《和同年李子西通判》"走马看花绿扶杨，曲江同赏杜丹香"。"走马观花"所观的对象有范围，必须是物或风景,而不是人。在教学中,应让学生了解一些成语的语用范围。

(2) 让学生了解成语深层含义

一些成语的实际意义往往和字面意义不相符,一些成语的字面意义和实际意义之间往往是比喻关系。例如:"不痛不痒"这个成语,字面意义是:没有疼痛和痒的感觉,而实际意义是:比喻言谈不触及实际,没切中要害,不能彻底解决问题。这类成语学生理解和使用起来很困难,如学生造句:"他在电梯里不痛不痒的感觉。"学生在使用这个成语时出现了偏误。教师不仅应该告诉他们这个成语的实际含义,还要告诉他们这个成语在表示对人或事的评价没有说到要害,态度不明确时才能使用,如:"孩子犯了错误得好好教育,这么不痛不痒地说几句有什么用?"

(3) 避免当今流行的一些乱改成语的现象

汉语中的成语向来被誉为是中国语言皇冠上的明珠,可以说是字字珠玑、寓意深远。现在的社会是高信息时代,广告满天飞,很多成语广告利用人们对成语的熟悉加深接受者印象。例如:

"默默无蚊的追求",这则杀蚊片的广告,巧将"默默无闻"的"闻"改为"蚊",既说明了杀蚊片的功能,又暗示可以给你一个安静的环境。

"百呼百应",这是某传呼机的广告,显然脱胎于成语"一呼百应"。

"百见不如一闻",PANASONIC 这是音响的广告词,将成语"百闻不如一见"略作改动。

有一鞋广告:"无鞋可及",借用成语"无懈可击"的音形,并寓意鞋的品质优良。

又如"天尝地酒"(天长地久)的酒;"肠治久安"(长治久安)的药;"一旦拥有,别无锁求"(别无所求)的锁……

这些广告虽然构思巧妙,但是过分泛滥,让现在很多人的生活深受影响。某些广告套用成语,滥用谐音。大大影响了人们的语言环境,同时也影响了人们的日常使用,以至于当他们将"默默无闻"写成"默默无蚊","有恃无恐"写成"有痔无恐","随遇而安"写成"随寓而安","有志不在年高"写成"有痔不在年高"而遭到批评时,反而还会理直气壮地脱口而出:"广告上就是这么说的!"

这些广告成语虽然让人们容易记住这些成语,但是却容易让他们对于成语认识发生偏误。教师在指导留学生学习成语时应该避免在口语表达时使用广告成语。

2. 谚语、歇后语、惯用语的用法

(1) 谚语

谚语属于熟语中的常语,也是定型的语言表达形式。由于历史的积淀、社会的习用,使得这些语言符号在形式、意义、功能和使用环境具有区别于它类常语的特点。从社会语言学的角度看,它们所负载的文化内容十分丰富,它们所折射的人文世界非常精彩,它们所表达的处世道理十分深刻,它们所反映的世态人心也十分直接。谚语与我们的日常生活有着密切的关系,它们与我们中国人的人文世界是不可分割的。它主要反映和总结生活中的种种规律,谚语口语性很强,大都是通俗易懂的口头话。它的成分和格式不是很固定,也不是很严谨。谚语是俗语的一种。它是流传于民间的通俗而富有意味的语句,也是民间文学的一种表达形式。我们经常用到的一些谚语如:"病从口入""人生七十古来稀""一人栽树,万人乘凉""正人先正己""人心隔肚皮""捡了芝麻丢了西瓜",等等。这些谚语在内容上,具有教诲作用,富有哲理和道德的色彩;在形式上,为便于口耳相传和记忆,语言简练,讲求对偶、比喻、音韵等修辞手法。留学生学习起来一定要充分了解中国博大精深的文化,才能理解其中的教育中作用,如果在表达时能够得体、恰当地使用就更好了。

(2) 歇后语

熟语中以三字格为主的惯用语,主要来自群众口语创造,简短精练,通俗易懂,富有情趣。我们日常用到的如:"洗脸盆里游泳——不知深浅""高射炮打蚊子——大材小用""小葱拌豆腐——一清二白""肉包子打狗——有去无回"。这些以人民生活的丰富经验为根基,有浓厚生活气息的俏皮话——歇后语更是带有隐语性质的口头用语,幽默风趣的基调能增加情趣、突出形象,从而提高口语的表现力。日常交谈等非庄重非正式场合可以多用,即使在正式场合,为缓解气氛,调节关系,增强情趣,往往也可以使用。

例如:在新加坡"首届国际大专辩论会"初赛时,复旦大学代表队与剑桥大学队辩论《温饱是谈道德的必要条件》,自由辩论至末尾,复旦队一辩姜丰与四辩蒋昌建的两段精彩的发言分别都用了歇后语。姜丰:"对方辩友一直是'坐飞机扔炸弹——空对空',讲来讲去,我问了那么多遍,他们也没有给我们举出一个实例来。"蒋昌建:"对方辩友回答我方问题,向来不是'小巷里面抬竹杠——直来直去',而是拐弯抹角。"

我们指导留学生在口语表达时得体地使用歇后语,就要使用规范的、文雅的歇后语。像一些已经不用的如:"姑娘嫁太监——死也不去""麻子做报告——群众观点"等不文雅的歇后语就不要使用了。因为歇后语在口语表达时具有增强诙谐、幽默的效果,所以在使用歇后语时一定要看语言环境,非常严肃的语言环境,如会议、学术研讨、丧礼等就不适合使用歇后语。

(3) 惯用语

惯用语是人民群众在长期的劳动生活中口头创造出来的,格式固定的具有一个特定意义且具有强烈修辞色彩的习惯用语。它活泼生动,通俗易懂,具有口语色彩,如"炮筒子"是指性情急躁或心直口快的人。又如戏台的柱子是十分重要的部分,没有它,戏台就要倒塌,于是人们用"台柱子"表示戏中的主要演员,进一步又比喻一个集体中的骨干。惯用语的运用比较灵活,可以拆开,中间插入一些成分。如"钻空子"可以说成"钻了我们的空子"。惯用语是在生活中创造出来的,也是汉语词语中富有活力的一部分。是最具中国特色的汉语词汇,惯用语与成语有一定的相似性,但是,惯用语口语色彩浓,成语书面色彩浓;惯用语含义单纯,成语含义丰富;惯用语大多可以拆开来使用,如"抓辫子"——"抓你的辫子",成语一般不可以拆开来使用。

在对外汉语教学的中高级水平的课程中,经常涉及惯用语的学习。在HSK考试中也经常是留学生在听力、短文中遇到的难点。由于文化的差异,留学生对于惯用语理解和使用都存在着困难。它的形式没有其他类型的熟语那么固定,多用于口语表达,形式活泼,它和现实生活又是紧密相连的。它需要留学生不仅掌握深厚的中国文化,而且需要掌握多方面有关中国的知识。比如:戏曲方面、饮食方面、文学方面、历史方面、各地民间习俗,等等。教师不仅要告诉学生有关惯用语的意思,其背后隐含的文化知识也要涉及,这样他们才能真正掌握惯用语。

我们不妨给惯用语列一个表格,可以帮助学生了解和掌握。如图6-3所示:

类别知识	惯用语
戏曲方面	红白脸、唱对台戏、跑龙套、甩袖子、群英会、耍花枪、唱独角戏、唱双簧
饮食方面	吃白饭、吃饱了撑的、炒冷饭、炒鱿鱼、吃大锅饭、吃偏食、吃哑巴亏
各地民间习俗	陈谷子烂芝麻、光打雷不下雨、活菩萨、活神仙、开顺风船、红白事
历史方面	摘纱帽、苦肉计、空城计、芝麻官、坐江山、事后诸葛亮
文学方面	甲天下、假道学、开山祖师、老夫子、白骨精

图 6-3

当然,这些远远不能将所有惯用语网罗其中,只是能够做到帮助留学生按图索骥去了解。还有很多惯用语需要留学生掌握一些汉语修辞方面的知识才能够真正掌握。

同时要注意在使用惯用语时,不能随便使用。例如:夸奖男人皮肤很白。学生:"你真是个小白脸。"这样被夸奖的人肯定不高兴。因为"小白脸"是说不靠自己的本事专门靠相貌取悦别人的人。而且,有很多词中国人是很忌讳的,如"见鬼去""见阎王去"不要对中国朋友随便使用。如果使用不当,会弄巧成拙的。

总之,词汇是语言的建筑材料。留学生想得体地表达语言,必须应该能够得体的、恰当地运用词汇。

三、语序训练

倒装句的使用

在正常的情况下,汉语主语总是在谓语的前边,修饰语总是在中心语前边,宾语和补语总是在述语后边。有时候这种顺序可以颠倒。例如:

◆ 主语后置:
　快进来吧,你。
　修好了没有,那辆车?
　真有意思,这个人!

◆ 修饰语后置：
　　九点半了，都。
　　找着了，大概。
◆ 宾语前置：
　　他出国了，听说。
　　不会再地震了，估计。
◆ 补语前置：
　　气都喘不过来了，跑得。
　　吓死人了，说得。
◆ 连谓结构前后两个直接成分的顺序颠倒：
　　快结婚了，跟她。
　　快回去吧，叫他。

　　这种说法多用于口语。前置的那一部分是说话人急于要说出来的，所以脱口而出，后一部分带有补充的味道。特别注意，后置的部分必须轻读，这是这种倒装句的明显标志。有些倒装句使用恰当会达到很好的效果。如《荷花淀》中有两处经典倒装句：第一处是水生在上述水生嫂问话后，还想掩饰，于是笑了一下。水生嫂很敏感，知道笑里有文章，就问："怎么了，你？"第二处是一场战斗之后，水生们从水里打捞了战利品，水生对着荷花淀吆喝："出来吧，你们！"这里，一个疑问句，一个祈使句，它们和感叹句一样，都是倒装句的常用句型。当然这只是一般地说。前一句表达了水生嫂急切的心情，在这样的问句中，谓语远比主语重要，说者总是迫不及待地先说出谓语，然后再补上主语。后一句，接着补充叙述：（水生）好像带着很大的气。如果我们在记录人物对话时适当用一些倒装句，可以再现生活，也能更好地表达出人物的心理、思想、性格等，甚至传达出某种环境气氛。

　　这种特殊语序的句子，留学生掌握起来不容易。帮助留学生使用倒装句要顺其自然，而且一定注意是在口语表达时，使用错了环境，也不会收到良好的效果。

第四节　留学生口语表达训练方法

一、语境设定法

王德春教授指出:"人们使用语言进行交际离不开语境,就像人的呼吸离不开空气一样。"可见语境对于言语交际的重要性。语境对于口语的重要性则更大,"在口语中语境与言语'融为一体',许多交际成分没有词语上的表达,因为这些成分在语境中已经有了。语境的作用在口语体系的所有层次上都有体现,语境对于口语各个层次单位的构成及其语义特点都有很大的影响"。

语境包括两个方面:一是言语交际的主体,即说(写)者和听(读)者,他们按照自己的文化传统和心理习惯、交际动机等在运用和理解语言,是他们使语言成为动态的。例如:中国人对于别人夸奖喜欢很谦虚的谢绝,"你干得真好。"——"不好,不好。""你客厅真气派呀"——"(也)不怎么样。""你混得不赖呀"——"不行?不行。"或者"(也)不怎么样。""你老婆真漂亮。"——"不不不,一般一般,过得去吧。"或者"不不不,马马虎虎,总算拿得出手。""你这些年成绩卓著呀。"——"不不,你也不错哪。""你是我们中的佼佼者呀。"——"不能这么说。"而欧美国家对于夸奖总是用"Thanks" or "Thank you"接受了夸奖。这与汉文化的心理习惯有关系,所以,不同的语境会有不同的表达方式。

二是交际时间、地点、条件等为语言提供了具体的环境,这是语境的客观因素,它对于处于动态的语言意义有很强的制约作用。我们为学生提供一些他们熟悉和经历过的生活场景,以此来提高他们运用词语的能力。在语境的选择或设计上,要照顾学习者的实际需要,这样才能激发他们的学习兴趣。学习者来自不同的国家,其文化背景、生活习惯、个人爱好都有差别,我们必须考虑到这些因素。例如:学生开始接触"讨价还价"这个词组时,很难理解其特殊含义,更不知道在中国怎么操作"讨价还价"。中国怎么操作"讨价还价"。我们就让他们到市场、商店去观察、感受;让他们逐渐学会在某些市场或商店跟售货员讲价;在此基础上,用类聚式的方法向他们讲解"喊价、要价、还价、杀价、减价、涨价、定价、不定价、明码实价"等词语。经过反复练习和使用词语，学习者语言表达就会越来越顺利。

（一）在教学中设定语境

在口语教学中，一些中国人看来简单的词语，外国学生却很难准确掌握。在教学中通过创造语境让学生有身临其境的感觉，以便更好地理解词义和用法。

例如："未尝不可"。其义是：不是不可以。学生在运用时极易出现困惑。在教学中，创造一定的语境，让他们体会和掌握，明白"未尝不可"这个词语运用在句子中表示一种建议的语气，是在委婉地建议一种做法时使用。教师可以提出三个主题，让学生围绕主题运用"未尝不可"造句，并让学生说明他们所说的句子中建议的理由。

教师：建议你的朋友买这条红色的裙子。

学生A："你穿这条红裙子也未尝不可。"

学生B："这句话的意思是朋友没有穿过红色的裙子，建议买红色的裙子试试，也许很好看。"

教师：建议你的哥哥坐公共汽车到你的公寓。

学生C："你坐公共汽车来未尝不可。"

学生D："这句话的意思是哥哥原打算骑车来公寓，建议哥哥坐公共汽车来，也许更快。"

教师：建议小李吃中国菜。

学生E："小李，中国菜未尝不可。"

学生F："这句话的意思是小李没有吃过中国菜，建议小李吃中国菜尝一尝，也许会很喜欢。"

这样，不仅让学生掌握了"未尝不可"的用法，还提高了学生开口说话的积极性和主动性，解决他们因语料缺乏而造句困难的问题。同时帮助学生能够得体地使用"未尝不可"这个词语。

还有一些词语，中级阶段的学生理解起来很困难。例如："为人处世"，这个词单纯讲解词义，学生并不能很好地掌握和理解，在教学中，可以把这个词的词义分解开，从不同角度来讲，教师提出问题和学生进行讨论。例如：

教师:"你和朋友怎样相处?"
学生:"我喜欢和朋友真诚地交往,把我很多的想法告诉他。"
教师:"你怎样看待金钱?"
学生:"我觉得金钱很重要,我们努力工作可以赚到很多钱,可以去旅行。"
教师:"在陌生人遇到困难时,你会怎么做?"
学生:"我很希望帮助他们,我觉得应该帮助他们,但是要看他的困难是什么?他需要不需要帮助?"

讨论结束后,老师进行总结,这三个问题实质上反映了学生为人处世的原则和态度。学生通过这样的学习、练习,不仅掌握了"为人处世"的词义,还进一步了解这个词如何运用。

在课堂教学中,学生是主体,教师是引导,教师在课堂上设计、创造一个语境,在语境中,学生会自觉成为课堂真正的主角,可以更生动、更快捷、更正确地运用词汇,从而提高了得体的语言交际能力。

(二)在语境中注意语言策略

在创造语境的同时,我们要教会学生汉语言语交际中的一些语言策略,帮助他们了解中国人心理特点,以便更好地进行交际。如礼貌策略,汉语文化里的礼貌策略,有它鲜明的特点,那便是:许多其他的言语行为,如同意、邀请、表扬、赞许、批评、反驳、谩骂、揭露、讽刺、挖苦等,都要由礼貌策略去伴随。有些言语行为,如同意、邀请、表扬、赞许等,天生地与礼貌策略相近或一致时,这两种言语行为显不出矛盾,可是当两种言语行为相去甚远时,那伴随的礼貌策略就显得特别高雅与得体。混合着的两种言语行为相互牵制,使主要言语行为,如批评、反驳、谩骂、揭露、讨价还价等,受到缓冲,于是显得含蓄、婉转。这可能是中国人的中庸哲学(独特的汉语文化心理)起了作用。如:

(语境:1917年李柱及在日本教师藤原茂岛家中做客晚餐,端上来的菜咸得难以下咽。)

藤:(笑)你要多吃点,回去之后哪有这么多的精盐吃呀!

李:先生长在岛国,知不知道本国的海岸是世界上最长的,盐场也是最多的？只是目前生产有待发展，到时，如先生关照，我请先生免费吃三年，盐放得比今天多三倍，如何？

（说完站起离开）

（古野：《武陵一松壮于山——记著名爱国实业家李烛尘》，载《湖南党史》，1994年第5期。）

(三) 在语境中注意说话人的意图——言外之意

在语境教学中，一定要注意语境中说人的意图。俗话说："说话听声，锣鼓听音"。在特定的语境中，说话人要表达的真正含义和动机是什么，这些对于留学生而言也是有难度的。在指导留学生学习时一定让他们注意对话中的言外之意，不能简单地不分语境草率回答。

冬天的傍晚，主人和客人在聊天，窗户开着，忽然有风吹进来，这时客人说："今天有点儿冷。"（在这里"今天有点儿冷。"意思就是客人示意主人把开着的窗户关上。）

冬天的早上妈妈对孩子说："今天有点儿冷。"（这里这句话意思是让孩子多穿衣服。）

这两个语言环境不同，两句相同的话，意思却不一样，这就意味着回答不同。

再如一段夫妻对话。妻子说："今天星期几？"她的意图是有意问丈夫是否记得今天是结婚纪念日。如果丈夫说："今天星期日。"这样简单的回答妻子肯定不满意。

因此，教师在指导学生口语表达时设定语境非常重要，在语境中完成口语表达。语境对帮助留学生得体地表达汉语起到很重要的作用。通过设定一定的语言环境启发学生在此环境下选择得体的词汇和说话方式。在语境的选择和设计上，还要尽可能地运用一切可以利用的工具和条件，既利用现实生活场景进行情景式教学，也利用实物、照片、情景画、录像等手段辅助教学。这些，无疑对帮助留学生理解词语、使用词语、进行交际起到事半功倍的作用。

二、渐进法

渐进法，即通过渐进的方式帮助学生完成得体的口语表达。因为留学生学习汉语的过程是第二语言习得的过程，所以不同于母语学习者。他们运用第二语言进行交际的能力，是要通过渐进的过程完成的，所以采用渐进的方法让他们逐步从获得语言基本要素开始，到能够完成句子，再到能够选择不同的词汇、句式得体地表达语言。这种方法正是在对外汉语教学过程中，引入素质教育的重要方法。我们可以用图示法表示：

运用渐进的方法帮助留学生的口语表达过程如图6-4：

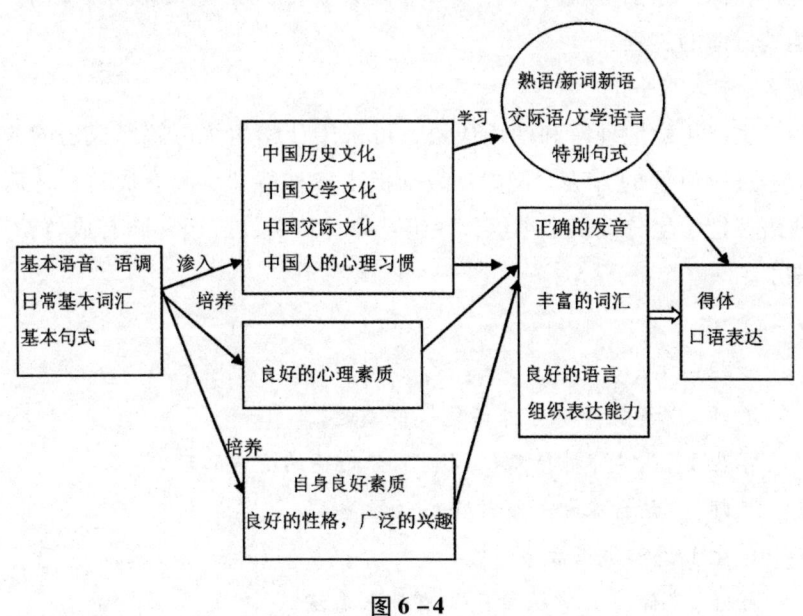

图6-4

从图6-4可见，我们采用渐进方法是需要教师和学生共同努力，有耐心，有信心才能完成好的教学过程。采用这种方法不仅可以让学生具有扎实的基础知识、良好的语言表达能力，也可以培养他们良好的综合素质。

在课堂教学中，针对不同水平的学生采用渐进方法进行教学的实例如下：

例1：初级水平的学生

处理《现代汉语课程——读写课本》中64课《最新式的服装》的生词，可以将与衣服有关系的词一起讲解。如：西服、套服、裙子、衬衫、裤子；

同时也可以加上量词：一套西服，一条裙子，一件衬衣，一条裤子；还可以围绕生词用聚合、组合的方法，让学生学习更多的相关词汇，如图6-5：

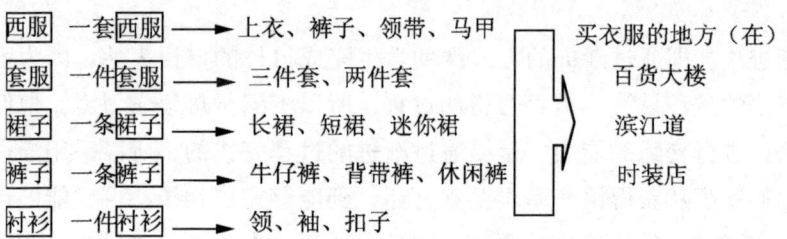

图6-5

这样，像"滚雪球"一样，以旧带新，扩展词汇同时锻炼口语的表达，逐步达到得体的过程。

例2：中级水平的学生

为学生能正确地理解和使用成语，可采用让学生练习解释成语的含义并围绕成语进行讨论的方法，例如：教师提出守株待兔、胸有成竹、种瓜得瓜三个成语，把学生分成三个小组，一组：守株待兔；二组：胸有成竹；三组：种瓜得瓜。

一组：

教师："请解释'守株待兔'的意思。"

学生1："'守株待兔'讽刺不劳而获的侥幸心理。"

教师："请你来讲一讲这个成语故事。"

学生1讲解成语故事

教师："你对'守株待兔'有什么看法？"

学生2："要积极地争取机会，不能守株待兔。"

教师："生活中大家有没有过这种心理，希望每天在大树下等待兔子的到来？"学生七嘴八舌，课堂气氛很活跃。

同样，二组"胸有成竹"、三组"种瓜得瓜"，也让学生这样操练。这样不仅让学生掌握了成语，还锻炼了学生语段表达能力，同时也帮助学生完成了得体表达的过程。

例3：高级水平的学生

在高等汉语水平的留学生口语课上，学生经常要做口头作文练习——语段表达练习。如记难忘的一件事。这个话题对于中国学生很简单，又很想表达的事情。可是留学生却出现了问题。一个学生想把第一次在大学时参加樱花节的事情，作为难忘的事情表达。她的表达是这样的：

一次，学校组织去参加樱花节。很多同学，很多人，很热闹。在山上，樱花节漂亮……我们做了很长时间的车，吃了午饭、晚饭，很多喝酒才结束……

在这段表达中，听者不知道为何难忘，而且时间、地点都很混乱，语句中有很多不得体的地方，让听者不知所云。教师必须帮助学生解决这些问题，可以采用渐进的方法，通过提问、引导，与学生互动，启发他们完成表达。

教师：你首先觉得难忘的事情发生在什么时候？
学生：上大学二年级的时候，学校的樱花节。
教师：你的樱花节在什么地方开办？
学生：我们学校后面的山上。
教师：你觉得为什么难忘？
学生：那是我上大学第一次参加樱花节，而且同学们都参加了。
教师：樱花漂亮吗？
学生：当然漂亮，而且很香。
教师：你能把樱花的漂亮描述一下吗？
学生：它们都是粉色的，山上全是，远远看去，山都变成粉色的。樱花很多，所以很香。
教师：你可不可以用一些比喻句。
学生：山上的樱花就像一片粉色的花的海洋。
教师：你和你的同学第一次参加樱花节很高兴吧。
学生：当然，因为以前大家都不熟悉，樱花节时，我们一起欣赏樱花，大家互相拍照，我们亲近了很多。
教师：好，你可以把刚才回答我的问题，按顺序，变成一段短文叙述一下吗？
学生：在我上大学二年级的时候，在我们学校后面的山上举办了樱花节。这是我和同学们第一次参加樱花节，我觉得很难忘。樱花节的樱花很漂亮，山上全是樱花，都是粉色的，很香，远远看去，山上就像一片樱花的海洋。我和同学们第一次参加樱花节，以前大家都不熟悉，在樱花节时，我们一起赏樱花，大家互相拍照留影，我们亲近了很多，大家高兴极了。

这样，通过教师预设好有顺序的问题，不仅帮助学生理清了表达思路，而且可以帮助她得体表述出令她难忘的一件事。采用这样的师生互动方式在语段表达上可以收到良好的效果。

三、总述

总之，汉语是世界上古老的语言之一，是汉文化的体现，它词汇丰富，内涵深厚，意义深远。如果想在言语交际中能够得体地运用汉语，必须要掌握更多的知识，具备更好的素质。

作为教师，一定要采用很好的教学方法，按照口语表达得体原则，帮助学生纠正偏误完成得体的言语交际。

本章参考文献：

［1］谭汝为：《词语修辞与文化》，天津古籍出版社1998年版。

［2］吴士艮：《口语表达词句修辞特点》，载《语言与翻译》，1996年第1期。

［3］田子：《口语交际的言语距离》，载《西南民族学院学报》（哲学社会科学版），1996年第S6期。

［4］宗世海：《汉语话语中误解的类型及其因由》，广东外语外贸博士学位论文，2000年。

［5］常宝儒：《说话的内容》，见《汉语语言心理学》，知识出版社1990年版。

［6］劲松、麒珂：《网络语言是什么语言》，载《语文建设》，2000年第11期。

［7］王沪宁、俞吾金：《狮城舌战——首届国际大专辩论会纪实与评析》，复旦大学出版社1993年版。

［8］瞿麦生：《语用学与对外汉语教学》，见《天津市对外汉语教学论文集1998》，天津人民出版社1999年版。

［9］钱冠连：《汉语文化语用学》，清华大学出版社1997年版。

第七章

篇章表达得体性

很多留学生都说汉语难，用汉语进行书面表达就更难。据有关调研资料显示，对于大多数留学生来说，"听、说、读、写、译"五项言语技能中，最困难的、掌握最差的是"写"。"写"是一个输出性环节，是语言学习到语言运用的过程，是在新的语言环境中对已经学过的语法、词语重新组合、选用的过程，是对语言学习的全面检查。特别值得注意的是，有时就每个句子本身来看没问题或没什么大问题，但将这些句子排列组合成语段、语篇之后，就不那么得体、合适了，如出现句子排列不符合逻辑，句与句之间衔接生硬、松散，语义不贯通等现象。如何克服这些问题呢？笔者认为除了要通过各种手段丰富学生的汉语语感，培养学生的语境意识外，还要使留学生逐步掌握汉语的语篇手段、篇章的结构特点、语体风格等，注重从语篇的角度培养留学生的汉语思维习惯和能力，才能满足学生进行比较自然得体的汉语书面交际的需要。本文将立足于语篇，通过具体实例的分析，对篇章表达中的有关问题加以阐述。

第一节 语篇衔接与连贯

语篇通常都是由一系列连续的语段或句子构成的语言整体，而组织语篇就是要考虑如何把两个或者两个以上的句子连起来，构成一个意思完整、语境合理、上下连贯的篇章。

语篇无论以何种形式出现，都必须合乎语法，并且语义连贯，既包括与外界在语义上和语用上的连贯，也包括语篇内部在语言上的连贯。也就是说一个语义连贯的篇章，一方面要在语言形式上，篇章各句、段之间存在着粘连性；另一方面在语义逻辑上通常具有内在的逻辑关系，全篇有首有尾，各句段反映的概念或命题具有连贯性，而不能毫不相关。其中每个句子都起着一定的承前启后的作用，句与句、段与段的排列一般都符合逻辑顺序。

留学生在最初进行书面表达时，尽管外在形式上脱离了句子的框架，把句子组合起来了，写出一段话，甚至一篇文章，但句子之间的组合往往只是表面的，并未形成真正意义上的语段或语篇，而只不过是单句的叠加。绝大部分留学生往往缺乏语境意识，又没有熟练掌握必要的语篇手段，因此进行书面表达时无论是在前后衔接上，还是在语义连贯上，都存在着大量的偏误。在书面表达上，不仅仅要求学生能够写出一些准确清楚的句子，还要求留学生能写出完整的文章，得体地进行交流，因此重视语篇的衔接与连贯是十分必要的。

衔接和连贯是语篇的重要特征。一个语篇应有一个论题结构或逻辑结构，句子之间应有一定的逻辑联系。语篇中的话段或句子都是在这一结构基础上组合起来的。这种联系是通过有明显标志的衔接或语义上的关联来实现的。一般认为衔接是通过语法手段和词汇手段实现的，也被称为"形合"；连贯是语篇中语义的连接，是通过逻辑推理来达到语义连接的，也称为"意合"。本书将从三个方面来谈语篇的衔接与连贯问题。

一、基本的语篇手段——连接词语

逻辑联系语又称连接词语，在此我们称之为关联成分。关联成分是一种重要的衔接手段，它使得语段、语篇中两个或多个句子在逻辑上联系起来。

语篇中最基本、最直观的衔接方式是连接词语。句子之间的各种语义关系，都可以通过连接词语来体现。因此，恰当地使用连接词语可以使句与句之间的关系更明确，语段表达更清楚、流畅。

（一）常用的篇章连接词

作为连接成分，关联词语常常在篇章衔接中发挥着重要作用。语篇中句子、语段之间的结构关系复杂多样，如并列关系、对应关系、顺序关系、分解关系、分指关系、重复关系、转折关系、解释关系、因果关系等。各种关系都有相应的连接成分来体现。如表7-1所示：

表 7–1

语义关系	连接成分（举例性的）
时间	原先，事先，很久，以前，不久前，过不多久，随之，随后，接下来，曾几何时，顷刻之间，片刻
序列、列举	首先，其次，最后，第一，一则，再则，其一，进一步说
加合	相应的，无独有偶，再说，此外，还有，更有甚者，此外，另外，补充一点，除此之外
真相、实情	其实，实际上，确切地说，老实讲，不瞒你说，说句心里话
转折、选择	要不，但是，不过，然而，闲话少说，言归正传
条件	要是，不管怎样，无论如何，无论，不论，要不是这样，否则
让步	退一步说，自然，诚然，固然，当然
结果	终于，果然，不出所料，果不其然，果真，难怪，怪不得，原来如此
原因	所以，于是，因此，因而
目的	为此
解释	这就是说，这句话说，也就是说，具体来说，具体地说
举例	拿……来说，例如，比如说，举个例子，以……为例
题外、补充	还有，另外，再说，补充一句，顺便说一下，顺带提一下，附带说几句
归纳总结	总之，综上所述，总而言之，一言以蔽之，一句话，总的看来
意外	谁知，哪料到，突然，猛然间，岂料，岂知
推论	不用说，由此可见，显然，毫无疑问，可以肯定，这意味着，这说明
比较、对比、对立	同样，相比之下，与此相比，对比之下，相形之下，与此相反，相反，反之

如果把这些语言手段较为系统、合理地贯穿在教学总体设计中，并编排语言材料，设计相关练习，就可以引导学生逐步建立连接词语及其表达的语义关系之间的联系，最终达到比较自如地进行语篇表达的目标。

（二）连接词语使用中出现的失误分析

在书面表达中连接词使用不当必然会影响语句的衔接以及语义的贯通。留学生在运用连接词上的失误主要表现在以下几方面：

1. 连接词缺失

例1：a登山的时候，b谁都想一步登到山顶，c但这是不可能的，d一步一步走，e付出一定的代价，f能到达山的顶端。

例2：a今天是中秋节。b对韩国人来说，c中秋节是一个很重要的节日，d亲戚们都聚在一起吃好吃的，e玩游戏，聊天什么的，f开心得不得了。g我不仅是想念家里人，亲戚、朋友，h还想念韩国的很多东西，j甚至还想看精彩的中秋特别节目。

分析：

例1中d、e和f之间是条件关系，应在d和f处分别填入"只有"和"才"。

例2的g前缺少必要的时间词，不属于承前省略，因为前一句的时间词是"中秋节"，是一个泛泛的时间，不指具体时间，所以，根据上下文的意思，这里应加上时间词"现在"。

2. 连接词多余

例3：二十六岁，两年前来中国。可是我顺便还要描写为什么我们在中国住。

例4：有一天我跟印度朋友一起吃饭，我们一边吃，一边聊天。于是他问我：你相信不相信上帝的存在？

分析：

例3中"可是"应删除，因为这里不含转折关系，有了它，语篇更显得累赘。

例4"于是"的着重点在于两事有因果关系，也就是说，后一事是由前一事引起的。句中说他们边吃边聊，接下去说聊天的内容，二者没有因果关系，删去"于是"句子之间的连接会更自然。

3. 连接词误用

例5：a因为他什么都不明白，b性格好像孩子一样单纯，c坚信不疑大家都是好人。d随着他的智能的提高，e他渐渐开始明白人不都是那么善良。F在他的心里，g生成憎恶、愤怒和怀疑别人的感情。

例6：中国是我第一次去的外国，本来我对中国以及汉语一点也不了解。

例7：最后，我还想对那位警察说一句话："为了您的帮助，我们才平安地回到苏州，非常感谢！祝您工作顺利！"

例8：把丧事办完了以后，要跟父亲分手的时候，虽然父亲很忙，但自己送了儿子，而嘱托茶房好好照应儿子。

例9：我在中国的时候跟一个朋友去吃饭……她却说她已经饱了……我以后就知道了那个朋友真是一个地道的中国人。一天，我请她吃饭，她就假装饱了。那一次我比较留心，就知道她不是真的饱了。我就请她多吃一点，外面很冷，怕她感冒。她就吃了很多。

分析：

例5由于没有和"因为"配合作用的"所以"，因此a、b、c句都可以理解为表示原因的句子。联系后文后才理解三者之间的关系，实际上a、b是原因，c是结果，它们后面的d、e句构成转折关系。因此，应该在b和c之间加上"所以"。汉语中有很多成对的连接词，可有些留学生不会使用。

例6中隐含了一个时间参照点，就是以"我到中国"这个时间为参照点。而"本来"一词侧重指事情本来的情况，在这个句子中使用"本来"就会使前后两句话缺乏连贯性，应改为"以前"更合适。

例7分句之间是因果关系而不是目的关系，而"为了"是表示目的关系的连接词，应改为"由于"更合适。

例8"而"连接句子的时候，表示的是"相反或相对的两件事"。句中"自己送儿子"和"嘱托茶房照应儿子"都表现出"父亲"对"儿子"的关切之情，两个句子的关系不是转折而是并列，所以应改用"而且"。

例9一共用了五个"就"。在这里，它不但表示了"于是，因此"等几种意思，而且在应该使用别的连接词的地方也用了"就"，"就"成了万能的连接词。在现代汉语中，"就"是一个很常用的虚词，它既可以做副词又可以做连词。做连词的"就"表示相承接的意思，"就"本身所表示的意义并不显著，所以，如果单独使用，句子的意思有时候会很模糊。为使整个语段意思明白，连接顺畅，同时避免重复啰唆，应该用其他的连接词去替换其中的几个"就"，原文改为：

"我在中国的时候跟一个朋友去吃饭……我以后就知道了那个朋友真是个地道的中国人。一天我请她吃饭，她又假装饱了。那一次我比较留心，所以知道她不是真的饱了。我于是请她多吃一点，外面很冷，怕她感冒。她真的吃了很多。"

二、重要的语篇手段——省略或指代

（一）省略

省略是汉语比较典型的语篇连接手段。省略不当自然会造成语句松散或衔接生硬等问题。它主要包括该省略的地方没有省略、不该省略地方却省略了这样两种情况。请看实例：

例11：来中国以后，我很想妈妈，所以〔我〕常常掉眼泪。〔我〕刚才给她打电话的时候，〔我〕又不知不觉地流下了眼泪。

例12：我喜欢看月亮，其中特别喜欢看中秋节的月亮。因为它又大又圆，而且还通过它可以想起过去跟家人一起度过的快乐的中秋节。这年中秋节，〔 〕也看了月亮，在窗前托着下巴，一边看月亮，一边想我的家人。

例13：我和〔我的〕妈妈说完，又和〔我的〕爸爸也说了。当然〔我的〕爸爸也是同意我的意见。

分析：

例11是该承前省略主语而没有省略，本句共有五个小句，后面的四个小句都用人称代词"我"做主语。汉语中，在同一个话题链内，因小句之间语义关系十分密切，所以前一小句出现主语后，后面的小句主语要省略。从小句层面看，句子都没有错误，但是从整个语段来看，语句之间衔接松散，不紧凑，因此应该删掉句中括号中的主语"我"。

例12共有九个小句，构成三个话题链，前两个小句是第一个话题链，记叙"我喜欢看月亮"；接下来的两个小句是第二个话题链，记叙"月亮又大又圆"；最后五句是第三个话题链，记叙"这年中秋节我看了月亮"。第一个话题链和第三个话题链之间意义上有一定的转换，而且语义距离较远，所以，"也看了月亮"句不能承前省略主语"我"。

例13共有三个小句，"妈妈""爸爸"前都用代词"我"来体现领属关

系，显得啰唆，应该把括号里的"我的"删掉。汉语表领属的名词性成分在一定的语篇条件下常常可以省略，汉语省略表领属关系的人称代词的语篇条件有两个：一是处于同一话题链内几个小句中的名词所表示的人或事物，属于话题所表示的人或事物时，其定语常常被省略。二是在记叙一个与"我"有着某种特殊关系的人物时，一般只在题目中或文章的开头交代一下这种领属关系，后文中表领属的代词可全部省略。

（二）指代

指代就是用某一词语直接指示或照应语篇之内或之外的某一事物。它既可以发生在句子层面上，也可以发生在大于句子的语篇层面上。在句子层面上指代可以使句子本身前后衔接；在语篇层面上指代可以使语篇前后承接和连贯，便于作者语篇的生成和读者对语篇的理解。指代是不通过具体的连接词语实现句子语段之间的衔接，在需要用代词替代时，出现缺少指代，指代不明，指代错误等问题。

例14：我们先去法兰克福，然后坐火车去科隆。因为要游览的地方很多，我们要在那个城市停留五天。

例15：老人看不懂天气为什么那么奇怪。没多久，老人就开始擦汗并把外套脱下。

例16："你别着急，咱们等着你。"

分析：

例14句因为该例的语境出现两个城市："法兰克福"和"科隆"，所以最后一句中"那个城市"的使用就出现替代不明的偏误。应用"法兰克福"或"科隆"直接替代"那个城市"。

例15句应用"他"替换画线的"老人"这样语篇就会更精练。

例16句中的"咱们"不合适，应该用"我们"，因为说话人的本意不包括听话人。

三、语义的连贯

语义连贯也是篇章特征的重要内容，它存在于篇章的底层，一般通过逻辑推理来达到。衔接与连贯是密切相关的，衔接生硬的篇章，必然会影响语义的连贯。语篇中的语句、语段的合理组合，应考虑句、段意义上的联系以及汉语的表达习惯。依据逻辑推理来实现语义连贯，要求语篇在语义上具有一定的逻辑结构，事理上要有条件—结果，在认知结构上要有旧信息到新信息的过渡等。这方面的失误主要表现在语义跨度大，语义松散，甚至没有联系，这主要受思维逻辑能力的影响。

请看下列语段：

  例17：我还没去过这地方，因为我不喜欢旅游，但是我已经读过一些关于这个地方的书。
  例18：除了了解那儿的历史之外，有的人是为了去欣赏那儿的风景。任何人都会被那儿美丽的风景吸引住。有的人是去那儿打板球或者骑马。
  例19：我早上很早起床，因为我的妈妈要来北京，我一定要赶到机场去接她。机场的人很多，我一下子就看到了妈妈。路上堵车，我担心接不到妈妈。妈妈第一次来北京，一句汉语都不会说。
  例20：原来我们打算作一次贫穷的旅行，尽量不多花钱过奢侈的生活。然而，由于认识了这位热情、好客的新疆朋友，我们的旅行不但没花很多钱，而且非常舒适，非常愉快。

分析：

例17句由于受母语的影响，不了解汉语的表达习惯造成的，先陈述原因再转折更好些。可以修改为"因为我不喜欢旅游，所以我没去过这地方，但是我已经读过一些关于这个地方的书"。

例18句衔接没有考虑到从个别到一般的结构方式，造成语义不连贯，可以修改为"除了了解那儿的历史之外，有的人是去那儿打板球或者骑马，有的人是为了去欣赏那儿的风景。任何人都会被那儿美丽的风景吸引住。"

例19句没有按照事情的过程讲述，表达出来就使人感到思维混乱，修改为"我早上很早起床，因为妈妈第一次来北京，一句汉语都不会说。我一定要赶到机场去接她。路上堵车，我担心接不到妈妈。机场的人很多，我一下子就看到了妈妈。"

例20句乍一看用词、句法上都不错，可再看一遍就会发现不对头：语义上前后不相一致。如果保留前半部分,那么,"然而"之后表达的意思应是"这次旅行花了不少钱,过得较奢侈,不是一次艰苦的旅行",而目前并非如此。实际上,这位学生想表达的是:"本来我们没带很多钱,我们想这次旅行一定会很艰苦,但是,由于认识了这位热情、好客的新疆朋友,我们的旅行不但不艰苦,而且非常舒适。"

语篇的衔接、连贯方式,应该是写作课独有的教学内容,体现了写作课的主要特征,而且语篇的衔接和连贯方式是有一定的规律性的,留学生在写作中往往把注意力集中在遣词造句上,而对语句之间的衔接与语义的连贯不够重视或顾及不到,因而出现很多属于篇章方面的错误。这就要求对外汉语教师将此作为写作教学的一个重要内容,从连接成分(特别是关联词语)在语段篇章中的正确并熟练的运用、承前蒙后的省略、句际之间语义上的贯通等方面,进行分步骤、有针对性的训练,使学生牢固掌握常用的篇章连接方式。

第二节　应用文篇章表达得体性

应用文是指人们在处理事务、沟通信息时使用的具有一定格式的文体。它服务于人们的工作和生活,能及时满足公私事务的日常需要,使用范围十分广泛。这里仅介绍一般书信、启事、请柬的得体表达。

一、一般书信的得体表达

(一) 写作要点

书信是人们在日常生活、学习、工作中运用得最广泛的一种应用文体。这种文体不受时间和空间的限制,使用起来比较经济、方便,在人们的社会交往中起着重要的作用。

书信的种类有一般书信、专用书信和文学书信。凡亲友、朋友、老师和同学之间互通信息、协商事情、沟通感情的书信叫一般书信。具有某种专门用途的书信,如介绍信、证明信、表扬信、感谢信、慰问信、贺信等,叫专用书信。文学书信属于创作,是以书信的形式写的文学作品。这里只介绍一般书信的写法。

写信一定要讲究格式。书信的格式包括下述两大部分：

1. 信封的格式。信封应使用标准信封，在信封的左上角写收信人邮政编码，另起一行中偏左写收信人地址，再另起一行取中间部分以较大字体写收信人的姓名，在信封右下方以较小的字体写寄信人地址，最后在右下角写寄信人邮政编码。

2. 信瓤的格式。信瓤就是书信的内页，一般由称呼、问候语、正文、结尾（祝颂语）、署名和日期六部分组成。

（1）称呼

"称呼"写在第一行，要顶格，以示尊敬和礼貌。称呼后面要加冒号，表示下面有话要说。至于称呼的写法，多数是按日常口语中的称谓习惯写，如妈妈、奶奶、姐姐、小刘、王红、张老师、李经理、赵先生、刘女士等。为了表示对对方的尊敬，在给领导或老师写信时称呼前可加上"尊敬的"或"敬爱的"等修饰语；给亲人或特别亲密的朋友写信，称呼前也可加上"亲爱的"修饰语。

（2）问候语

"问候语"写在称呼的下一行，空两格写。一般有两种写法：一种是直接问候，如"你好！昨天收到你的来信，知道你在广州一切顺利，妈妈也就放心了。"另一种是提出问题，如"您好！最近身体好吗？好久没给您写信了，不知您的近况如何，非常挂念。"

（3）正文

这是书信的主体部分。一般先要询问对方情况，表示关怀。如果写的是复信，那就应该先写收到信的心情，紧接着要针对来信中提出的一系列问题，做出全面详细的答复。然后，再写自己本次书信要谈的事情，可以集中谈一件事，也可以谈几件事。重要的放在前面，写详细些；次要的放在后面，写简略些。

（4）结尾

正文结束之后，用极为简洁的语言，写一些表示敬意或祝愿的礼貌语。一般另起一行空两格写"此致""敬祝""祝你"等，再另起一行顶格写"敬礼""健康""快乐"，等等。祝颂语后一般不加标点符号，有时为了表示情真意切，也可以加上感叹号。

(5) 署名

署名就是在信的末尾写上寄信人的名字，要写在信的右下方。值得注意的是，对自己的亲属，对亲密的朋友，可以省略姓，只写名字；给长辈写信，还要加上自己的身份，如"女儿""外孙"等。

(6) 日期

在名字下面另起一行写上日期，目的是让收信人了解这封信是什么时候写的。

(二) 留学生习作分析

[原文]

给朋友的一封信

[美国] 白娜笛

Sally：

你好！

我到天津已经三个多月了，一直没给你写信，因为我忘记了你的通信地址，请你别生气。我给妈妈写信，要她告诉我你的地址。今天下午，我接到妈妈的信，马上给你写这封信。

我非常喜欢中国。刚来的时候我有点儿紧张。虽然我在美国学习中文有两年多了，但还听不懂中国人的话，也不能说汉语。现在我听、说能力好多了，也吃惯中国饭了。我在这里吃得不错，可是我还是想吃美国的烤馅饼，啊，真没有办法！

暑期班的课很难，不过老师们都很热情，我很受鼓舞。我请他们帮助我，他们就帮助我。因为他们教得很努力，我进步也很快。现在我能听得懂比较容易的话，我有时也能用中文回答别人的问题，不过发音不好，还差得远呢！

我打算在中国再留学一年。这样，可以有很多机会学习和提高。这个学期我上四门课，两门是二年级的，两门是三年级的。每星期一、三、五上午，上阅读课，老师很好，可是学生太多。每星期一、三、四上午，上听力课，这门课不错，就是有点儿难。每星期二、四下午上翻译课，我非常喜欢这门课，很有意思，因为我以后要当翻译。第四门是写作课，这门课我还没上过。除了上课以外，我也学习书法。南开大学有位书法家要学习英文，我教他英文，他教我书法，我们互相帮助。

南开大学的校园非常漂亮，又非常干净。我碰到的学生都非常友好。在我的印象中，中国学生学习很努力，中国人唱歌唱得很好听。看来，他们很喜欢音乐。

快七点了，我现在有个约会，就先写到这里。替我向你的家人问好。

祝你

快乐

白娜笛
9月19日

分析：

这是一封给朋友的信。开头先简要陈述了最近没给你写信的缘由，接着主要介绍了主人公来中国以后的学习、生活状况以及对于中国的印象。文章感情真挚、语言流畅、格式规范、标点恰当，收信人看完信后一定会感到很亲切。

（三）篇章表达失误分析

[原文]

给表姐的一封信

亲爱的表姐：

你好！

你还记得我吗（1）我是你的表弟邱添。最近怎么样（2）工作顺利吗？舅舅、舅妈的身体好吗？请回信告诉我，好吗？

告诉你一个好消息，上星期六我参加了长号考级，我通过了，还拿回来一个大证书。我把这好消息眉飞色舞地告诉妈妈后，妈妈（3）接过证书，翻来覆去地看，爱不释手，笑得合不拢嘴。我马上就给你写信，让你也分享我的幸福和快乐。长号级通过了，就解决了我上重点中学的问题。怎么样，高兴吗？我猜你一定很高兴。

喔，对了，还有一件事要告诉你，前几天我又被评上了"三好生"，这样一来我就连续三年被评为"三好生"了，怎么样，又给你一个惊喜吧！

表姐，你离开我们家时不是说，等我长大了要请我到你们那边去体验一下农村生活吗？现在我也算长大了，爸爸妈妈已经同意了，等放暑假，我就能去了。

你走后这几年，发生了很多事情（4），我真想通通告诉你。可是由于时间关系（5），我就写到这儿了。记得给我写回信呀！祝（6）

身体健康，万事如意！此致

敬礼

表弟邱添

5月27日

[存在问题]

（1）这句有些突兀，可以先从一起生活的情景谈起。

（2）"怎么样"太笼统，到底指哪方面，需要写清楚。

（3）"妈妈"上文提到，下文紧接着再提，就可以用"她"。

（4）"发生了很多事情"，从感情色彩上通常指消极的、不好的事情，这里使用这句话与文意不符。

（5）"时间关系"，要写具体，以便对方理解，如"由于正在紧张复习，准备毕业考试"。

（6）"祝"另起一行，空两格写，"身体健康，万事如意"要在下一行顶格写，以示尊重。这是正文之后的祝颂语，要按书信的规范格式写。"此致·敬礼"也是一种祝颂语，前面已经有了祝颂的话，就不必再重复写了。

[修改稿]

给表姐的一封信

亲爱的表姐：

你好！

咱们好几年不见面了，记得我上二年级时你曾来我们家住过一些日子，你还带我到许多公园游玩过呢！我是你的表弟邱添哪！你近来各方面都好吗？身体挺棒吧，工作顺利吗？舅舅、舅妈的身体好吗？我有一肚子的问题要问，请回信一定告诉我呀！

表姐，告诉你一个好消息，上星期六，我们这里的音乐学院组织了长号考级，我参加了考级，顺利通过了，还抱回一个红色大证书呢！我把这个喜讯眉飞色舞地告诉妈妈后,她接过证书,翻来覆去地看,爱不释手,一个劲儿地笑,笑得合不拢嘴。我马上给你写信,好让你也来分享我的幸福和快乐!你知道,我通过了长号考级,也就同时解决了我上重点中学的问题。因为重点中学的管乐队正需要有级别的长号手呢!我猜,你听到这消息一定会喜出望外吧!

喔,对了,还有一件喜事要告诉你呢!上一周,我们毕业班评选"三好生",我又被光荣地评上了。这样,我就已经连续三年被评为"三好生"了。怎么样,这又会给你带去一个惊喜吧!

表姐,还记得吗?你离开我们家时曾对我说过,让我长大了到你们农村去体验体验种田人的生活。现在,我也算长大了,爸爸妈妈已经同意我今年暑假就到你们那里去,到时候,请你多关照,多教我些农活,多让我增长些本领,可不要保守啊!

你走后这短短几年,我们这里的城市面貌发生了巨大变化,我们的生活也发生了巨大变化,我真想通通都告诉你呀!可是我最近正紧张复习功课,准备参加毕业考试,等我们见面时再细说吧!就写到这儿啦!记着,给我写回信!

  祝
身体健康,万事如意!

表弟邱添
5月27日

二、启事的得体表达

(一) 写作要点

启事是单位或个人有事情需要向公众说明或者请求予以帮助时,所写的一种公告性的应用文。它一般刊登在报刊上或张贴在公共场所。

启事的种类很多,其中最为常见的有三类:一是征招类,这是征求某些对象做某事或招收某些人员的启事,比如征文启事、招工启事、招标启事、征订启事、征集启事等。二是声明类,这是声明某证件作废、辨别真伪、告知地址迁移、名称改变、提前或延期、开业或停业等情况的启事。三是寻找类启事,主要是寻人或寻物启事。

启事的格式多样,写法不一。一般由标题、正文、落款三部分组成。

1. 标题。标题要醒目,写在第一行中间,通常由启事的主要内容和文种两项组成,如招领启事、征婚启事等。有的还在前面写上启事单位名称,以示尊敬。

2. 正文。正文首先简明扼要、清楚明白地写明启事的目的、原因或情况等,然后提出希望或要求等,最后写清联系方式。

3. 落款。在正文的右下方署上单位名称或个人姓名,再下一行注明日期。

(二) 留学生习作分析

［原文］

××公司招聘中、英文打字员启事

　　本公司诚聘中、英文打字员,年龄不超过25岁,具有中、英文两种文字的打字技能,有一年以上的打字业务实践,打字熟练程度现场面试。一旦录用,工资不少于×××元。应试报名时间:×月×日至×日;报名地点:本公司办公楼×××室。

分析:

这是一则征招类启事。标题由启事单位名称、启事的主要内容和文种三项组成。正文中将招聘对象、招聘对象的条件、录用后的工资、报名的时间、地点等都写得很清楚,让人一看就知道启事者要公开说明的是什么事情。

(三) 篇章表达失误分析

［原文］

寻物启事

　　我不慎将手机丢失,哪位同学拾到,请告诉我,十分感谢。

格兰特
9月1日

［存在问题］

这则启事没写清楚丢失的时间、地点、物品的特征,不能提供有利的线索;同时也缺少与失者联系的地点、方式,这样就使拾到东西的人很难找到失主。

[修改稿]

寻物启事

我于昨天下午5点左右在操场不慎把手机丢失,我的手机是三星牌白色的,哪位同学拾到,请拨打电话87213462与我联系,十分感谢。

格兰特
9月1日

三、请柬的得体表达

(一) 写作要点

请柬,又称请帖、邀请书。是用于邀请宾客参加较为重要的纪念会、联欢会以及婚宴等活动的书信。其基本格式为:

1. 标题。一般写"请柬""请帖",写在封面或第一行的正中,习惯用烫金大字或大号字书写。

2. 被邀请者名称。在请柬正文的上一行,顶格书写被邀请单位的名称或被邀请人的姓名。

3. 正文。写清会议或活动的目的、时间、内容、地点。

4. 结尾。要恭敬热情,通常在正文结束接写或另起一行空两格写上"敬请"二字,再另起一行顶格写"光临""光临指导"等礼貌用语。

5. 署名和日期。在结尾下一行的右侧写上邀请者名称,再一行写发出请柬的时间。

(二) 例文分析

请柬	××先生: 　　我院定于×年×月×日上午9时,在科学会堂举行建校20周年庆祝大会。 　　敬请 届时光临 　　　　　　　　　　××学院校庆办公室 　　　　　　　　　　　　　×年×月×日
封面	内页

分析：

这是一份庆祝活动请柬。书写格式规范，用语简洁、流畅，活动时间、地点、内容具体明确。

(三) 篇章表达失误分析

[原文]

(1)

亲爱的朋友：(2)

你好？好久没有写信，我很想你。近来你过日子过得怎么样？好吧？

你知道3月27日是我的生日。这次我想招待一些好朋友们，一起吃晚饭。我希望你一定来参加。

"3月27日，下午6点，在我的家。"不要忘记！(3)

祝你健康！(4)

李庆娥
3月8日

[存在问题]

(1) 应在正文上方用大号字体写上标题"请柬"。

(2) 应写上被邀请者的具体姓名。

(3) 请柬的正文应简洁明了，把活动内容、时间、地点写清楚即可。

(4) 结尾用语用得不准确。应改为"敬请光临"。

[修改稿]

请 柬

××女士：

3月27日是我的生日，届时我将在我家举办生日晚宴，来招待我的好朋友们，晚宴于下午6点开始。

朋友们，晚宴于下午6点开始。

敬请

光临

李庆娥
3月8日

第三节 记叙文篇章表达得体性

记叙文是以叙述和描写为主要表达方式来记人、叙事、状物、写景的文章。广义地说，新闻、通讯、特写、回忆录、传记、游记以及小说、散文、报告文学等，都属于记叙文的范畴。

在记叙文的写作中，要注意把时间、地点、人物、事件、原因以及结果交代清楚，这是构成记叙文的六要素。要注意根据文题和中心思想的需要，对材料加以取舍，分清详略。要突出人物、景物的特点，突出事件的意义，要具体充分地展现必要的细节。

记叙文中一般都有线索。所谓线索，就是贯穿文章全部材料，推进内容发展的脉络，可以以"物"为线索，可以以"事"为线索，可以以"人"为线索，还可以以"人物的思想感情变化"为线索，等等。记叙文中叙述的方式有顺叙、倒叙、插叙、分叙等。

在记叙文的写作中，主要运用叙述和描写两种表达方式，还可穿插运用抒情和议论，以便突出中心，增强表达效果，使文章更加生动、具体、形象。

一、写人记叙文的得体表达

（一）写作要点

写人的记叙文是以人物为中心，以人物的活动为线索，通过与人有关的典型事件的叙述、描写，表现人物的心灵、品德、命运和精神面貌。

怎样才能写好人物呢？

第一，表现人物特点。

世上没有完全相同的人，每个人都有每个人的特点。写人的文章就应该抓住人物特点，表现人物特点，所写人物的性格、关于这个人物的事例应只属于这个人，而不是随便放到哪个人身上都能见到，这样才有新意和新鲜感。

第二，抓住典型事例。

要表现一个人物，并不是把知道的一切都写进去，而是要选择最能表现人物特点、思想品质的事例为材料，事例要为突出人物服务，要以人物活动贯穿始终。材料典型,文章才有表现力、说服力,才能准确、鲜明地展现人物的精神面貌。

第三,注意人物描写。

人物描写就是运用生动、形象的词语对人物进行具体的描绘,这种描绘一般是通过对人物的肖像、行动、语言、心理的刻画进行的。对于写人的文章来说,一定要有人物形象的描写,这样文章才能生动活泼,人物的形象才能逼真,思想性格才能鲜明。

第四,饱含作者丰富的感情。

你所写的人物,如果是一位值得学习的优秀人物,那么,你就应该表达出赞美、热爱之情;如果是一位令人生厌的人,你就应该表达出厌恶、批评的感情。这种感情不仅仅是在结尾议论时表达出来,更应该在典型事例的叙述和描写中渗透进去,流露出来。

(二) 留学生习作分析

[原文]

我的中国朋友

[韩国] 金明和

我有一位中国朋友叫友珍。那时她是大四的学生,她待人十分热情。但是,没过多久她就毕业回北京去了。我很想念她,因为她曾经像姐姐一样地照顾过我。我特别喜欢她的笑容,从她的笑容里我可以看到她的幸福和快乐。

最近,她邀请我去她家做客。一路上我一直在想象着她的家是什么样子:一定是很漂亮、很讲究的房子,我甚至把房间、厨房、洗手间的样子都想象出来了。可是到了她家,我才惊奇地发现实际情况和我想象的完全相反。以前,从和她的交往中,我一直认为她是一个生活在幸福、无忧无虑中的女孩子。可是现在,我看到的是她的简朴的家,了解了她家的情况,这才算认识了真正的她。更令我吃惊并深深感动的是她对妈妈的照顾。

她从未对我提起过她有一个生病的妈妈。她的妈妈生活不能自理,每天只能躺在床上,需要人照顾。现在友珍每时每刻都守候在妈妈身边,照顾她的一切:穿衣、吃饭、洗脸,有时搀扶着妈妈慢慢地走一走。她的妈妈说不清楚话,我一点儿也听不懂,可友珍每句都能听明白,可见她对妈妈的感情有多么深厚。

友珍不仅关心她的妈妈,对朋友的照顾也是无微不至的。她家里只有两张床,而且都是单人床。平时,她和妈妈每人睡一张。现在多了个我,本来我想和友珍挤一挤就行了,但她为了让我睡得舒服些,就把床让给了我,自己到朋友家睡了一夜。的确,我躺在那张床上是很舒服的,因为友珍很细心地又为我铺上了一条干净的被子。不过,我躺在床上久久不能入睡。我为友珍而难过,这么开心的女孩子,身上的负担这么重!但我也从友珍的身上看到了女儿对妈妈的一片爱心。与友珍相比,我感到很不好意思。因为我从来没主动地照顾过我的妈妈。

从她家回来后,我便马上给妈妈写了一封信。虽然没有机会照顾她,但我可以把埋在心底的爱告诉她。因为我的中国朋友友珍给我做出了榜样。

分析:

本文主要通过主人公对卧病在床的母亲的照顾和对"我"的照顾这两个典型事例的描述,表现出了主人公待人热情,热爱生活的性格特点。特别是文中多处采用了对比的表现手法,对深化文章的主题起到了一定的作用。如将"我"想象中的主人公讲究的家与"我"见到的主人公简朴的家进行对比,就为突出主人公的性格特点作了足够的铺垫;将主人公对母亲的关心、照顾与"我"对母亲的感情相对比,更衬托出主人公对母亲的那种深沉的爱。本文从总体上讲过渡自然,结构严谨。

(三)篇章表达失误分析

[原文]

顽皮可爱的小晖晖

我阿姨家的儿子小晖晖仅三岁,真是一个既惹人讨厌,又令人喜爱的顽皮可爱的孩子。

就说春节初二那天吧,阿姨和姨夫有事,叫我给他家当一天"小保姆"。(1)

谁知,小晖晖的顽皮,搞得我走投无路,苦不堪言。

他踢皮球,差点打翻了热水瓶;吃奶油蛋糕,成了白胡子小花脸;学画画把纸片撒了满地。我忙得团团转,他却趁我不备时,竟穿着鞋子

爬上床又爬上窗台,急得我忙去抱他下来。(2)

他脚刚点地,又要拉屎,一会儿又不拉了。等我一转身,他又要拉了,我不理他,他却拉在身上,搞得我狼狈不堪。(3)

他也有可爱的地方(4),可爱得又让我舍不得离开他。

还是那天的下午,我给他讲故事、做游戏、教儿歌、跳舞……他托着下巴听我讲,嘻嘻哈哈与我玩。一个下午他离不开我了。(5)

他妈妈回来后,他对妈妈说:"成岗哥哥真好!"当我要离开时,他还不让我走哩!

这时候我感到他真可爱!

[存在问题]

(1)处,本段与下一段缺乏连贯,应添加过渡性语句。

(2)处,具体写其中的一个情节,通过他的神态、语言、动作表现出其顽皮、可爱的特点。仅靠作者的叙述,就显得不生动。

(3)处,"拉屎"一事很有情趣,也要写具体。

(4)处,"他也有可爱的地方"与上一段衔接不上,应在这段之前添加承上启下的语句。

(5)处,这一段主要写小晖晖的"可爱",但情节过于简单,缺乏感染力。

[修改稿]

顽皮可爱的小晖晖

我家阿姨的儿子小晖晖仅三岁,真是一个既惹人讨厌,又令人喜爱的顽皮可爱的孩子。

就说春节初二那天吧,阿姨和姨夫有事,叫我给他家当一天"小保姆",带一天小晖晖。我想,这有何难?就答应了。

谁知,小晖晖很顽皮,搞得我走投无路,苦不堪言。

他踢皮球,差点打翻了热水瓶;吃奶油蛋糕,成了个白胡子小花脸;学画画把纸片撒了满地。我又要替他擦脸洗手,又要扫地,搬开热水瓶一类易碎物品。当我正忙着,趁我不备时,他竟穿了鞋子,爬上床,雪白的床单上留下了几个小脚印,一看他又要爬上窗台,我吓得一身冷汗,忙喊:"危险,别动!"说完,连忙起上去扶住他,抱他下来。我急得要命,他却做个鬼脸,学我样子喊:"危险!"真奈何他不得。

我连哄带骗把他从窗台上抱下来,他脚刚点地,又嚷嚷要"拉屎"。我又拿痰盂又端凳子,可他刚坐上痰盂,又说:"不要拉,不要拉了。"我火冒三丈,把他使劲按坐在沙发上,不许他再多动。可一会儿,他又叫嚷要拉屎。我听了只当他又要耍赖,就不理他。谁知,不一会儿,我闻到一阵臭味,啊!大事不好,小晖晖屎拉在身上了……于是我只得又为他换裤子、鞋子,弄得我满头大汗,狼狈不堪!

你们说,小晖多顽皮,多惹人讨厌!

可他也有可爱的地方,可爱得又让我舍不得离开他。

还是春节初二那天,一个上午我吃足了他顽皮的苦头,我就动脑筋如何"整治"他,还有一个下午哩:我想到了幼儿园老师。对,我带小晖晖也要学幼儿园的老师,给他讲故事,做游戏……

"啊——"小晖晖打了个哈欠,中午睡觉醒来了。我就对他说:"晖晖,要听故事吗?""要!"他大声回答,于是,我就讲起了童话故事:"……大灰狼来敲小山羊的门……"他托着下巴,瞪大眼睛望着我。

接着,我又教他唱儿歌、跳舞,给他背书包、戴红领巾,还教他用英语说"老师""再见!"……

一个下午,他是那么如饥似渴地学知识。他妈妈回来时,他正在表演我教他的小舞蹈。他对妈妈说:"成岗哥哥真好!"当我要离开时,他还不让我走哩!

这个时候,我又感到小晖晖真可爱!

二、写事记叙文的得体表达

(一) 写作要点

记事,主要是通过记述事情的发生、发展、结果来表现某种道理或表达某种思想感情。当然,任何事情都离不开人,以记事为主的记叙文也离不开写人,只不过它的侧重点不是表现人物,而是挖掘事件的意义。写事记叙文大致可分为:记叙单一事件、记叙复杂事件、记叙活动。

写记事类记叙文,应注意如下几个方面的问题:

第一,掌握记叙文的六要素,把事情的发生发展过程写清楚。时间、地点、人物、事件、原因、结果，一篇完整的记事的文章，这六要素缺一不可。

第二，掌握记事类记叙文的基本叙述方法。记事类文章采用最多的是顺叙，即按照事件发生、发展和结束的顺叙来叙述。此外，还有倒叙和插叙。倒叙即先交代事情的结果，再回过头来叙述事情的由来。倒叙用得好，能造成悬念，一下子抓住读者。插叙是在循着主线叙述的同时，插进一段别的叙述，或追忆过去情节的片段，或对上文进行补充、解释，插叙可使文章内容丰富充实，叙述曲折有致。

第三，掌握记叙文的叙述人称。所谓人称，是作者在叙述时的立足点和观察点。记叙文中常用的叙述人称主要有第一人称和第三人称。第一人称的叙述，是站在"我""我们"的立足点上来进行的，其优点是使读者感到真实、亲切、可信。第三人称的叙述，是站在"他""他们"的立足点上进行的，其优点是不受时间、空间的限制，叙述较为自由。

（二）留学生习作分析

微 笑

［越南］阮红莺

微笑是上天赐予我们的珍贵礼物。在日常生活中，我们都有展示自己微笑的机会，同时也常看到别人的微笑。但是能体会到微笑真正魅力的机会是不多的。我可算是一位幸运者了，因为曾有一个真诚的微笑在异国他乡温暖过我的心房。

那是我刚到中国的第一天下午。汽车停下时，司机告诉我这就是留学生楼。我下了车，茫然不知所措，只是呆呆地站着。看着那些来来往往的陌生人和我面前这座毫不熟悉的楼房，我心里开始紧张起来，怯生生地来到服务台前，结结巴巴地跟阿姨讲了几句话。当时我也不知道我所说的是否正确，庆幸的是阿姨明白了我的意思。她交给了我房间的钥匙，并告诉了我的房间号码。知道了房间号码后，我还是很茫然，因为我不知道该怎么走。

一位穿着白色工作服的阿姨微笑着向我走来。我一愣：在这么远的地方会有人认识我吗？她的笑容我好像在哪儿见过，但一时想不起来。她走到我跟前亲切地问："你的行李呢？"我机械地回答："在这儿。"她微笑着对我说："来，给我吧，请跟我来！"她一边说着一边弯腰帮我提皮箱。到了我的房间，她把我的行李放在里边，然后微笑着教我怎样使用房间里的设施。因为我的听力不好,心里又紧张,所以她讲的话我只马马虎虎地听懂了一点儿,只是四处张望着,想寻找一点熟悉的感觉。"好了,小姐,以后需要帮忙,请直接找我,我是张阿姨。"这时,我才听清了她的话。我的目光停留在她脸上,她还是微微地笑着。那笑容多么亲切,多么慈祥!这笑容给我一种安全感,使我紧张的心情放松了很多。

现在回想起当时的情景仍然感到奇怪,她对我说的话,我只能听懂一点儿,但只要我看到她的笑容,她的意思我就能全明白。微笑是一种无声的语言,它美化着我们的生活,净化着我们的心灵,传递着善良美好的感情。愿我们大家,都能为自己、为他人美好的生活,奉献自己的微笑。

分析:

本文通过记述张阿姨面带微笑为初到异国的"我"安排住宿这件小事,充分体现出微笑的意义和巨大魅力,同时也真诚地表达出作者希望在我们的生活中要多一些微笑的美好愿望。文章从整体上看衔接紧密结构严谨,特别是首尾照应更突出了文章的主题。文章采用顺叙的方法,在交代清楚脉络的同时,将最能突出了张阿姨的动作、语言以及表情,特别是对她脸上所特有的那种亲切的微笑,作了细致的描写,让我们读来更生动感人。

(三) 篇章表达失误分析

[原文]

喝咖啡

星期天,我到外公家去玩。外公外婆上街去了,只有表弟一人在家。

我和表弟一起看电视。电视播放的节目是《葫芦娃》,我们已经看了十多遍了,故事也会讲了,但是我们还是很爱看,这个故事编得真生动有趣;看完后,没有好节目,我对表弟说:"玩什么呢?"表弟说:"我们打羽毛球吧!"我说:"好!"我们打了一会儿羽毛球,有些口干舌燥,我们就喝开水。(1)喝着喝着,表弟忽然想起什么,建议道:"我们来冲爷爷的咖啡喝吧!"我想:电视里常说,咖啡味道好极了,可外公从不让我们喝,今天机会难得,我们一定要尝尝咖啡的味道。于是就对表弟说:"太好了!"

我从食品橱里拿出了咖啡,舀了两勺,再拿出方糖,放了四块。我倒开水,弟弟用勺子搅匀。我们一喝,啊哟!怎么这样苦。于是又放了两块方糖,一喝,还是苦。我再加入烧菜用的白糖,喝着还是苦。我想:咖啡这么难喝,电视里怎么说"味道好极了"呢?我们把咖啡倒掉了(2)。

不一会儿,邻居李辉来叫我们去玩捉迷藏游戏。我们三人轮换着"找"人。轮到李辉找我俩,我俩想了个妙办法:我们把外婆家门锁上,再从窗户爬进屋去,然后把门关上。李辉找来找去也找不到我们,他怎么也想不到锁着的屋子里藏着我俩……(3)

我们真高兴,就是嘴里还有点咖啡的苦涩味(4)。

[存在问题]

全文应集中写喝咖啡一件事,沿喝咖啡这条主线选取材料,与喝咖啡关系不大或无关的内容要略写或删除,如(1)处可一两笔带过。(3)处与喝咖啡无关应删除。(2)处调配咖啡、喝咖啡的过程是全文的主要部分,应详写。建议作者补写外公回来后,发现你们(或你们告诉外公喝咖啡的事),他对你们讲了什么,你们从这件事里明白了什么。(4)处结尾应突出中心,从正面点题。

[修改稿]

喝咖啡

星期天,我到外公家去玩。正赶上外公外婆上街去了,只有表弟一人在家。

我们先看了一会儿电视、后来觉得没有好节目了,就一起打羽毛球,打着打着,嘴干舌燥,我们就喝开水。喝着喝着,表弟忽然想起什么,建议道:"我们来冲爷爷的咖啡喝吧!"我想:电视里常说,咖啡味道好极了,可外公从不让我们喝。今天机会难得,我们一定要尝尝咖啡的味道,于是就对表弟说:"太好了!"

我早就知道外公习惯把咖啡存入食品橱,我们不费劲就取了出来,还找到那个又大又厚的带把的咖啡杯,心想今天可得多喝点,痛决痛快。我舀了冒尖两大勺咖啡,又取出方糖,投入四块。我一边往杯里冲开水、弟弟一边用勺子搅拌,顿时一股浓郁的咖啡味冒了出来。我俩很兴奋,迫不及待想喝下去,但我还是先让弟弟喝。因为很烫,弟弟嘴又小,只吸溜了一点儿,咽下后直咧嘴。我随后喝了一口,啊哟!太苦了。于是我们又投入两块方糖。一喝,还是苦。我索性把烧菜用的白糖罐子也取来,又加入两大勺白糖,喝着还苦。我们实在喝不下去了,只好把那一大杯咖啡全倒掉了。我纳闷:咖啡这么难喝,为什么电视里总说味道好极了呢?

我俩正扫兴地坐着,外公外婆回来了。外公一下就发现了地上有咖啡屑,还看到瓶子里的方糖没了,接着就追问,我只得照实说了。表弟还遮掩:"我们根本没喝,那么苦。"外公听了,哈哈大笑,指着我俩说:"你们两只小馋猫……小孩不宜喝咖啡是因咖啡有刺激性,大人喝时,一般也只放一小勺,你们可够贪心的,放了两大勺,怎么能不苦?"我们听了,也笑自己"自讨苦吃"。不过,也好,总算长了些知识。

三、写景记叙文的得体表达

(一)写作要点

写景的记叙文就是以描写自然景物为主要内容的记叙文。这类记叙文是通过对山川河流、花草树木、日月星云、风霜雨雪、春夏秋冬等景物及其变化的描写,来表达作者的某种感情,如热爱大自然,热爱祖国,热爱家乡,热爱生活等美好感情。

写作过程中注意的问题主要有以下几方面:

第一,抓住景物的特征。将景物的颜色、具体的形状和一定的动态,清晰地描绘出来,才能给人一种身临其境的感觉。

第二,选择恰当的顺序。对于气象变化之类的景,如下雨、刮风、日出、月落等,一般按时间顺序来写;对于名胜古迹、新型建筑物等类的景,如故宫、立交桥、颐和园等,一般按空间的顺序来写。

第三,有景有情,情景交融。写景的记叙文不是为了写景物本身,而是通过写景表达作者的思想感情,可以把感情的抒发渗透在景物描写中,即寓情于景。

(二) 留学生习作简析

［原文］

迷人的内蒙古草原

［韩国］ 林必善

  一望无际的大草原，遍地白蘑菇似的蒙古包，天空瓦蓝瓦蓝的，一尘不染，新鲜的空气混合着牛奶的香味……哦，中国的内蒙古，在我的想象中简直是一个童话般的世界！

  当我真的站在了内蒙古大草原上时，实际的景色比我想象中的要迷人得多！这是草原最美丽的季节，茂密的绿草像是为整个草原铺上了一层厚厚的地毯。一群群肥壮的牛羊在草原上游动，就像一片片白云由天上飘落到了地上。

  我在当地老乡的帮助下，骑上了一匹大红马。马突然摇头嘶叫起来，这把我吓了一跳，但我还是抓紧了缰绳，勇气十足地欢呼着纵马驰骋。抬头看看天，天是那么的高；放眼远望，草原是那么的辽阔。我和我身下的大马在这天地之间一下子显得那么渺小。策马奔驰在草原上感到是那样的威风、那样的自在，这种感觉真是美极了！我虽然从马背上摔下来好几次，可我似乎一点儿也不觉得疼，拍打拍打身上的土就又骑上了马。朋友们在旁边看着我大笑，说我像西班牙的斗牛士。是啊，连我自己都没想到我居然会这么"皮"，这么勇敢！

  晚上，我坐在蒙古包外边看星星。从小到大、从首尔到天津，我看到过数不清的五颜六色的霓虹灯，却从不记得看到过这么迷人的星空。朋友说郭沫若有一首诗，是写天上的街市，众多的星星被他赋予了许多美丽的传说。我抬头看天，深蓝的天空像一匹光滑厚实的软缎，无数星星点缀在上面闪闪烁烁，像一只只一眨一眨的眼睛，漂亮极了，神秘极了。我想起《狮子王》中"父亲"说的那句话："每颗星星都是以前的国王变的。"多有意思啊，这么多国王共同生活在一个空间里，他们之间会不会打仗呢？但愿不会吧！

  草原、星空、大马、传说，还有我不能一一描述的蒙古包的生活。哦，我感谢内蒙古，她给我这个都市人带来许多遐想的空间，给我枯燥的生活带来许多有趣的经历。

  中国的地域真大，美丽的地方真多，我对中国了解得越多，越觉得她是一个神秘的国家。

评析：

本文抓住"迷人"二字，极力渲染了内蒙古的草原、星空、大马等美丽的景色，深刻表达了作者对于中国的喜爱之情。本文使用了比喻、对比、引用等修辞手法，使表达更生动、更形象。

(三) 篇章表达失误分析

[原文]

雷 雨

俗话说：孙猴子的脸，一日三变。夏天的天气正像孙悟空的脸一样。早晨天气还很晴朗，下午却异常闷热。我预感到有一场暴雨将要来临。

(1) 傍晚，我正在做作业，忽然刮来了一阵大风，刮得窗户"啪啪"作响。天色暗了下来。

滚滚的乌云黑沉沉地压下来，雷声越来越响，闪电越来越亮。树上的叶子一动不动，蝉一声也不叫。忽然一阵大风，吹得树枝直摇晃。一只蜘蛛从网上掉下来，溜走了。

雨点很快落下来，宣布雷雨开始。这场雷雨可大了，让人不敢出门。(2) 渐渐地，渐渐地，雷声小了，雨声也小了。过了一会儿，云散了，天亮了起来。

这场雷雨停了。(3)

分析：

(1) 处与上一段衔接不够紧密，需增加过渡句。

(2) 处对于"雷雨大"缺乏具体描写，使人很难感受下雨时的情景。

(3) 处应对雨过天晴后的景物做些描写，与雷雨到来之前的景色形成对比，起到画龙点睛的作用。

[修改稿]

雷 雨

俗话说：孙猴子的脸，一日三变。夏天的天气正像孙悟空的脸一样。早晨天气还很晴朗，下午却异常闷热。我预感到有一场暴雨将要来临。

果然不出所料。傍晚，我正在做作业，忽然刮来了一阵大风，刮得窗户"啪啪"作响。天色暗了下来。

滚滚的乌云黑沉沉地压下来，雷声越来越响，闪电越来越亮。树上的叶子一动不动，蝉一声也不叫。忽然一阵大风，吹得树枝直摇晃。一只蜘蛛从网上掉下来，溜走了。

"叭、叭！"豆大的雨点落下来，打在玻璃窗上。往窗外望去，天地间像挂着无比宽大的珠帘，什么都看不清了。雨落在地面上，溅起一朵朵水花，好看极了。雨水顺着房檐流下来，开始像断了线的珠子，渐渐地连成了一条线。地上的水愈来愈多，汇成了一条条小溪。

渐渐地，渐渐地，雷声小了，雨声也小了。过了一会儿，云散了，天亮了起来。

推开窗户，新鲜的空气带着一股泥土的清香迎面扑来，爽人心肺。天上还出现了七色的彩虹，横跨在天空中。树上的蝉又叫了，杨树经过雨水的冲洗，舒枝展叶，绿得发亮。池塘里水满了，明晃晃的像面大镜子。青蛙也叫起来了。

第四节　说明文和议论文篇章表达得体性

一、说明文的得体表达

（一）写作要点

凡是以"说明"为主要表达方式，以介绍知识为主要目的的文章体裁，通称为说明文。说明文有两个显著特点：一是知识的科学性；二是表达的客观性。

说明文要把客观对象解说阐释清楚，必须做到言之有序，条理明晰。一般说来说明文的说明顺序主要有三种：时间顺序、空间顺序、逻辑顺序。在具体文章中，这三种说明顺序往往综合运用。说明文的条理性是通过结构的合理安排表现出来的。说明文最常见的结构方式有两种：总分关系的结构方式和并列关系的结构方式。

解说事物、阐释事理，从写作思维的角度看，都离不开综合或分析这种基本过程和方法，体现在文章中，通常有下列几种具体的说明方法：定义法、诠释法、比较法、比喻法、图表法、数据法、举例法、引用法。说明的方法有多种，在写作中往往要综合运用几种方法。

(二) 留学生习作分析

也门人的婚礼

也门人的婚礼既隆重又热闹。结婚的那天下午和晚上，新郎新娘各自在自己家里举行庆祝活动。男方只请男亲友，女方只请女亲友。在新娘家，女客们聚集在一间或几间房子里，新娘打扮得花枝招展，来到主宾室坐在椅子上，年轻的姑娘们围着她跳舞、唱歌，想方设法引逗新娘笑，而新娘则绷着脸，竭力不让自己喜悦的心情外露，因为新娘一笑出来，就会被认为不够庄重。同时新娘还不时用散发糖果的办法来缓和人们对她的"围攻"。

在新郎家，男人们坐在屋檐四周铺得厚厚的地毯上，一边嚼"喀特"（一种起兴奋作用的树叶），一边吸着大型水烟袋，只要有人提议，几个人就手拉手跳起也门传统的舞蹈。过一会儿，新郎同自己家的男亲属一起去新娘家，同新娘家的男亲友嚼会儿"喀特"，然后去附近的清真寺做祈祷。在新娘家吃过晚饭后，新郎返回自己的家。这次拜访，新郎和新娘是不能见面的。

晚上，新郎家的男亲友、邻居等在大街上举行结婚仪式。新郎穿着民族服装，手持剑或钢枪坐在中间，两边有人手擎灯笼，有人手拖盘子，盘内燃着十来支蜡烛，并放有五至七个鸡蛋，还有人拿着一把叫"谢扎布"的香草。据说，剑或钢枪代表着自卫的武器或象征着男子的力量，蜡烛照亮前进的道路，鸡蛋是宰杀牲口的代用品，待新娘进门时，有人在门槛上把鸡蛋摔碎。香草传说是为了驱除别人的嫉妒心理的，也有人说是象征五谷丰登的。

婚礼开始了，人们自发地在街上围拢起来，民间乐手们敲起快乐的鼓点，小伙子们从腰间拔出闪闪发光的腰刀翩翩起舞，由一位长者朗诵古兰经，为新郎祝福。然后新郎起立，在亲友们的簇拥下徐徐向新娘家前进。中途还不时停下来唱歌跳舞。晚上十点多钟新郎回到自己家，大家再热闹一番。待亲友、邻居都散去了，这时新娘才在自己父母兄妹陪同下来到新郎家。新娘身穿漂亮的花衣，头蒙白纱，白纱象征新娘的纯洁。新娘在新郎的引导下进入新房。根据仪式，新郎将一只手按在新娘的头上，默诵古兰经第一章。诵毕，亲友们相继退去，新郎轻轻揭去新娘的面纱，同新娘亲吻。同时新郎还要向新娘赠送见面礼。到此，婚礼仪式即告结束。

分析：

本文按照时间顺序详细地介绍了也门人结婚仪式的全过程，主要采用了诠释说明法，结构严谨，层次清楚，语言简洁活泼。特别是在叙事中还有生动的描写，因此读起来觉得十分形象、有趣，是一篇很好的文艺性说明文。

（三）篇章表达失误分析

[原文]

读书卡片的制作

俗话说："好记性不如烂笔头。"人们读书时大都爱动动笔，或圈圈点点，或批批注注，或摘摘抄抄……根据爱好和需要各有侧重。通过几年来的学习实践，我以为运用读书卡片易读易记，省时省力，事半功倍，堪称学习益友，有兴趣的朋友不妨试试。(1) 这里谈谈卡片的制作。

将稍厚的白纸（以 70 克上下为好）裁成 64 开的小卡片，也可随意裁制，以便于携带、使用、保存为原则。再将若干纸质较好，比卡片稍大一点的信封切去 1/3（留 2/3）作为卡片袋备用，最好有一个专用的抽屉存放，以便积累储藏。(2)

(3) 阅读专业书籍时，须认真通读全书，并将每一章节的概要、主要观点、论点、专业名词的含义以及定理、公式等内容分别摘录在卡片上（内容多的摘录要点），并按分类的要求初步编上页码，以备进一步分类时检索。这样边读、边记、边录，能增加学习兴趣，提高阅读能力，而且便于今后复习和积累资料。

如阅读其他杂志、报刊时，也可把其中的优美词句、精彩段落和自己最欣赏、感受最深的部分以至格言、警句、珍闻、偏方、验方等抄录在卡片上，并在右上角（或左上角）注上出处和作者姓名。长期积累收藏，一旦要用，即可收到"得来全不费工夫"的神效。(4)

分析：

（1）开篇的材料与本文说明的主旨关系不大。这里应对卡片的用途和内涵作一简要介绍和诠释。

(2) 卡片袋的制作，无须说明。补说卡片片头栏目，并可附卡片图样。

(3) 此处应先说卡片片头栏目的填写，然后再说记载内容。

(4) 这里说的记载内容只是个人经验，偏离了说明文知识性、客观性的特点。

[修改稿]

读书卡片的制作

读书卡片是读书笔记的一种，是读书笔记特殊的记载方式。它既可以用来记录书名、篇名，也可以用来摘录所需要的材料，或记载读书过程中得到的见解、体会等。由于它便于携带，使用方便，所以被广泛应用。常用的读书卡片，书店或商店可买到，但为了经济方便，也可自己制作。下面说说读书卡片的制作方法和使用方法：

将稍厚的白纸（70克以上为好）裁成64开（也可根据需要随意裁制），以便携带、使用、保存为原则。为防散失，可装在事先制好的卡片袋里，或用打孔器在卡片上方打上孔，用绳串起来，便于保存。然后，在制好的卡片上写好类别、编号、资料名称、资料来源等栏目，使用时逐一填写。其格式为：

```
┌─────────────────────────────┬──────────┐
│                             │ 类别：   │
│      资  料  卡  片         │          │
│                             │ 编号：   │
├─────────────────────────────┴──────────┤
│                                        │
│   资料名称：         作者姓名：        │
│                                        │
│   资料来源：         出版日期：        │
│                                        │
│   ──────────────────────────────       │
│   ──────────────────────────────       │
│   ──────────────────────────────       │
└────────────────────────────────────────┘
```

卡片制好后，记载卡片前，先将卡片片头的栏目填写齐全，然后再记载所需要的内容，或摘要原文，或记录心得体会。记载时要注意两点：一是体例要统一，二是一张卡片只能记录一个内容。

卡片填好后，要分类存放在卡片袋或卡片箱里，妥善保存，以备使用。

二、议论文的得体表达

（一）写作要点

议论文是一种以议论或说理为主的文章，要求选取现实生活中值得深思的一件事，先发议论，通过揭示事物的道理，发表自己的意见或主张，以启发人们的思想，提高人们的认识。一篇议论文，通常包含论点、论据、论证三个要素。论点是议论文中阐明的思想观点；论据是议论文中用来确定论点的根据；论证是议论文中论点与论据之间逻辑联系的揭示。这三者关系紧密，构成了一篇议论文的主体。

常用的论证方法有：举例法、引证法、比喻法、比较法等。

（二）留学生习作分析

谈失败是成功之母

[韩国] 金恩延

中国有句古话，叫"失败是成功之母"，意思是说：失败是成功的母亲，没有失败就没有成功。这句话是很有道理的。一个人只有在经历了无数次的失败后，才会有经验，才会对生活有真正的认识，也才会在成功真正到来之时，体会到成功的喜悦。

我们平时所说的成功，就是指在工作、学习上取得成绩，理想、抱负得以实现。无论怎样的成功，在进取之路上，总会遇到许多问题和困难，总会犯错误、走弯路，于是就有了一次次的失败。而成功正是来自于无数次对失败的否定。只有在这一次次否定中总结经验，发愤图强，从这一次次否定中再崛起，再奋斗，才会取得最后的成功。

在我的家乡韩国，有这样一个有名的喜剧演员，她的名字叫李英子。她小的时候，家里很穷，她的妈妈是卖鱼的。但就在这样的条件下，她还是一心要考大学的表演系。她认真地准备考试，可考试的时候，老师们却因为她长得比较胖而没有录取她。她不灰心，继续研究表演艺术。她觉得自己在外貌上差一些在表演上就更应该下工夫。结果在第四次考试时，终于考上了表演系。后来她成了韩国家喻户晓的喜剧演员。她的例子告诉我们，人只要经历过失败，并能真正总结出经验，才能真正走向成功。没有艰辛，随手拈来的怎能是成功的甜果？

中国有位残疾姑娘叫张海迪，她小时候曾经因病而变成了残疾人，可是她并没有因此而对人生丧失希望，她靠自己在病床上学习取得了大学哲学硕士学位，并且一连出了几本书，影响很大。她还会唱歌、画画、弹钢琴，可以想象，她曾为此付出过怎样的代价。刚开始的时候，她所面临的只能是一连串的失败。如果她在刚开始的时候就放弃了，那她就根本不会有今天的成功，可见失败真的是成功之母哇！

失败对于人生的意义，不仅仅在于它可以让人"苦其心志，劳其筋骨"，而且它更能促使人在失败中找到灵感，打开通向成功的大门。美国的大发明家爱迪生，在发明灯泡的时候，经历过999次的失败，到第一千次的时候才终于取得了成功。可是谁能说那999次的失败都是没有用的呢？正是因为有了那么多次的失败，才为那最后一次的成功积累了经验，奠定了基础。"万丈高楼平地起"这句话可是一点儿错也没有啊。

道理虽然很好明白，但那失败的滋味儿实在让人难受，就好像品尝尚未熟透的梨子，那感觉酸酸的，涩涩的，让人愁肠百转，心灰意冷。在这个时候，最能考验人的毅力，这正是"天将降大任于斯人"的磨难。在黎明前最黑暗的时刻，就看你挨得住挨不住了。中国西汉时的大将军韩信，小时候穷得没饭吃向一位漂母乞食，这种尴尬他忍了；后来在街市又被人硬逼着从胯下钻过去，这种羞辱他也忍下了。从物质上的到精神上的，一个个困难被他一一克服。他忍受了别人忍受不了的失败也终于达到了一般人达不到的成功。当然，也有这样一些人，他们或者因考试不理想，或者因工作不适合，甚至因为恋爱的失败而从此一蹶不振。他们停止了追求，停止了奋斗，丧失了斗志，灰心丧气地沉浸在失败中，不能自拔。对这样的人，我们只能叫他们——懦夫。

这样的人，他们以为自己是天下最倒霉的人，其实他们是天下最可怜的人。他们没有真正理解失败与成功的关系，而只是想一鸣惊人，一步登天。

对我们这些年轻人来说，精力正是旺盛的时候，应该抓住机遇，努力实现自己的人生价值,成功固然可喜,失败未必可悲。对于勇敢者,失败正是一种锻炼。

让我们记住这句话吧:失败是成功之母。

简析:

本文观点鲜明,论据充分,结构严谨,语言精练,是一篇很好的议论文。文章开头就开门见山地提出了中心论点:"失败是成功之母";接着分别从不同角度举了四个典型事例,说明人只有经得起失败,锲而不舍,才能真正走向成功;结尾再次点明观点,首尾呼应,深化了文章主题。全文采用了例证、比较、引用等多种论证方法,使文章更加生动,说服力更强。

(三) 篇章表达失误分析

[原文]

成功来自勤奋

每个有理想的人都想成功,要取得成功,主要靠勤奋。所以,爱迪生曾经说过:"天才是百分之一的灵感加上百分之九十九的汗水。"可见勤奋是很重要的。

古往今来,许多文学家、艺术家、音乐家,他们之所以能够在事业上取得成功,是与他们多年的勤奋分不开的。虽然成功还需要有一定的天赋和机遇,但是超人的勤奋可以带来天赋,实实在在的勤奋可以代替机遇。众所周知的法国大文豪维克多·雨果,他从小在母亲的教育下学习写作,在生活中提取素材,坚持不懈地练笔,终于写出了《巴黎圣母院》等名著。文艺复兴时期意大利的画家达·芬奇,他从最简单的蛋开始练习画画,天天画蛋,以至于最后画出举世无双的《蒙娜丽莎》和《最后的晚餐》;还有我国著名画家徐悲鸿,他在极其艰苦的条件下,发奋学习,认真作画,画出了许多像各具神态的骏马的精品。又如世界著名的音乐家罗伯特·舒曼,由于勤奋好学,写出了在世界各国广为流传的《梦幻曲》等优秀作品。只要勤奋地学习,坚持不懈的钻研,成功就有可能实现。(1)

成功的道路是不平坦的,有失败还有非议,但只要有坚定的信心和勤奋的精神,就能成功。就拿贝多芬来说吧,他由于过分勤奋耳朵聋了。

音乐家失去听觉就像驾驶员失去眼睛一样,但由于他有坚强的信念和勤奋的精神,在耳聋的情况下还写出了不少佳作,取得成功。(2)

可见只要有坚强的信念,加上百倍勤奋,成功的道路就会展现在我们眼前。

分析:

(1) 所举事例属于同一类型,要学会从多角度选取典型事例,这样说理才更具有说服力。

(2) 这部分论述有些偏离主题,可以从反面进行说理,与正面论述形成对比,将多种论证方法综合。

[修改稿]

成功来自勤奋

每个有理想的人都想成功,要取得成功,主要靠勤奋。所以,爱迪生曾经说过:"天才是百分之一的灵感加上百分之九十九的汗水。"可见勤奋是很重要的。

古往今来,许多科学家、艺术家,他们之所以能够在事业上取得成功,是与他们多年的勤奋分不开的。虽然成功还需要有一定的天赋和机遇,但是超人的勤奋可以带来天赋,实实在在的勤奋可以代替机遇。发明家爱迪生家境贫苦,只上了三个月的学,在班上成绩很差。但是他努力自学,对于许多自己不懂得的问题,总是以无比坚强的意志和毅力刻苦钻研。为了研制灯泡和灯丝,他摘写了4万页资料,试验过1600多种矿物和6000多种植物。由于他每天工作十几个小时,比一般人的工作时间长得多,相当于延长了生命,所以当他79岁时,他宣称自己已经是125岁的人了。马克思终身好学不倦,为了写《资本论》,花了40年的工夫阅读资料和摘写笔记。他在伦敦,每天到大英博物馆图书馆阅读,竟在座位前的地板上踩出一双脚印。众所周知的法国大文豪维克多·雨果,他从小在母亲的教育下学习写作,在生活中提取素材,坚持不懈地练笔,终于写出了《巴黎圣母院》等名著。可见,只要勤奋地学习,坚持不懈的钻研,成功就有可能实现。

但在我们的现实生活中也有这样的例子:有些孩子自幼养成勤奋学

习的习惯，比一般人早一些表现出有才能，人们就误认为是"天才""神童"。其实，"天才"和"神童"的才能主要也是后天获得的。当所谓"天才"和"神童"一旦被人们发现后，捧场、社交等等因素阻止了他们继续勤奋学习，渐渐落后了，最后竟一事无成。

　　狄更斯曾说："我决不相信任何先天的或后天的才能，可以无需坚定的长期苦干的品质而得到成功的。"是啊，只有加倍勤奋，你才会拥有更大的成功。

本章参考文献：

　　[1] 辛平：《对11篇留学生汉语作文中偏误的统计分析及对汉语写作课教学的思考》，载《汉语学习》，2001年第4期。

　　[2] 刘俊玲：《留学生作文的篇章偏误类型》，载《语言文字应用》，2005年第9期。

　　[3] 刘辰诞：《教学篇章语言学》，上海外语教育出版社1999年版。

　　[4] 罗青松：《对外汉语写作教学研究》，中国社会科学出版社2002年版。

　　[5] 高宁慧：《留学生的代词偏误与代词在篇章中的使用原则》，载《世界汉语教学》，1996年第2期。

　　[6] 赵成新：《外国留学生汉语语篇衔接方式偏误分析》，载《台州学院学报》，2005年第4期。

　　[7] 何立荣：《浅析留学生汉语写作中的篇章失误》，载《汉语学习》，1999年第1期。

　　[8] 乔惠芳、赵建华：《外国留学生汉语写作指导》，北京大学出版社1995年版。

　　[9] 何立荣：《留学生汉语写作进阶》，北京大学出版社2003年版。

　　[10] 赵洪琴、傅亿芳：《汉语写作》，北京语言文化大学出版社1994年版。

　　[11] 胡壮麟：《语篇的衔接与连贯》，上海外语教育出版社1994年版。

　　[12] 黄国文：《语篇分析概要》，湖南教育出版社1988年版。

　　[13] 黄玉花：《韩国留学生的篇章偏误分析》，载《中央民族大学学报》，2005年第5期。

　　[14] 彭小川：《关于对外汉语语篇教学的新思考》，载《汉语学习》，2001年第1期。

　　[15] 刘月华：《关于叙述体的篇章教学——怎样教学生把句子连成段落》，载《世界汉语教学》，1998年第1期。

　　[16] 于宏梅：《对外汉语写作教学中的修辞教学》，载《乐山师范学院学报》，2004

年第 6 期。

［17］李增吉、张柏玉、崔建新：《外国留学生作文选》，南开大学出版社 2000 年版。

［18］何立荣：《留学生汉语写作教学二题》，载《扬州大学学报》，1999 年第 3 期。

［19］田　然：《留学生语篇中 NP 省略习得顺序与偏误》，载《云南师范大学学报》，2005 年第 1 期。

［20］赵成新：《留学生汉语语篇衔接偏误目的语因素考察》，载《周口师范学院学报》，2005 年第 7 期。

［21］房玉清：《实用汉语语法》（修订本），北京大学出版社 2001 年版。

第八章

成教学生汉语交际得体性的培养

第一节 成人教育学生交际得体性培养的重要性

成人学生是社会成员中的重要组成部分，大部分的成人学生都是利用业余时间学习，一般在家庭生活和工作单位都扮演着重要的角色，成人学生进入学校学习，一方面是知识技能的学习，一方面是基本素质的培养，以及交际能力的培养，这几方面在人的一生中都是尤为重要的，有些人讲"掌握了专业知识，充其量是专业技术人员，而了解人际交往的技巧和方法，才能领到社会通行证，并能更好地发挥专业特长"。因为只有这二者的完美结合才能使人的能力和特长得到发挥，学校教育应将其基本素质的培养、交际能力的培养放在与专业教育相同的位置上。

一、学会交际是社会发展对成年人的基本要求

一个人的言语行为和社会交际能力，是构成其社会德行、人格教养、文化素养的基本条件和表征，一个人交际能力的高低是其自身综合素质、综合能力的反映，学会交际、善于交际是人的基本能力，是人的生存所必需。

如很多求职者都有这样的体验，没有高学历和丰富的工作经验等条件，可能难以找到理想的工作。但据记者调查发现，沟通障碍（不善交际与言

谈），更有可能将求职者挡在成功的大门之外。

如有记者就此专门进行了一次随机抽样的调查专访，调查对象为来自深圳市人才大市场的求职者，共发放问卷100份，收回有效问卷88份，有效回答率为88%。被调查者中具有专科以上学历占75.3%，曾经从事过营销、文员、管理等主要与人打交道工作的累计为64.9%。这表明，大多数求职者都具备较高的学历和较丰富的工作经验。

问卷主要的问题是："根据你自己的求职经历，你认为求职的成败与交际与口才能力有没有关系？"统计结果显示：认为求职成败与交际和口才能力"有关系"的占到了97.8%。显然，这比"高学历"和"丰富的工作经验"所占的比例都高。这意味着与学历和工作经历相比，交际和口才因素在求职过程中也许发挥着更重要的作用。同时在对大多数求职者是否存在沟通障碍统计分析发现，大部分人对自己的交际与口才能力是不满意的，甚至缺乏信心。在人际交往中，不能消极的告诫自己：我不行！我能行吗？失败了怎么办？而应是进行积极的自我暗示、自我鼓励：我行！我一定能行！从而增强必胜的信心。

良好的社交心理素质与人际交往技巧不是与生俱来的，只有在社会化过程中不断地接受系统训练才能习得。但经调查发现，多数求职者没接受过这方面系统的专门训练。因此不难理解，为什么有些求职者既有高学历，又有工作经验，可就是找不到理想的工作了。所以有93%以上的被调查者表示愿意参加交际与口才方面的培训，有69.3%的人对"交际与口才是现代人必须具备的能力，需要像学习专业知识那样系统学习"表示认可，这些都说明加强交际与口才方面的培养，尽可能提高自己的沟通能力，以积累更多的人力资本，获得更多的生存与发展空间，掌握一定的交际技巧与能力，是社会发展对成年人提出的基本要求。

二、学会交际是成年人自我完善的过程

语言交际是一项社会活动，是成年人社会工作、生活的重要部分，良好的语言交际，将会成为一个人成功和发展的助力，注重语言能力的培养，可以使自己从中学到知识和技巧，建立良好的人际关系，可以使自己身心愉悦与健康，从而可以激发自己的工作热情，有助于事业的成功，并能给自己带来良好的经济效益。

　　成人学习既是社会的需要，也是个人的需要，语言交际的过程是自我学习的过程，语言交际是因某种需要在人与人之间进行的，每一次交际都有目的、对象、作用等，随着社会的进步，人际交往的增多，每一次交际过程都会给人带来不同的收获，是不断学习的过程。人的交际表现在许多方面，有些是自己工作外的社会交际或是朋友间的相互帮助，而有些人从事的则是具体的与人打交道的工作，如公益事业、公共服务行业、文秘人员、营销人员、医务人员、律师等，涉及的面很广，这些工作直接接触社会，在工作中与自己的服务对象建立融洽的人际关系，语言得体，将是自己开展工作的前提，才能使自己的工作顺利进行，取得良好成绩，并能通过实际工作扩大自己的社交范围，为各项工作的开展打下良好的基础。总之无论从事什么样的工作，语言交际都是离不开的，因为我们要在社会中生存，就无处不存在语言交际。在语言交际中不断丰富自己的知识，提高交际能力和技巧，是成年人应该重视的。

三、得体性是实现交际目的的首要条件

　　语言交际得体是交际对象的心理需要，是交际目的得以顺利实现的首要条件。在日常交往中，人们往往有意识地调节自己的言语行为，努力使语言表达能合情合境，得体的语言是相对交际条件来讲的，不同的语言背景和场景，都决定着不同的交际方式。言语交际的文化背景、社会背景和时代背景不同，都会给交际者打上不同的印记，因此，不可避免地会制约人们的交际行为，语言交际所在的地方、参加交际的人物、交际的话题、构成了各种各样的语言场景，不同的语言场景决定着不同的话语交际行为。

　　语言交际是一种社会现象，我们每个人都处于一定的社会生活之中，得体的语言交际应该同会话背景和场景相适应，在相同文化氛围，相同交际场景下，因社会背景不同，也会使语言交际产生不同的结果。此时此地对此人说此事，也许是最恰当的说法，但一旦场景中某一因素有变化，这样的说法就不好或不一定最好，就应使用另一种说法。例如：

　　　　有些学生认为在学校里，只有给自己教课的老师才称为教师，所以

有的学生到图书馆去借书就说:"大姐,给我拿一本英语词典","这里没有大姐",这位学生一脸茫然……

这句话如果是在书店,出自一位成年学生对售货员所说,或是在其他服务场合,还可以接受,但是在学校里听起来就比较别扭,因为"大姐、小姐、大爷"等称呼一般是在社会上彼此间沟通时使用的称谓,可以用于相识或不相识的人之间,但在学校里使用就显得不得体,作为学生在学校里其身份就是学生,不论你在社会上从事什么工作或有多高的职位,在学校都应将自己摆在学生的位置上,并要注意礼貌用语,应根据场合来进行恰当的语言交际。如我们在学校里向一位迎面走来的人问:"老师,去7号教学楼如何走?"不管这个人是教师还是一般员工,他都会高兴地告诉你,因为"老师"是学校内的普遍称呼,像老师、同志、师傅等称谓,是可以不论年龄、身份、地位和职业的,在向别人请教时将自己放在学生的位置上,是很容易让人接受的。

第二节 成人学生交际的特点

我们要探讨成人学生的交际能力培养,就必须了解成人学生的交际心理、语言能力、特点和社会交际现状:

成人学生作为高校中的特定群体,由于学生来源于社会基层的各个方面,社会环境中的消极因素对他们产生一定的影响,成人学生一般处在成年早期,是一个特殊的过渡阶段,部分学生的年龄偏低,人生观、道德观正处在逐渐成熟阶段,所以成人学生在人际交往中有着不同于普通高校学生的特点,在心理上已基本独立,开始进入了婚姻家庭,开始了自己的职业生涯,思考验证并建立着自己在事业与人际交往中的身份和地位,设计、选择并创造着适合于自己的生活模式。

为此成人学生积极学习和工作,并积极经营着自己的社会交际和范围,在这个过程中,良好的语言交际将是个人成功的助力,会为人的发展打下良好的基础,同时通过不断的学习和实践,使成年学生的语言交际能力得到锻炼和提高。

一、成人学生语言交际的特点

探讨成人学生与普通高校学生的区别，就是要积极地从学生的生活情境和个性特点出发去研究学生，在过去的成人教育中，更多地注重学生学业的发展，而忽略了对学生必要的人际交往的教育和指导，学生除上课以外，他们在人际交往方面基本上处于自生自长的状态。随着社会的发展，成人学生的人际交往状况，已明确地向我们教育者提出了更高的要求，即要求学校开展人际交往教育，创造一种适合学生发展的环境和氛围，从而提高他们的生存质量和能力。

（一）成人学生具有一定的社交能力，其身份是多重的。

首先，成人学生群体可以说集合了社会的各个行业，是社会群体的再现和组合。一般都具有一定的工作经验和社会阅历，有一定的社会交往能力。其次，从年龄结构上来讲，从青年到老年其年龄跨度较大，大部分学生都组建了家庭，充当了家庭的主要角色。再次，有许多学生已是单位的领导、业务骨干，在社会上有一定的影响力和多重身份，如一个学生在家中可以是父母的儿子、妻子的丈夫、孩子的父亲，在单位可以是领导或员工、同事，在学校是教师的学生或同学的同学，在社会上可以是别人的朋友等，这种多重身份，使成人学生思想状态比较复杂多样。这就要求在不同的场合下，我们的言行应适应角色的需要，要及时做好角色互换，否则处理不当就会产生误解或矛盾。

这样一些不同身份、不同学习目的、来自不同单位和不同社会环境的人走到一起学习，其情况是比较复杂的，这些社会经历使学生积累了一定的社会经验和交际能力，也反映出其社会交际的广泛性、多样性和复杂性。

（二）成人学生有自立于社会的能力

成人学生由于工作阅历、社会经历和独立的经济收入等原因，且世界观已基本形成，逐步形成自我发展的意识，能摆脱家长、单位领导等方面的束缚，自立于社会。在人际交往中能基本正确处理和协调好各方关系，具有独立交际的能力，但其交际能力还不健全和完善，还存有差异，需要在参与交际活动中不断学习和提高。

（三）成人学生人际交往的目的性、功利性较强

成人学生无论是在学校学习，还是在社会中生存，都会有选择地有目的性地进行一些社会交际活动，一般都比较注重自己在社会中的地位和社会认可度，希望做出一些成绩和有较好的交际范围。由于受年龄、性格、兴趣爱好、职业、工作性质和居住环境、学习成绩等因素的影响，他们会有选择性地与人交往，会形成明显的小群体，如在学生中以职业来区分，一般同行业的人员彼此相识后，在很短的时间内就能建立往来联系，一方面在学习上能互相帮助，另一方面在各自的工作上也能相互支持，发生一些业务方面的往来，为自己的工作开创新的局面，而且成人的社会交际多是功利性的，包括师生间和同学间的交往，一般都为达到某种目的，而带有功利性的色彩。

二、成人学生社交中的不足和障碍

成人学生一般都处在工作、家庭生活、学习三者合一的角色中，由于其扮演角色的多样性，其相应的角色认知、心理和行为也必然是多样的，这就会给成人学习带来积极的或消极的影响。我们在对成人学生进行分析时发现，有些成年学生存有交际误区，出现交际障碍，主要表现在以下两方面：

1. 社会环境造成的心理不健康因素

成人学生无论是初次到大学学习，还是再次返回学校学习，都有过一定的社会经历，较一般大学生有一定交际能力和处事能力，使得师生间同学间易于沟通、关系融洽，利于学习。相反，这种人际关系的形成也会使部分学生处于消极的学习状态，主要表现在出勤差、日常学习不努力，总想和老师拉点关系，考试抄一点，混个及格分就可以了。

有些学生把人际交往庸俗化，对交往原则的认识往往从自身仅有的一点经验和感受出发，或困惑、或片面、或者世故地处理人际关系。一些人将在社会上处理业务方面的方法拿到师生间应用，以求达到一些个人的目的，有些做法是不太妥当的。

有些学生在看见别人通过个人奋斗或其他渠道解决了工作问题后心理不平衡，产生自卑心理，时时感到自己处处不如人，对自己缺乏自信，对学习缺乏兴趣等。这些成人学生中所存在的消极的学习态度和不良的学习动机，都是一些不良社会因素的影响，以及在社会竞争中产生的消极影响等。

2. 许多学生认为学校没有开设社会交际课程的必要

我们应该知道，人的交际能力是要终身学习的，而且不分场合和条件，成年人的社会经验和交际能力是要不断完善的，但不等于不需要学习了。成人学生一般都有自己的独立见解，对于教师所教知识能有选择的吸收，有些同学社会交际知识不全面，存有偏见，有很多欠缺和不足之处，可又不愿意塌下心来学习。

在对某成人教育一个班28名学生的调查中得知，有5%的学生认为学习知识比拿学历文凭重要，有80%的同学认为学历文凭和学习知识同等重要，有15%的同学认为学习只是为拿学历文凭，而学习知识无所谓，并且有许多同学对学校开展素质教育、语言交际能力的培养认为无所谓，他们认为这些知识在以前就学习过，且平时又在工作中学习过，没有必要在学校学习，我们来学校就为学习文化知识的，这些都是阻碍成人学生交际能力学习的不利因素。

第三节　应坚持以学生为主体，教师为主导，促进学生交际得体性培养

一个人要想在社会中生存，必须学会语言交际，成人学生在注重文化知识、工作技能培养时，必须注重语言交际能力的培养，成人学生交际得体性的培养表现在各个方面，培养出善于交际、能处理和协调好各种人际关系的德、智、体全面发展的人才是教育工作的根本任务。

成人学生其含义是指成年人学生，这些人在进入学校之前，一般都有社会阅历，具有社会生存、人际交往的能力。随着年龄的增长，文化学习的深入，人的生存范围的扩大，人际交往就显得愈发重要，这是一个不断学习的过程。针对成人学生的特点，如何在成人高等教育中，有针对性地培养学生的交际能力，进行交际的得体性培养，将一个不断完善的，具有综合能力的人交予社会，这是目前成人教育应重视和探讨的问题。

现在成人教育的学生一般以成年学生和高中毕业生为主，按照以往的教学情况来看，只是重视专业能力的培养，而将人的基本素质培养交予社会来完成，交予学生自身来完成，在学校除了学一些相关专业知识外，很少有素

质教育课程，形成了成人教育是学习专业文化知识的场所，而人的素质教育归于社会负责的局面。

随着高中生加入成人教育学习，学生年龄偏低，这些人基本没有社会阅历和社会经验，在社会要求和压力逐渐加大的情况下，必须注重对学生基本素质的培养，尤其是对学生进行语言交际能力的培养，使学生能适应不断发展的社会变化，创立较好的生存环境，否则培养出的人才将是不健全的，将这些教育和实践完全放归于社会，学生不但不能系统学习相关知识，处理不好也会受到许多挫折，甚至会损伤自己的自尊，造成人的心理伤害等。所以说在成人教育中注重人的交际得体性培养是很有必要的，是成人教育的应尽职责。

一、以学生为本，抓好课堂教学环节

语言交际是为满足人们需要而实施的交际行为，语言交际的主体是人，没有人的参与就没有语言交际。成人学生是社会交际的主体，学校教育要以学生为中心，为学生进行学习和语言交际创造条件。

首先是课堂教学，这是在学校里出现最多的场景，应把课堂作为培养交际能力的场所，教师应随时注意利用课堂教学这一场所，有意识地培养学生的交际能力，学生要有目的地进行学习，交际双方都要有语言交流的需要，教师和学生都应有信息交流的兴趣和欲望，这样才能达到语言交际能力的培养。

教师的主要责任就是为成人学习创设一个丰富的学习环境，应用各种学习资源促进学生学习。教学过程是师生间的相互交际过程，是彼此间进行思想感情信息交流的过程，要求教师要通过课堂提问、课堂讨论等形式，给学生创造个人演讲的机会。积极创建良好的课堂气氛，这是师生间进行交际的重要前提，它能激发学生的学习兴趣，激发求知欲和上进心。在迎接多重的挑战中，教师要引导学生在交际中走向生活，在生活中学会交际，口语交际可以说是综合语言能力的训练，许多学生容易产生畏惧心理，大胆得体地进行交际不是件易事。因此，教师应对学生给予鼓励和表扬，必须消除学生的畏惧心理，帮助学生克服心理障碍，培养大胆交际的习惯和能力，保护他们的自尊心、自信心。

这就要求我们的授课教师,无论教授什么课程,都应有意识的对学生进行这方面的培养,首先要以身作则,与学生间建立得体的师生关系,以自己的丰富知识,多学科的才艺去赢得学生,使学生从中受到启迪和影响。

教师在课堂上讲学,我们可以称其为学术性的演讲,教师的演讲修养是当教师的重要条件,教师的语言组织能力,如讲话简洁明确,使学生易于理解,其语言和蔼可亲、有启发性,可使学生乐于接受,能提高思维能力,语言生动可使学生印象深刻等。教师讲课要生动形象,富有感染力,因为这样可以帮助学生理解和记忆,达到印象深刻。

教师必须具备良好的口才表达能力和协调能力,课堂教学犹如一门艺术,巧妙运用趣味性语言,可以激发和调动学生的积极性,缓解课堂气氛。同时使师生能融合在所教课程中,强化了教学效果。例如:

> 一位化学教师在夏日里午后的第一堂课,见同学们都昏昏欲睡,讲了半天不见学生的反映,于是她灵机一动说,"平日里大家都是氧分子个个活蹦乱跳。现在怎么成了惰性气体了,要不对点兴奋剂,促使大家快速反应,否则桃李不言,先生不悦",这话一出引起学生的哄堂大笑,沉闷的气氛一扫而光。

通过此例我们看出教师不仅应具有一定的授课能力及一定的授课技巧,并应能充分调动学生学习的积极性,具有丰富的知识以及良好的语言表达能力等。

培养学生在言语交际过程中的参与意识,是提高交际水平的决定因素。一定的情境可以增强学生的生活体验,激活学生的思维,是学生进行口语交际的条件和动力,学生一旦置于一定的情境之中,就会产生进行交际的愿望。

二、积极开展实践教学,为学生交际能力培养创造条件

成人教育要进行教学方面的改革,要加大实践课和选修课的比例,让学生走出课堂,可以举行演讲比赛等,让学生利用自己的工作体会给大家介绍经验,深入社会、企业进行实践教学,以达到对学生交际能力的培养。

1. 积极参加各项有益活动,学会在社交场合表现自己

大学生不仅要长知识,而且要长才干。参加丰富多彩的校园文化活动和

社会实践活动是大学生锻炼能力、增长才干的有效途径之一。大学生应该学会在这些活动中表现自己，发挥特长，不断给自己增添乐趣和信心。同时，参加活动就不可避免地要与他人交往、进行语言交流，长此以往，就自然而然地在社交活动中使自己得到语言方面的锻炼。

成人学生要积极参加学校的活动。由于成人学生的特殊身份，许多学生没有时间参加学校活动，同时部分学生也不愿意参加这些活动。我们知道无论是课堂教学、还是社会实践活动及体育活动等都必须与人打交道，这是彼此间熟悉和沟通的机会，可以拉近彼此间的距离，使自己能得到社交方面的锻炼，通过一定的社会实践过程，可以学到自己没有掌握的知识和技能，以及结交新的朋友，这些都会对自己的工作有一定的帮助。

近些年来我们国家非常重视学生的素质教育，这是非常必要的，开展素质教育是社会对人才的要求，素质教育不仅局限在思想素质，而是体现人的全面素质和能力。学校要尽量为学生多开设一些与语言交际有关的选修课供学生选修学习，如开设人文、社会、自然、语言、艺术等学科的课程，无论是文科或理科学生，学习一些社会学知识，都是非常必要的，有助于人才的养成与发展。

2. 教师应是学生的导师和语言交际的实践者

百年大计，教育为本，教育大计，教师为本。教师是学校的主体，是学生增长知识，全面发展的导师，是实施素质教育培养合格人才的关键。但近几十年来，一些人将大学教育认为是进行专业教育，是单纯传授知识的场所，尤其反映在成人教育方面更为突出，认为成人学生是属于社会的人，其素质教育应由社会来完成。持有这种观点的占相当数量的教师认为，我的任务就是将课讲好，将我的专业知识交给学生，其他事情与本人无关，这种把"做人"教育和"做事"教育割裂开来、对立起来的观点，已使学校开展素质教育、语言交际教育等工作受到了一些影响。

教师要"传道、授业、解惑"，教学生怎样做人是教师的首要职责，在我国从古代就非常重视"做人"教育，"做人"教育的核心就是教育学生懂得如何处理自己和他人、个体和客体的关系，懂得爱护别人和尊重别人，能与人和睦相处。教师要积极进行口才锻炼，在教学这个与学生交际的过程中，要有意识地影响学生，用得体的语言吸引学生，积极给学生创造语言表达的机会，创造师生互动的课堂氛围。

第四节 学会演讲，锻炼口才，
开创得体交际天地

作为一名成人大学生要努力地、有意识地培养自己的口才表达能力和社会交际能力，最好的有效的途径，就是要学会演讲，并不是只有站在讲台上说话才叫演讲，我们可以把人的交际活动都视为是演讲过程，这是语言交际的具体表现。

演讲是一门艺术，有着高超的无穷技巧，演讲是人们为达到某种目的而使用的工具，掌握了这个工具即可达到既定目标。

而且演讲是丰富人们知识，提高人的思维、综合观察、社交能力的有力手段，一个人要参加演讲，而且要取得成功，就必须要做好充足的准备工作，包括演讲的整个过程，这也是一个不断学习的过程。演讲是一个长期学习，知识不断积累的过程。

演讲也是一个人思想水平和各种才华、技能的集中表现，一个人在演讲过程中应将自己的思维能力、语言表达能力、思想境界、开拓创新能力等都表现出来，尤其在各类竞选中，成功的一场演讲，将是你竞选成功的有力法宝。

我们去应聘如同进行一次演讲一样，必须作好充足的准备。

学生的求职过程，实质上是求职者与招聘者相互沟通的过程，双方能否有效的沟通，决定着求职的成败，能够与人有效的沟通，是现代人职业素质的一个重要组成部分，这些都需要得体的语言来维系，作为工具来进行交流，这就更加显现出语言的运用在社会交际中的重要性。例如：

有一位夜大学专接本的学生对我讲了他的求职经过。事情是这样的：这位学生姓李，以后就称他为小李吧，大学专科毕业以后，就想再找一份更理想的工作，于是利用业余时间，到人才市场转一转，联系了几家单位后，不是人家不同意，就是自己有不如意的地方，几个月下来也没找到合适的工作。终于在一次招聘会上，见到有一家大型企业准备招聘六名业务人员，从工作性质、年龄、学历要求等自己都适合。而且这是一家很有发展前景的企业，薪水也较理想，于是他就报了名，经过几次考试及面试选拔后凭他的才智和能力在几百人的招聘队伍中他已闯入了前十名。这是非常可喜的，他对这次招聘充满了信心。

这一天接到通知，单位的总经理要与这十名人员见面，这是确定最后人选的唯一机会了，他衣装整齐地如约前往。陪同总经理一同面试的还有单位的人力资源部总监、财务部总监、总经理秘书等人。当小李听到喊他名字时，快步推门走进了招聘办公室，当他按工作人员示意，刚想坐在自己位置上时，抬头向总经理位置上看了一眼，突然间发现：嘿！这位总经理不正是自己小时候的同学吗？虽然已多年没见面了，但他还是认出了小时经常在一起下棋，被同学们称为"臭棋"的张奇同学，于是他上前几步激动地喊："嘿，臭棋，你还认识我吗？"这一下把大家都说愣了，气氛一下子紧张起来，这位张经理似乎也认出他来了，只是朝他点了点头，什么话也没说……

大家可想而知，这次应聘他又失败了。究其原因是小李说话不择时机，使用语言不得体，没有注意语言环境、不看对象和场合，把一家大型企业的办公室看成自己小时玩耍的场所，不顾对方身份与昔日不同了，而把此时的总经理仍看成自己儿时的伙伴，揭出了这位总经理忌讳的老底，使其在自己部下面前陷入了窘迫的境况之中。可想而知，如果面对的是公司的重要客户，这样不得体的语言，必会给公司造成损失，带来严重的后果，这样的人公司敢用吗？

如果能充分的把握适当的"度"，通过得体的语言和个人的能力来完成应聘任务，再选择一定的时机与这位总经理叙旧，还怕应聘不成功吗？

语言交际不得体，正是小李屡次应聘失败的原因所在，通过此例我们也看到了语言交际和语言交际得体的重要性，在成人教育中开设社会交际学课程是非常必要的，人无完人，学无止境，包括成年学生也是如此。

在求职中要有一定的技巧，要知道应聘单位最需要的是最合适的人才，而不一定是条件最好的人才，所以技巧很重要。要尽力发挥自己的长处，要做到诚恳待人，要通过准确流利的语言表达，让别人了解自己，这是你走向成功的第一步。

成年人语言交际得体性的培养，应是体现在社会生活的每一环节，应时时注意学习,并应是终身学习,终身受益的。

本章参考文献:

[1] 齐高岱、赵世平主编:《成人教育大辞典》,石油大学出版社 2000 年版。

[2] 赵毅、钱为钢:《言语交际》,上海文艺出版社 2000 年版。

[3] 黄士基:《演说的技巧与艺术》,华中工学院出版社 1986 年版。

[4] 时锦瑞:《培养语言能力和发展交际能力的几点思考》,载《华北水利水电学院学报》(社会科学版),2000 年第 4 期。

[5] 高学雅:《成教学生中的交往道德教育》,载《渭南师专学报》,1999 年第 4 期。

[6] 王守恒、姚本先:《论成人高校学生人际交往的特点及教育管理》,载《药学教育》,1994 年第 4 期。

[7] 刘又生:《谈语言、交际能力及其培养》,载《煤炭高等教育》,2000 年第 5 期。

[8] 胡彩敏:《交际艺术与言语的得体性原则》,载《绍兴文理学院学报》,1999 年第 4 期。

[9] 王晓红:《论交际言语的得体性》,载《南都学坛》(哲学社会科学版),2000 年第 2 期。

后　记

在本书即将付印之际，感谢我的老师北京师范大学李敬德老先生给予的无私帮助支持；同时感谢亲切热情地追随我的年轻学子积极地弘扬我的汉语交际得体性思想。在他们所承担执笔的有关章节中，忠实地记录、发挥了我所指导的思想。例如在笔者亲自撰写本书第一章之后，行云流水般引出的王立杰执笔的第二章，荣虹执笔的第五章和第七章，张晓丹执笔的第三章和第四章，冯南执笔的第六章，董润萍执笔的第八章。

当然，本书作为学术探索，不妥之处甚至错误，在所难免，望读者不吝赐教。

瞿麦生

2020 年 2 月于天津商业大学